普通高等教育应用创新系列教材·经管基础课程系列

计量经济学

（第二版）

朱长存　田雅娟　白云超　编著
刘　倩　刘　超

科学出版社
北　京

内 容 简 介

本书较为系统地介绍了计量经济学的基本理论、方法、最新进展以及 Stata 软件应用。全书共 8 章，第 1 章介绍计量经济学的基本问题；第 2 章和第 3 章介绍回归分析的基本内容及其应用；第 4 章介绍放松经典假设时计量经济模型产生的多重共线性、异方差性、自相关性、随机解释变量等计量经济学问题及解决办法；第 5 章和第 6 章介绍平稳时间序列和非平稳时间序列分析；第 7 章介绍联立方程模型；第 8 章介绍面板数据模型的初步知识。在讲清计量经济学基本思想和基本原理的基础上，本书特别强调计量经济学基本方法在实际经济问题中的应用。

本书适合作为高等院校经济管理类本科各专业计量经济学课程的教材，也可作为研究生的参考读物。同时，本书还适合自学计量经济学的读者使用。

图书在版编目（CIP）数据

计量经济学 / 朱长存等编著. —2 版. —北京：科学出版社，2022.3
普通高等教育应用创新系列教材·经管基础课程系列
ISBN 978-7-03-069444-7

Ⅰ. ①计⋯　Ⅱ. ①朱⋯　Ⅲ. ①计量经济学－高等学校－教材　Ⅳ. ①F224.0

中国版本图书馆 CIP 数据核字（2021）第 148094 号

责任编辑：方小丽 / 责任校对：贾娜娜
责任印制：张　伟 / 封面设计：蓝正设计

科学出版社出版
北京东黄城根北街 16 号
邮政编码：100717
http://www.sciencep.com

北京九州迅驰传媒文化有限公司印刷
科学出版社发行　各地新华书店经销
*

2016 年 7 月第 一 版　开本：787×1092　1/16
2022 年 3 月第 二 版　印张：13 1/4
2025 年 1 月第七次印刷　字数：314 000

定价：48.00 元
（如有印装质量问题，我社负责调换）

第二版前言

本书第一版出版至今已有五年多，在此期间，计量经济学的研究和应用又有了许多新的发展，有必要将这些新的进展反映到我们的教材中。同时，经过五年多的教学实践，我们也发现了原版中的一些不足之处，因此对原版进行了修订。

本书第二版在继承原版特色的基础上，主要在以下几个方面进行了修改。

1. 鉴于 Stata 软件相对于 EViews 软件在编程方面的优势，方便实现分析过程的可重复性，同时初学者也比较容易上手。本书在正文叙述中改用 Stata 软件。

2. 从语言表达风格上，进一步增加对基本思想和原理的直观阐述，方便学生理解和自学。

3. 对各章案例进行了较大更新和修改。多数案例取自经典论文或实际研究，方便学生更好地理解和把握计量经济学方法，提高学生分析问题和解决实际问题的能力。

4. 结合学科发展对教材内容进行了调整。一是根据计量经济学的发展趋势，在教材中突出大样本的方法，以及内生性问题的处理；二是对原教材中一些平时使用较少的方法进行了压缩或删除。部分难度较大的内容在章节标题中加了*号，属选学内容。

5. 为了更好地服务教与学，继续进行新形态教材建设探索，在补充和完善二维码资料的同时，本版教材还通过"一书一码"形式提供相应的课程视频资源，读者通过扫描即可使用。

6. 对原版中的一些不足进行了修改。在此也感谢各位老师和同学在教材使用过程中提出的宝贵意见。

本版教材的分工如下：朱长存教授负责对第 1 章、第 8 章进行修改，田雅娟副教授负责第 4 章的修改，白云超副教授负责第 7 章的修改，刘倩副教授负责第 2 章和第 3 章的修改，刘超副教授负责第 5 章和第 6 章的修改。最后朱长存教授对全书进行统稿。衷心感谢我们的同事刘水亮副教授、张会敏副教授、张玉梅教授、尹凤宝博士认真阅读了书稿，并提出了很好的修改意见（当然文责自负）。

本书的再版，得到了河北大学部省合建优势特色学科——应用经济学项目经费以及河北大学经济统计学国家级一流本科专业建设经费的资助，在此深表谢意。最后，特别感谢科学出版社方小丽编辑及其同仁们，为保证本书高质量出版付出的辛勤劳动。

由于时间仓促，编者水平有限，书中难免存在不足和疏漏，在使用过程中恳请广大读者和专家批评指正。

编　者
2022 年 1 月

第一版前言

计量经济学是将经济理论、数学和统计推断工具应用于经济现象定量分析的经济学分支，自20世纪30年代产生以来迅速发展，现已成为经济学的一个重要组成部分，其在经济研究中发挥着越来越重要的作用。20世纪80年代以来，计量经济学逐渐成为我国高校经济类和管理类学生的必修课程，能否学好计量经济学已成为学生培养水平的重要标志之一。

虽然计量经济学如此重要，总体来说，学生对计量经济学的掌握程度远逊于微观经济学、宏观经济学等专业基础课。很多学生学过计量经济学之后，对其主要理论似懂非懂，更不会用计量经济学方法分析问题，甚至对计量经济学有一种恐惧感。究其原因：一是本科计量经济学课程与其他经济学课程相比，必须使用较多的数学和统计学，学生相关基础知识不扎实，导致对诸如估计量的性质与分布、模型设定和假设检验等内容理解得不够清晰与透彻；二是计量经济学本科教材对基本思想和原理表述得不够清晰，同时与经济现实的联系似乎不紧密，一定程度上限制了教师教好、学生学好计量经济学。对于以上问题，近年来国内外计量经济学教师，纷纷从改编计量经济学教材和改变讲述方式入手，提出各种解决办法，也出现了一批不错的计量经济学教材。

本书总结了编者多年来从事计量经济学教学的经验和体会，充分借鉴吸收国内外教材的优点，通过合理选择教学内容、完善表达手段和方法，力争为提高计量经济学的教学效果作出努力。作为导论性计量经济学教材，本书强调教材的可读性，首先消除学生对这门课的恐惧感，然后引导学生进入这个领域，为后续进一步学好这门课程打好基础并指明方向。与同类教材相比，本书有以下特色。

（1）内容选择上体现导论特色。精选教材的内容，既有常用的经典计量经济学内容，又有时间序列分析、面板数据模型等常用的计量经济学方法，让学生对计量经济学主要内容和基本模型均有所接触，同时又为其进一步深造或自学指明方向。同时，每一部分内容尽量简单明了，根据教学经验舍弃一些不常用并且难以理解的复杂方法。总体来说，教材内容涉及面比较广，同时内容简单明晰，控制教材的总体篇幅，力争使教师在一学期用50～60学时能够将教材的全部内容基本讲完。

（2）表达形式上，注重用简单直观的方式描述计量经济学理论。本书注重以图形、数据或者示例的形式，以尽可能少的数学和统计学语言，清晰地阐述计量经济学的基本理论和方法。同时，将部分难以理解的计量经济学理论编成仿真程序，通过仿真结果的图形直观地显示相应理论含义。一些相对复杂的证明过程也尽量放在附录中。

（3）通过案例与软件的使用增强教材的应用性。本书精选了大量贴近现实的数据和案例，同时也兼顾案例的趣味性，以增强学生对计量经济学的学习兴趣。每章正文中各个例题均通过EViews软件实现，并给出了操作的中间过程。同时，每章最后还有一节案例分析，也通过EViews软件来实现。EViews软件适合计量经济学初学者使用，当然对于学生进一步学习来讲，只会EViews一种软件往往是不够的。当前学术界主流的计量软件还包括 Stata、R、SAS 等，在每章附录中还给出了案例的 R 或 Stata 程序代码，以方便教师和学生在教学过程中选择使用。

（4）内容的严谨性与科学性。本书在内容严谨性上也下了一些功夫。国内大多数计量经济学教材，在讲述一元线性回归和多元线性回归时，许多例题和案例使用时间序列数据，事实上这些方法直接应用于时间序列数据时是不严谨的。本书第 4 章之前都使用截面数据，克服了许多教材在这方面的不足。同时，本书还加入一些计量经济学较新的成熟方法，如岭回归、主成分回归、VAR 模型等。

本书较为系统地介绍了计量经济学的基本理论、方法、最新进展以及计量经济学软件。全书共 8 章，第 1 章介绍计量经济学的基本问题；第 2 章和第 3 章介绍回归分析的基本内容及其应用，这是整个计量经济学的基础；第 4 章介绍放松经典假设时计量经济模型产生的异方差、自相关性、多重共线性、随机解释变量等计量经济学问题及解决办法，这是全书的重点内容；第 5 章至第 6 章介绍动态计量经济模型和时间序列分析；第 7 章介绍联立方程模型；第 8 章介绍面板数据模型。在讲清计量经济学基本原理和推导过程的基础上，本书特别强调计量经济学基本方法在实际经济问题中的应用。

本书适合作为高等院校经济管理类本科各专业计量经济学课程的教材，也可作为研究生的参考读物。同时，本书还适合自学计量经济学的读者使用。

对于学生而言，学好计量经济学最为重要的是在学习过程中培养对计量经济学的兴趣，能够自觉、主动地学习，克服对计量经济学的恐惧感；其次是自觉、主动地观察身边的经济现象，采集数据，通过模型研究所观察的现象；再次是自觉、主动搜集和阅读相关文献，强化和延伸对理论和方法的理解。

本书由河北大学几位对计量经济学有浓厚兴趣、长期活跃在教学一线的年轻教师合作完成。朱长存、解永乐编写了本书第 1 章、第 8 章，田雅娟编写了第 4 章和第 3.5 节，白云超编写了第 7 章；刘倩编写了第 2 章和第 3 章其他内容，曹颖琦编写了第 5 章、第 6 章。朱长存对全书进行了修改整理。研究生孟笑笑、段春红编写了本书第 2 章、第 3 章案例分析中的 R 实现代码，还参与了第 7 章案例的编写，并在文稿编辑、修改过程中做了大量烦琐的工作。

本书的编写和出版，得到了河北大学顾六宝教授的支持与帮助，并受到河北大学统计学省级重点学科经费的资助，在此深表谢意。在编写过程中，也参考了国内外一些优秀教材，在此向这些教材的作者表示衷心的感谢。最后，特别感谢科学出版社对本书出版的大力支持。

本书的撰写和修改是辛苦和漫长的过程，也是一个再学习的过程。由于编者水平和时间所限，书中可能存在一些疏漏和不妥之处。恳请各位专家与读者及时指出本书存在的问题，以便及时公布勘误表，并在未来的版本中更新，邮箱为 zhuchangcun@hbu.edu.cn。

编　者

2016 年 4 月

目 录

第1章 导论 ··· 1
  1.1 计量经济学的概念与功能 ·· 1
    1.1.1 什么是计量经济学 ·· 1
    1.1.2 计量经济学的作用与功能 ······································ 1
  1.2 计量经济学的学科性质 ·· 2
    1.2.1 计量经济学在经济学科中居于重要地位 ························· 2
    1.2.2 计量经济学与其他学科的关系 ································· 3
    1.2.3 计量经济学的分类 ·· 4
    1.2.4 计量经济学的局限性 ·· 5
  1.3 计量经济学的研究步骤 ·· 6
    1.3.1 陈述理论 ··· 6
    1.3.2 建立计量经济模型 ·· 7
    1.3.3 收集样本数据 ··· 8
    1.3.4 估计模型参数 ··· 9
    1.3.5 检验模型 ·· 10
    1.3.6 应用模型 ·· 11
  1.4 计量经济学数据来源和软件 ·· 11
    1.4.1 常用数据来源 ·· 11
    1.4.2 计量经济学软件 ·· 12
  1.5 本章小结 ·· 12
  思考题与练习题 ·· 12

第2章 一元线性回归模型 ··· 14
  2.1 一元线性回归模型概述 ·· 14
    2.1.1 相关分析与回归分析 ·· 14
    2.1.2 总体回归函数和总体回归模型 ································ 16
    2.1.3 随机误差项的性质 ··· 18
    2.1.4 样本回归函数和样本回归模型 ································ 19
  2.2 一元线性回归模型的基本假定和参数估计 ··························· 21
    2.2.1 一元线性回归模型的基本假定 ································ 21
    2.2.2 一元线性回归模型的参数估计 ································ 22
  2.3 最小二乘估计量的性质 ··· 24
    2.3.1 最小二乘估计量的均值和方差 ································ 24

2.3.2　最小二乘估计量是最佳线性无偏估计量 ············· 25
2.4　拟合优度的度量 ············· 27
　　2.4.1　总变差的分解 ············· 27
　　2.4.2　判定系数 ············· 28
　　2.4.3　判定系数与相关系数的关系 ············· 29
2.5　回归参数的区间估计和显著性检验 ············· 30
　　2.5.1　回归参数的区间估计 ············· 30
　　2.5.2　回归参数的显著性检验 ············· 33
2.6　一元线性回归模型的预测 ············· 34
　　2.6.1　点预测 ············· 34
　　2.6.2　区间预测 ············· 34
2.7　案例分析 ············· 36
2.8　本章小结 ············· 39
附录 2.1　案例分析的 R 实现 ············· 39
附录 2.2　σ^2 最小二乘估计的证明 ············· 40
思考题与练习题 ············· 41

第 3 章　多元线性回归模型 ············· 44

3.1　多元线性回归模型及古典假定 ············· 44
　　3.1.1　多元线性回归模型概述 ············· 44
　　3.1.2　多元线性回归模型的古典假定 ············· 45
3.2　多元线性回归模型的参数估计 ············· 47
　　3.2.1　多元线性回归模型参数的最小二乘估计 ············· 47
　　3.2.2　参数最小二乘估计量的性质 ············· 48
　　3.2.3　最小二乘估计的分布性质 ············· 50
　　3.2.4　随机扰动项方差的估计 ············· 51
　　3.2.5　大样本理论* ············· 51
3.3　多元线性回归模型的检验 ············· 51
　　3.3.1　拟合优度检验 ············· 51
　　3.3.2　回归方程的显著性检验 ············· 53
　　3.3.3　回归参数的显著性检验 ············· 54
3.4　多元线性回归模型的预测 ············· 55
　　3.4.1　点预测 ············· 55
　　3.4.2　区间预测 ············· 56
3.5　虚拟变量 ············· 57
　　3.5.1　虚拟变量的概念 ············· 57
　　3.5.2　虚拟变量引入模型的形式 ············· 57
　　3.5.3　虚拟变量个数的确定 ············· 60

3.6 案例分析…………………………………………………………………… 61
3.7 本章小结…………………………………………………………………… 63
附录 3.1 案例分析的 Stata 实现…………………………………………… 63
附录 3.2 残差平方和均值的证明…………………………………………… 64
思考题与练习题……………………………………………………………… 64

第 4 章 放松经典假设的模型估计……………………………………………… 66
4.1 多重共线性………………………………………………………………… 66
4.1.1 多重共线性的含义………………………………………………… 66
4.1.2 多重共线性对普通最小二乘估计的影响………………………… 66
4.1.3 多重共线性的检验………………………………………………… 67
4.1.4 多重共线性下模型的估计方法…………………………………… 67
4.2 异方差性…………………………………………………………………… 71
4.2.1 异方差性的含义…………………………………………………… 71
4.2.2 异方差性对普通最小二乘估计的影响…………………………… 72
4.2.3 异方差性的检验…………………………………………………… 73
4.2.4 异方差性下模型的估计方法……………………………………… 76
4.3 自相关性…………………………………………………………………… 78
4.3.1 自相关性的含义…………………………………………………… 78
4.3.2 自相关性对普通最小二乘估计的影响…………………………… 79
4.3.3 自相关性的检验…………………………………………………… 80
4.3.4 自相关性下模型的估计方法……………………………………… 82
4.4 随机解释变量*……………………………………………………………… 83
4.4.1 随机解释变量问题的概念………………………………………… 83
4.4.2 随机解释变量对普通最小二乘估计的影响……………………… 84
4.4.3 工具变量法………………………………………………………… 84
4.4.4 解释变量的内生性检验…………………………………………… 86
4.5 案例分析…………………………………………………………………… 87
4.5.1 多重共线性的检验与处理………………………………………… 87
4.5.2 异方差性的检验与处理…………………………………………… 91
4.5.3 自相关性的检验与处理…………………………………………… 94
4.5.4 工具变量法的应用………………………………………………… 97
4.6 本章小结…………………………………………………………………… 100
附录 案例分析的 Stata 实现………………………………………………… 100
思考题与练习题……………………………………………………………… 103

第 5 章 平稳时间序列分析……………………………………………………… 105
5.1 时间序列分析的基本概念………………………………………………… 105
5.1.1 时间序列与随机过程……………………………………………… 105

5.1.2 平稳性···105
　　5.1.3 四种经典的时间序列类型···106
5.2 平稳性检验··108
　　5.2.1 图形检验法···108
　　5.2.2 单位根检验法···109
5.3 ARMA 模型的种类··113
5.4 ARMA 模型的识别··114
　　5.4.1 基本概念···114
　　5.4.2 AR(p)模型的识别···115
　　5.4.3 MA(q)模型的识别···116
　　5.4.4 ARMA(p,q)模型的识别··118
5.5 案例分析··119
5.6 本章小结··124
附录　案例分析的 R 实现···124
思考题与练习题··125

第 6 章　非平稳时间序列分析···127
6.1 差分与过差分··127
　　6.1.1 差分运算···127
　　6.1.2 避免过差分···127
6.2 ARIMA 模型··128
　　6.2.1 ARIMA 模型的形式···128
　　6.2.2 ARIMA 模型的建模步骤···129
6.3 协整与误差修正模型··129
　　6.3.1 单整···129
　　6.3.2 协整···130
　　6.3.3 误差修正模型···131
6.4 向量自回归模型··131
　　6.4.1 向量自回归模型的概念···132
　　6.4.2 向量自回归模型的滞后阶确定···132
　　6.4.3 脉冲响应函数···133
6.5 因素分解法··134
　　6.5.1 因素分解法的概念···134
　　6.5.2 利用因素分解法进行季节调整···134
6.6 指数平滑法··135
　　6.6.1 一次指数平滑模型···135
　　6.6.2 二次指数平滑模型···136
　　6.6.3 多参数指数平滑模型···136

- 6.7 案例分析 ··· 137
  - 6.7.1 协整分析 ·· 137
  - 6.7.2 向量自回归模型 ·· 138
- 6.8 本章小结 ··· 142
- 思考题与练习题 ··· 143

第7章 联立方程模型 144
- 7.1 联立方程模型及其偏倚 ·· 144
  - 7.1.1 联立方程模型的基本概念 ·· 144
  - 7.1.2 联立方程模型的变量类型 ·· 145
  - 7.1.3 联立方程模型的偏倚性 ·· 145
  - 7.1.4 联立方程模型的种类 ·· 146
- 7.2 联立方程模型的识别问题 ·· 150
  - 7.2.1 模型识别问题 ··· 150
  - 7.2.2 联立方程模型识别的类型 ·· 151
  - 7.2.3 联立方程模型识别的方法 ·· 153
- 7.3 联立方程模型的估计 ·· 157
  - 7.3.1 递归式模型的估计——普通最小二乘法 ································ 157
  - 7.3.2 恰好识别模型的估计——间接最小二乘法 ······························ 158
  - 7.3.3 过度识别模型的估计——二阶段最小二乘法 ···························· 159
- 7.4 案例分析 ··· 161
  - 7.4.1 模型设定 ··· 161
  - 7.4.2 模型的识别 ··· 161
  - 7.4.3 宏观经济模型的估计 ··· 162
- 7.5 本章小结 ··· 166
- 附录 7.1 联立方程偏倚的证明 ··· 166
- 附录 7.2 案例分析的 Stata 实现 ··· 167
- 思考题与练习题 ··· 168

第8章 面板数据模型 170
- 8.1 面板数据模型概述 ·· 170
  - 8.1.1 面板数据概念 ··· 170
  - 8.1.2 面板数据的优点 ··· 171
  - 8.1.3 面板数据模型的建立 ·· 171
- 8.2 面板数据模型的估计 ·· 172
  - 8.2.1 固定效应模型 ··· 172
  - 8.2.2 随机效应模型 ··· 174
  - 8.2.3 固定效应还是随机效应——豪斯曼检验 ································ 174
  - 8.2.4 稳健标准误问题 ··· 175

  8.3 案例分析 ·· 175
    8.3.1 打开 Stata 数据文件并进行描述性分析 ·· 176
    8.3.2 混合效应面板数据模型的 Stata 实现 ··· 177
    8.3.3 固定效应面板数据模型的 Stata 实现 ··· 178
    8.3.4 随机效应面板数据模型的 Stata 实现 ··· 180
    8.3.5 豪斯曼检验的 Stata 实现 ··· 180
  8.4 本章小结 ·· 182
  附录　案例分析的 Stata 程序 ··· 182
  思考题与练习题 ··· 183
参考文献 ··· 185
附录　统计分布表 ··· 186

第1章 导 论

本章是《计量经济学》的整体概略介绍，旨在使读者对计量经济学有一个初步的了解，避免陷入盲人摸象的境地，为深入学习计量经济学奠定基础。本章首先介绍计量经济学的概念与功能；其次讨论计量经济学的学科性质，包括其在经济学中的地位、与其他学科的关系、分类及局限性等；再次通过一个案例，讨论计量经济学的研究步骤；最后介绍计量经济学的数据来源和相关软件。

1.1 计量经济学的概念与功能

计量经济学是现代经济学和管理学教学与研究的有机组成部分。在过去的几十年中，计量经济学的重要性越来越被人们所认识。计量经济学与微观经济学、宏观经济学一起构成了经济类与管理类本科生和研究生培养的三门经济学核心理论课程。

1.1.1 什么是计量经济学

计量经济学英文是"econometrics"，最早由挪威经济学家弗里希（Frisch）提出，这个单词就是经济（economics）与测量（metrics）的合成词。因此，从字面意思上看，计量经济学就是对经济的测量。但实际上，计量经济学涉及的范围要广得多。计量经济学产生于20世纪30年代。1930年12月，弗里希、丁伯根（Tinbergen）和费歇尔（Fisher）等经济学家在美国克利夫兰成立世界计量经济学会。1933年起，定期出版 *Econometrica* 杂志。弗里希在该杂志发刊词中明确提出计量经济学的范围和方法，指出计量经济学是经济理论、数学和统计学的综合，但它又完全不同于这三个学科中的任何一个。这一定义说明了计量经济学是一门交叉学科，同时也暗示了计量经济学需要使用统计学和数学的方法来度量经济变量间的关系。

正因为计量经济学具有多学科交叉的性质，人们可以从不同的角度定义计量经济学。Samuleson 等（1954）将计量经济学定义为："根据理论和观测的事实，运用合适的推理方法使之联系起来同时推导，对实际经济现象进行的数量分析。"Goldberger（1964）将计量经济学定义为："将经济理论、数学和统计推断等工具应用于经济现象分析的社会科学。"

上述定义均反映了计量经济学不是对经济的一般度量，而是一个有关经济关系经验估计的经济学分支，是经济学、数学、统计学相结合的一门综合性学科。

综合上述定义，计量经济学是以经济理论和经济数据的事实为依据，运用数学和统计学的方法，通过建立数学模型来研究经济数量关系和规律的一门经济学科。

1.1.2 计量经济学的作用与功能

计量经济学的产生源于对实际经济问题的定量研究。计量经济学的主要任务就是用观测到的经济数据，以经济理论为指导，使用计量经济学方法和工具，构建合适的计量经济模型，揭示经济运行规律，并用以验证经济理论或经济假说以及指导经济实践。计量经济学的作用可以归结为以下几个方面。

（1）结构分析。很多经济理论是建立在分析两个或多个变量之间相互关系基础上的。计量经济学可以帮助我们分析变量间各种经济关系。例如，研究教育对收入的影响，广告对销售和利润的影响，股票价格和厂商特征的联系，等等。计量经济学为分析和估计这些关系提供了一系列的方法。

（2）检验和发展经济理论。计量经济学可以用实际数据和假设检验帮助评价经济理论的正确与否。要检验经济理论，就要把总结出来的经济理论关系转换为包含重要未知参数的计量模型。然后进行抽样，估计未知参数，并且进行假设检验，据此对经济理论进行证实或证伪。例如，经济理论推出政府支出增加会扩大国内生产总值（gross domestic product，GDP）的结论，但是还需要运用计量经济学方法对结论进行实证检验。

（3）预测。在经济活动中，各经济主体往往需要对相关经济变量进行预测。计量经济学最常见的应用就是预测经济变量的未来走势。例如，可以使用经过检验的计量经济模型来预测主要经济指标的未来趋势，如收入、通货膨胀、失业率等。

（4）政策评价。政策效应评价是经济分析中最为关注的核心问题。从宏观经济领域到微观经济领域，决策者每时每刻都面临着如何在多种可供选择的政策变量中择优实施的问题，因而对政策的实施效果进行评估非常重要。但经济学作为一门社会科学，难以进行可控实验。计量经济学可以设计出类似于可控实验的环境，揭示经济系统中变量之间的相互联系，将经济目标作为被解释变量，经济政策作为解释变量，可以方便地评价各种不同政策对目标的影响，起到政策模拟和评价的作用。双重差分（difference-in-differences，DID）、断点回归（regression discontinuity，RD）等方法就是模拟出一个随机实验环境来检验政策实施效果。

1.2 计量经济学的学科性质

由以上分析可知，计量经济学就是综合运用经济学、数学、统计学方法度量经济关系的一门学科。从这个角度认识计量经济学的学科地位、计量经济学与其他学科的关系、计量经济学的分类以及局限性，有助于更好地学习和理解计量经济学。

1.2.1 计量经济学在经济学科中居于重要地位

计量经济学在经济学科中占有重要地位。一般而言，一种新的经济学理论或经济学假说能否成立以及是否成功地解释了经济现实，往往依赖于计量经济学的检验，不能通过检验的理论，一般不能称其为理论。已有的经济理论，能否解释今天的现实，也应通过检验。因而计量经济学检验是经济学研究中的重要环节。

计量经济学是经济学的一个重要分支，其特点在于：①计量经济学已经渗透到经济学的绝大多数分支学科。无论是从教科书还是从研究文献来看，宏观经济学、微观经济学、劳动经济学、福利经济学和金融学等分支中都广泛使用计量经济学模型，或者其理论假设是基于计量经济模型进行检验的。②计量经济学的理论和方法，不仅应用于经济学的各个分支学科，也大量应用于社会科学其他相关学科。如管理类的各分支学科，甚至国际关系学等，也在不同程度地应用计量经济学方法。不仅如此，计量经济学的理论和方法还用于自然科学的相关学科。

还可以从诺贝尔经济学奖的分布来看计量经济学的学科地位。自 1969 年设立诺贝尔经济学奖以来，其中约有五分之一的获奖者主要从事计量经济学研究。从获奖者的研究领域所在的分支学科来看，计量经济学位居第一。首届诺贝尔经济学奖就授予了计量经济学创始人弗里希和应用计量经济学模型研究经济周期的丁伯根，而经济学大师萨缪尔森随后于 1970 年获奖。这一现象也说明了诺贝尔奖评委会对计量经济学的重视。

1.2.2 计量经济学与其他学科的关系

计量经济学起源于对经济问题的定量研究的需要。如何将经济概念定量化呢？途径之一就是科学地引入数学、统计学方法，使之与经济理论有效结合。因而，计量经济学是经济学、数学、统计学的交叉学科，三者缺一不可。

1. 计量经济学与经济学、统计学、数学的关系

在进行计量经济建模时，经济理论起着非常重要的指导作用，特别是确定重要的经济变量及解释它们之间的因果关系。经济理论或经济假说常常可表述为对经济系统的概率规律的约束条件，通过检验这些约束条件的有效性，就可以验证经济理论或经济假说是否正确。

统计学主要是收集、加工并通过图表的形式展现经济数据，这也是统计工作者的主要工作。他们是收集国内生产总值、就业、失业、价格等数据的主要负责人。这些数据从此构成了计量经济工作的原始资料。

经济学中常用数学形式（方程式）表述经济理论，而不去问理论的可度量性或其经验方面的可论证性。如前所述，计量经济学的主要兴趣在于经济理论的经验验证。可以看到，计量经济学家常常使用数理经济学家所提出的数学方程式，但要把这些方程式改造成适合经验检验的形式，这种从数学方程式到计量经济方程式的转换需要有许多的创造性和实际技巧。

经济学、数学和统计学知识是在计量经济学这一领域进行研究的必要前提，这三者中的每一个对于真正理解现代经济生活中的数量关系都是必要的，但不充分，只有结合在一起才行。三者的关系如图 1-1 所示。

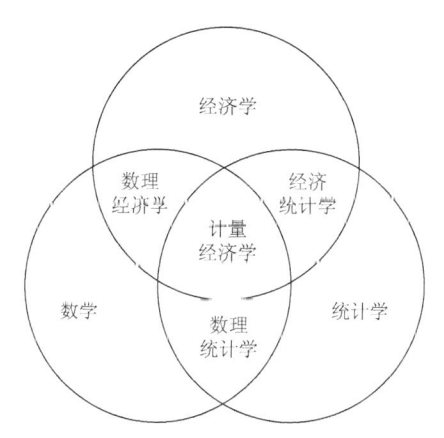

图 1-1 计量经济学与经济学、统计学、数学的关系

2. 计量经济学与数理经济学、数理统计学、经济统计学的区别

图 1-1 进一步表明计量经济学是数理经济学、经济统计学和数理统计学的交集，而数理经济学是经济学与数学的交集，数理统计学则是数学与统计学的交集，经济统计学是经济学与统计学的交集。但它与数理经济学、数理统计学以及经济统计学之间有本质区别。

在经济学研究中，计量经济学和数理经济学的作用不同。数理经济学家的主要任务是用数学工具研究经济理论问题并将经济理论表述为严谨的数学模型形式，而不必考虑经济理论的实证问题。经济学家常常先有一些概念、直觉、想法并通过简单逻辑分析得到一些初步结论，但是这些结论是否正确或者在什么条件下成立，需要用数学这一最严谨的逻辑工具来论证。然而，数学的推导过程正确并不能保证经济理论可以解释经济现实。要检验经济理论是否可以解释经济现实，需要使用计量经济学的方法和工具。

尽管数理统计学为计量经济学提供了很多有用的理论、方法和工具，但计量经济学并不是其基本理论的应用。作为现代经济学的一个重要组成部分，计量经济学有自己的历史发展轨迹，有不少自身特有的方法和工具。例如，汉森提出的广义矩估计（generalized method of moments，GMM），时间序列分析中的单位根和协整理论。

如前文所述，计量经济学的主要任务是通过对经济数据进行建模以揭示经济运行规律，但计量经济学不等同于经济统计学。经济统计学是对经济数据的统计分析，特别是经济数据调查、收集、整理并分析经济变量之间的数量关系及其统计显著程度。如经济学中的"恩格尔曲线"和"菲利普斯曲线"就是经济统计学所揭示的两个重要的经济特征事实，它们在微观经济学和宏观经济学的发展中起着非常重要的作用。计量经济学也研究经济变量之间的数量关系，但更主要的是关注经济变量之间的因果关系，以揭示经济运行规律。不管是数理统计还是经济统计的方法与工具，均不能确认经济变量之间的数量关系是否为因果关系。因果关系的确认，必须借助于经济理论的指导。计量经济建模必须和经济理论有机结合起来，而且经济理论本身常常就是我们的研究对象。

世界计量经济学会的创始人 Fisher（1933）在 *Econometrica* 期刊的创刊号中指出："计量经济学会的目标是促进各界实现对经济问题定性与定量研究和实证与定量研究的统一，促使计量经济学能像自然科学那样，使用严谨的思考方式从事研究。但是，经济学的定量研究方法多种多样，每种方法单独使用都有缺陷，需要与计量经济学相结合。因此，计量经济学绝不是经济统计学，也不能等同于一般的经济理论，尽管这些理论中有相当一部分具有数量特征；同时，计量经济学也不是数学在经济学中的应用。实践证明，统计学、经济理论、数学这三个要素是真正理解现代经济生活中数量关系的必要条件，而不是充分条件。只有三个要素互相融合，才能发挥各自的威力，才构成了计量经济学。"（洪永淼，2007）

1.2.3 计量经济学的分类

计量经济学本身也可以分为若干分支学科。

（1）从理论方法与应用角度，计量经济学可以分为理论计量经济学和应用计量经济学。所谓理论计量经济学，主要是以模型的设定、估计、检验以及统计量的性质为研究内容的计量经济学，其特点是侧重理论与方法的数学证明及推导。应用计量经济学的主要内容是应用理论计量经济学的方法来研究经济问题，即在一定的经济理论指导下，以反映事实的统计数据为依据，以经济计量方法研究经济数学模型，探索实际经济规律，其特点是侧重建立和应用模型。

（2）从内容深度的角度，计量经济学可分为初、中、高级计量经济学。初级计量经济学一般以经典的线性单方程模型理论与方法为主要内容；中级计量经济学以矩阵描述的经典线性单方程、联立方程模型理论与方法为主要内容，还有传统的应用模型；高级计量经济学以非经典、现代的模型理论、方法与应用为主要内容。

（3）从学科范围角度，计量经济学可分为广义计量经济学和狭义计量经济学。利用经济理论、数学和统计学定量研究经济现象的经济计量方法统称为广义计量经济学，包括回归分析、投入产出分析、时间序列分析、聚类分析、因子分析、判别分析和方差分析等。狭义计量经济学就是通常所说的计量经济学，以揭示经济现象中的因果关系为目的，主要运用回归分析对经济现象进行研究，所建立的模型称为计量经济模型（有单方程和联立方程之分）。

1.2.4 计量经济学的局限性

虽然计量经济学有强大的功能，并不断发展和完善，但与其他许多理论和方法一样，仍然具有一定局限性，在学习和应用过程中要注意这一点。同其他的统计分析一样，计量经济学是对大量经济数据或对大量有着相同或相似特征的随机经济事件的平均行为的分析。然而，经济数据不能由大量的重复随机实验产生，因为经济系统不是一个可以控制的实验过程，而且不能重复。绝大多数的经济数据在本质上都不是实验数据，这导致了计量经济学分析的若干局限性（洪永淼，2007）。

（1）经济理论或模型作为对复杂现实经济的简化抽象，只能刻画主要的或重要的经济因素。而实际观测到的数据却是许多因素共同作用的结果，其中，有些因素是未知的或不可观测的，没有包括在经济模型中，因此反映不出它们的影响。这点与自然科学不同，自然科学研究可以通过可控实验过滤或消除次要因素的影响。在经济学领域，人们通常是数据的被动的观察者。因此无法从观测到的经济数据过滤出经济模型以外的因素所产生的那一部分影响，这便造成经济实证研究的困难。经济学家发明了不少方法（如工具变量法、实验经济学法），在无法过滤出模型以外因素影响的情况下，仍可一致估计模型因素的影响。然而，并不是所有实证问题都有类似的方法能够解决。

（2）现实经济是一个不可逆或不可重复的系统，这导致每一个经济变量常常只有一个观测值。不同年份的 GDP 增长率应被看作不同的随机变量，但每个随机变量 Y_t 只有一个观测值。

如果一个随机变量只有一个观测值，就无法做统计分析。如前文所述，统计分析研究的是同一数据生成过程产生的大量实验的"平均"行为。为了对经济数据进行统计分析，经济学家和计量经济学家常常要假设一个经济系统具有不随时间和个体变异而变化的"共同特征",从而可以汇总使用不同随机变量的时间序列数据或截面数据来进行统计分析。这些共同特征通常称为经济系统的"平稳性"(stationarity)或"同质性"(homogeneity)。在这些假设下,可以将观测数据视为是从同一总体或具有相似特征的总体中产生出来的。然而这些假设条件在实践中是很难检验的。

(3)经济结构关系往往具有时变性。自然科学中很多学科,如物理学,能够精确地把握物体运动规律和预测物体运动变化,一个重要原因是所研究的物理系统在相当长的一段时间内不具有时变性。经济系统则有很大不同,其常常有结构性变化,如技术变革、人口结构变化、金融危机会导致体制演变和结构调整。这些变动将引起经济人行为的变化,从而造成经济关系和经济结构具有时变性。若经济关系不稳定,则很难有准确的样本外推预测,也很难制定有效的经济政策。当经济结构发生改变时,即使能很好地解释过去历史的经济模型,也不一定能对未来做出较准确的预测。

(4)数据质量。任何计量经济学研究的成功都离不开大量高质量的数据。但是经济数据往往存在各种缺陷。例如,经济数据可能存在测量误差或者得到的数据与经济模型中定义的变量之间有很大偏差。一些经济变量可能在本质上就是不可观测的(如幸福指数或痛苦指数),一些相关变量则可能存在数据缺失。并且,可能存在样本的选择偏差。例如,超级市场通过大量使用条码扫描系统可获得每一笔交易的精确数据,证券市场能同步记录每笔高频金融交易数据。然而,有一些数据缺陷所造成的困难是不可能或很难克服的。

经济数据和经济系统的上述特征,不可避免地造成了计量经济学实证研究的局限性,使之难以达到一些自然科学学科那样的成熟程度,这是应用计量经济学工具与方法时需要时常记住的。

1.3 计量经济学的研究步骤

面临一个经济问题时,如何着手运用计量经济学方法进行分析呢?大致地说,计量经济学方法按下述路线进行:①陈述理论;②建立计量经济模型;③收集样本数据;④估计模型参数;⑤检验模型;⑥应用模型。以计量经济学中常用的消费模型为例,来说明上述步骤。

1.3.1 陈述理论

首先要做的是查找有关消费决定的经济理论。常用的是凯恩斯的绝对收入消费理论,即人们倾向随着收入的增加而增加其消费,但其边际消费倾向(MPC,收入每变化一个单位的消费变化率)大于0而小于1。当然也可以其他消费理论为基础。

然后是消费的数学模型的设定。虽然凯恩斯假设消费与收入之间有正向的相关关系,但他并没有明确指出两者之间准确的函数关系。在各种可能的形式中,选择正确的函数形式是计量经济学家的任务。为简单起见,通常采取线性的凯恩斯消费函数形式:

$$Y = \beta_0 + \beta_1 X, \ 0<\beta_1<1 \tag{1-1}$$

式中，Y 表示消费支出；X 表示收入；被称为模型参数（parameters）的 β_0 和 β_1 分别表示截距（intercept）和斜率（slope）系数。截距是对自发消费的度量，斜率系数是对 MPC 的度量。为说明方程（1-1）的几何意义，可以将其表示为图1-2。

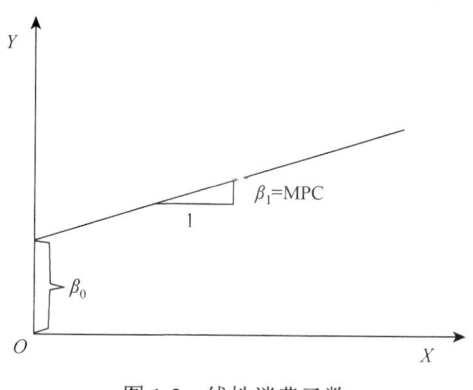

图 1-2 线性消费函数

出现在方程左端的变量称为因变量（dependent variable）或被解释变量（explained variable），等号右端的变量（一个或多个）称为自变量（independent variable）或解释变量（explanatory variable）。在方程（1-1）中，消费支出 Y 为因变量，而收入 X 为自变量。

1.3.2 建立计量经济模型

方程（1-1）给出的是消费函数的纯数学模型，它假定消费与收入之间有一个准确的或确定的关系。也就是说，对于一个给定的收入，就有一个唯一的消费量与之对应。在现实的经济变量之间，极少存在这种关系，更常见的是不精确的关系。假如获得了 500 个家庭人均消费支出和可支配收入数据，并把这些数据画在以消费支出为纵坐标，以可支配收入为横坐标的图上。并不能指望所有的观测值都落在方程（1-1）这条直线上。因为除了收入外，还有其他变量也影响着消费支出，如家庭大小、家庭成员的年龄、所处的区域等，都会对消费产生一定影响。

考虑到变量之间的非准确关系，计量经济学家会把确定性消费函数（1-1）修改为

$$Y = \beta_0 + \beta_1 X + u \tag{1-2}$$

式中，u 被称为扰动项（disturbance term）或误差项（error term），是一个随机变量，它有定义良好的概率性质，代表所有对消费有所影响的其他因素。

方程（1-2）是计量经济模型的一个例子，这种类型的计量经济模型也叫作线性回归模型。该模型假设了因变量 Y（消费）对解释变量 X（收入）存在线性关系。然而两者之间的关系是不确定的，它因家庭而异。可以把消费函数的计量经济模型描述成图1-3。

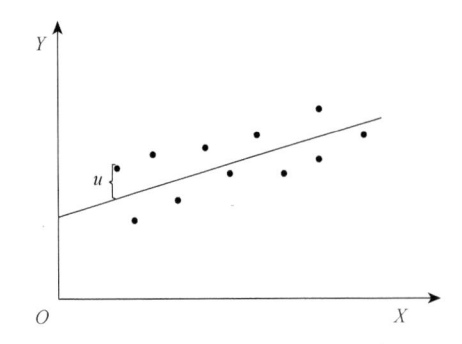

图 1-3　凯恩斯消费函数的计量经济模型（一）

1.3.3　收集样本数据

在估计所设定的计量经济模型的参数之前，必须首先得到适当的数据。计量经济分析所需要的数据，既可来自各种官方统计资料，又可通过调查获得。在经验分析中常用的数据有三类：时间序列数据（time series data）、横截面数据（cross-section data）以及混合数据（pooled data）。

时间序列数据是按时间周期（即按固定的时间间隔）收集的数据，如年度或季度的国内生产总值、就业、货币供给、财政赤字或某人一生中每年的收入等都是时间序列的例子。

横截面数据是在同一时间收集的不同个体（如个人、公司、国家等）的数据，如人口普查数据、世界各国 2010 年国内生产总值、全班学生计量经济学成绩等都是横截面数据的例子。

兼有时间序列和横截面成分的数据称为混合数据，如 1985~2015 年世界各国国内生产总值数据。面板数据（panel data）是混合数据的一种特殊类型，指对相同的一批横截面单元（如家庭或厂家）在时间轴上进行跟踪调查的数据，如我国统计部门定期进行的城乡居民收入和消费数据调查。

此外，还有一类数据称为虚拟变量数据（dummy variable data），用于描述一些定性的事实，如性别、种族、政府政策的变动、自然灾害等，这时常用人为构造的虚拟变量去表示这类客观存在的定性现象"非此即彼"的状态。通常以 1 表示某种状态的发生，以 0 表示这种状态的不发生。

在本例中，为估计全国农村居民消费函数，找到 2011 年全国各地区农村居民家庭人均纯收入和人均消费支出的横截面数据如表 1-1 所示。

表 1-1　2011 年全国各地区农村居民家庭人均纯收入和人均消费支出　　单位：元

地区	人均纯收入	人均消费支出
北京	14 735.68	11 077.66
天津	12 321.22	6 725.42
河北	7 119.69	4 711.16
山西	5 601.40	4 586.98
内蒙古	6 641.56	5 507.72

续表

地区	人均纯收入	人均消费支出
辽宁	8 296.54	5 406.41
吉林	7 509.95	5 305.75
黑龙江	7 590.68	5 333.61
上海	16 053.79	11 049.32
江苏	10 804.95	8 094.57
浙江	13 070.69	9 965.08
安徽	6 232.21	4 957.29
福建	8 778.55	6 540.85
江西	6 891.63	4 659.87
山东	8 342.13	5 900.57
河南	6 604.03	4 319.95
湖北	6 897.92	5 010.74
湖南	6 567.06	5 179.36
广东	9 371.73	6 725.55
广西	5 231.33	4 210.89
海南	6 446.01	4 166.13
重庆	6 480.41	4 502.06
四川	6 128.55	4 675.47
贵州	4 145.35	3 455.78
云南	4 721.99	3 999.87
西藏	4 904.28	2 741.60
陕西	5 027.87	4 491.71
甘肃	3 909.37	3 664.91
青海	4 608.46	4 536.81
宁夏	5 409.95	4 726.64
新疆	3 442.13	4 397.82

资料来源：中华人民共和国国家统计局《中国统计年鉴 2012》

1.3.4 估计模型参数

有了这些数据，下一步的工作就是估计消费函数中的参数 β_0 和 β_1。本书将在后面的课程中详细讨论估计方法，其基础是后面将要重点学习的最小二乘法。这里，假设用所得数据估计方程（1-2）的参数 β_0 和 β_1 得到估计好的消费函数，为

$$\hat{Y} = 734.27 + 0.638 X_i \tag{1-3}$$

式中，$\hat{Y}$ 表示 Y 的拟合值（或估计值）；734.27 和 0.638 表示参数 β_0 和 β_1 的估计值（estimates）。图 1-4 给出了估计的消费函数（即回归线）与相应的散点。直观看，数据点很靠近回归线，

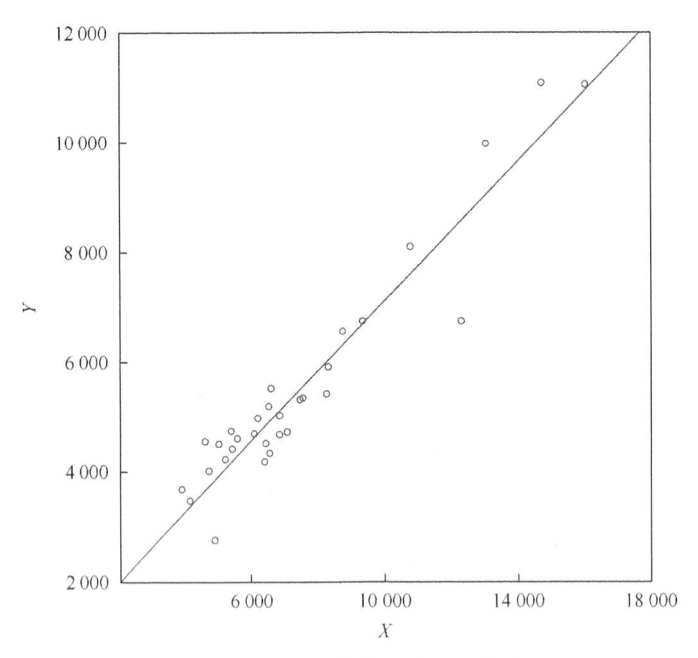

图 1-4 凯恩斯消费函数的计量经济模型（二）

回归线对数据拟合良好。

从以上方程可知，斜率系数约为 0.64，表明人均纯收入每增加 1 元，平均而言，实际消费支出将增加约 0.64 元。说平均而言，是因为消费和收入之间没有确定的关系。由图 1-4 也可以看出，并非所有数据点都恰好位于回归线上。可以简单认为，据本节数据，人均收入每提高 1 元，平均消费支出会增加约 0.64 元。

通常用希腊字母表示未知参数的真值。假设 β 是一个想知道的参数值，应用统计技术，可以得到 β 的合理估计值。在任何实际应用中，β 的估计值就是一个数字，如 β 被估计为 0.638。一般来说，经济理论所关注的焦点并不是估计值，而是估计量（estimators），估计量是用于将数据转换成估计值的公式。之所以更关注后者，是因为从一特定样本计算的估计值是不是好，取决于估计方法（估计量）是不是好。β 的估计量通常表示为 $\hat{\beta}$。

1.3.5 检验模型

模型中的参数被估计出来以后，一般来说这样的模型还不能直接加以应用，还需要对模型进行一系列检验。

（1）经济意义检验。经济意义检验即检验所估计的模型与经济理论是否相符。例如，在本例中，估计好消费函数后，可能想知道得到的结果是否符合所依据的经济理论。凯恩斯曾预期 MPC 是正的，但小于 1。在本书的例子中求得的 MPC 为 0.638。

（2）统计准则检验。为了检验参数估计值是否是抽样的偶然结果，需要运用数理统计中的统计推断方法，对模型参数的可靠性进行检验。具体包括对模型的拟合优度检验、用假设检验和方差分析方法对变量的显著性进行检验等。本例中，MPC 为 0.638，但在将这一发现看作对凯恩斯理论的认可之前,还要追问这一估计量是否充分低于1,以不再怀疑这个估计值仅是一次偶然的机会得来。换言之,0.638是不是在统计意义上小于1?这需要运用假设检验方法进行检验。

(3)计量经济学检验。计量经济学检验主要是检验模型是否符合计量经济学的基本假定,后面将详细介绍多重共线性检验、异方差检验、自相关检验等。当模型违反计量经济方法的基本假定时,通常的计量经济分析方法将失效,这时必须对模型进行调整和处理。

(4)模型预测检验。这是指将估计了参数的模型用于实际经济活动的预测,然后将模型预测的结果与经济运行的实际结果相比较,以此检验模型的有效性。

1.3.6 应用模型

经过上述参数估计和假设检验,确认为可靠的计量模型就可以投入应用。计量经济模型主要用于结构分析、经济预测、政策评价、检验和发展理论等方面。本例中将上述模型用于预测。

假设想知道某省农村人均纯收入达到20 000元后的人均消费支出,可以令 X=20 000,然后代入式(1-3),得到

$$\hat{Y} = 734.27 + 0.638 \times 20\ 000 = 13\ 494.27 \tag{1-4}$$

也就是说,当收入为20 000元时,需求量的预测值为13 494.27元。

由于计量经济模型包含扰动项,因此用上述估计好的模型作预测总会存在误差,与此同时,由于734.27和0.638仅仅是真实的 β_0 和 β_1 估计值,这将是本例的预测中存在的另一个误差源。

在宏观经济学中,乘数是一个重要的概念,而MPC是影响乘数的重要因素。经济理论告诉我们,投资支出每改变1元,收入的改变由投资乘数[M=1/(1−MPC)]给出。利用前面得到的MPC=0.638,可以计算出乘数为2.76,即投资增加1元,将导致收入增加2.76元。需要注意的是,乘数的实现需要时间。所以MPC的数量估计为政策的制定提供了有价值的信息。一旦获知MPC,即可跟踪政府财政政策的改变,预测收入和消费支出的未来变化过程。

1.4 计量经济学数据来源和软件

1.4.1 常用数据来源

数据是计量经济学的重要原料。我国经济数据主要来源于官方统计调查和民间统计调查。官方统计调查主要由国家统计局以及地方统计局或政府其他相关部门组织实施,分为国家统计调查、部门统计调查、地方统计调查。官方统计调查数据通过统计机构的官网,以及公开出版的《中国统计年鉴》、地方统计年鉴和行业年鉴可以较方便地查到,是计量

经济学分析最重要的来源。尤其是宏观经济数据、产业经济数据等往往只能借助官方统计调查得到数据。

民间统计调查，指由民间统计机构以自己的名义或接受委托进行的统计调查，构成了对官方统计调查的重要补充。比较有影响的是中国健康与营养调查（China Health and Nutrition Survey，CHNS）、中国综合社会调查（Chinese General Social Survey，CGSS），这两个调查项目样本数据均可通过申请免费使用。此外，还有中国居民收入项目调查（Chinese Household Income Project Survey，CHIPS）、中国健康与养老追踪调查（China Health and Retirement Longitudinal Study，CHARLS）等。常用数据库网站如下。

（1）国家统计局：http://www.stats.gov.cn/tjsj/。
（2）河北省统计局：http://tjj.hebei.gov.cn/。
（3）中国海关总署统计分析司：http://tjs.customs.gov.cn/。
（4）中国健康与营养调查：http://www.cpc.unc.edu/projects/china。
（5）中国综合社会调查：http://cgss.ruc.edu.cn/。
（6）中国健康与养老追踪调查：http://charls.pku.edu.cn/。
（7）中国家庭追踪调查：http://www.isss.pku.edu.cn/cfps/。

1.4.2 计量经济学软件

计量经济学学习离不开相应软件的使用，目前可供选择的统计和计量经济分析软件很多，如 EViews、SPSS、Stata、R、SAS、Matlab、Python 等。各种软件均能完成计量分析，但在完成不同任务时又各有优势，因而，建议学生熟练掌握 2～3 种软件。鉴于 Stata 软件相对于 EViews 软件在编程方面的优势，方便实现分析过程的可重复性，本书在正文叙述中主要使用 Stata 软件。

1.5 本章小结

本章是对《计量经济学》的整体概略介绍。一是讨论了计量经济学的概念以及计量经济学的作用与功能；二是讨论了计量经济学的学科性质，包括计量经济学在经济学科中的地位、与其他主要学科的关系、计量经济学的分类以及计量经济学局限性等；三是通过一个案例，讨论了计量经济学的研究步骤；四是介绍了计量经济学的数据来源和相关软件。本章编写过程中主要参考了古扎拉蒂和波特（2011）及洪永淼（2007）等的研究，读者可进一步阅读相关文献。

思考题与练习题

1.1 试述计量经济学的概念。
1.2 怎样理解计量经济学的功能与局限性？
1.3 怎样理解数理经济学、经济统计学、数理统计学之间的关系？

1.4 试列出计量经济分析的主要步骤。

1.5 什么是时间序列数据和横截面数据？试举例说明二者的区别。

1.6 自己动手，搜集身边同学的收入和消费（或其他）相关数据，并录入 Stata 软件中。

1.7 举例说明计量经济学在经济实践决策中可以起到的作用。

> **本章扩展材料**

第 2 章 一元线性回归模型

回归分析是对经济变量之间关系加以度量的主要工具，也是计量经济学理论和方法的主要内容。其中，只有一个解释变量的线性回归模型是最简单的，称为一元线性回归模型或双变量线性回归模型。本章从最简单的一元线性回归模型入手，讨论在满足基本假定的前提下，一元线性回归模型的参数估计、假设检验及预测的基本理论和方法，为以后各章的学习打下基础。

2.1 一元线性回归模型概述

2.1.1 相关分析与回归分析

回归分析是以相关分析为基础的，因此，在学习回归分析之前，先简要介绍相关分析的内容。

1. 经济变量间的相互关系

许多社会经济现象之间存在不同程度的联系。计量经济学的主要任务之一就是探寻各种经济变量之间的相互联系程度、联系方式及其变化规律。各种经济变量之间的关系有两种类型：一种是确定性的函数关系，另一种是非确定性的统计相关关系。

确定性现象之间的关系常常表现为函数关系。在这种关系下，当一个或若干个变量 X 取一定数值时，某一个变量 Y 有确定的值与之相对应。例如，圆的面积 S 与圆半径 r 之间的关系；在销售价格 P 不变的情况下，销售量 X 与销售额 Y 之间的关系。

非确定性现象之间的关系常常表现为统计相关关系。在这种关系下，当一个或若干个变量 X 取值一定时，与之相对应的另一个变量 Y 的值不确定，但却按某种规律在一定范围内变化。例如，某地区居民的可支配收入 X 与居民的消费支出 Y 之间的关系。经济理论告诉我们，其他条件不变的情况下，收入水平越高，消费水平也越高，两者之间存在一定的依存关系。然而，具有相同收入水平的居民，其消费支出并不一定完全相同，也就是说，居民的可支配收入 X 与消费支出 Y 具有不确定性的依存关系，即相关关系。

2. 相关关系的度量

变量间的统计相关关系可以通过相关分析（correlation analysis）与回归分析（regression analysis）来研究。

1）相关分析

相关分析主要研究随机变量间的相关形式及相关程度。变量间的相关形式有线性相关和非线性相关之分，本章的讨论主要基于两个变量之间的线性相关关系。从散点图上来看，两个变量之间的线性相关关系近似地表现为一条直线;而变量间线性相关程度的大小可以通过相关系数来测量。具体来说,相关系数又分为总体相关系数和样本相关系数。

两个变量 X 和 Y 的总体相关系数的计算公式为

$$\rho = \frac{\text{Cov}(X,Y)}{\sqrt{\text{Var}(X)\text{Var}(Y)}} \tag{2-1}$$

式中,$\text{Var}(X)$ 为变量 X 的方差;$\text{Var}(Y)$ 为变量 Y 的方差;$\text{Cov}(X,Y)$ 为变量 X 和 Y 协方差。

总体相关系数 ρ 反映了总体两个变量 X 和 Y 的线性相关程度,对于特定的总体而言,X 和 Y 的数值是既定的,总体相关系数 ρ 是客观存在的特定数值。然而,当总体较大时,变量 X 和 Y 的全部数值一般不能直接观测,所以总体相关系数一般是不能直接计算的。通常采用的方法是从总体中随机抽取一定数量的样本,通过 X 和 Y 的样本观测值计算样本相关系数。

样本相关系数的计算公式为

$$r_{X,Y} = \frac{\sum(X_i - \bar{X})(Y_i - \bar{Y})}{\sqrt{\sum(X_i - \bar{X})^2 \sum(Y_i - \bar{Y})^2}} \text{ 或 } r_{X,Y} = \frac{n\sum X_i Y_i - \sum X_i \sum Y_i}{\sqrt{n\sum X_i^2 - (\sum X_i)^2}\sqrt{n\sum Y_i^2 - (\sum Y_i)^2}}, \quad i=1,2,\cdots,n \tag{2-2}$$

式中,X_i 和 Y_i($i=1,2,\cdots,n$)分别为变量 X 和 Y 的样本观测值;$\bar{X}$ 和 $\bar{Y}$ 分别为变量 X 和 Y 的样本观测值的平均值;n 为样本观测值的个数,即样本容量;样本相关系数 r 为总体相关系数 ρ 的估计。可以证明,样本相关系数是总体相关系数的一致估计。

相关系数具有以下特点。

(1)相关系数的取值介于 -1 与 1 之间。
(2)当 $r=0$ 时,表明 X 与 Y 没有线性相关关系。
(3)当 $|r|=1$ 时,表明 X 与 Y 为完全线性相关。
(4)当 $r>0$ 时,表明 X 与 Y 为正相关;当 $r<0$ 时,表明 X 与 Y 为负相关。
(5)$|r|$ 越接近于 1,表明 X 与 Y 的线性相关程度越高。

2)回归分析

具有相关关系的变量有时存在着因果关系,这时可以通过回归分析来研究它们之间的具体依存关系。例如,根据经济学理论,消费支出与可支配收入之间不但密切相关,而且有着因果关系,即可支配收入的变化往往是消费支出变化的原因。这时,不仅可以通过相关分析研究两者间的相关程度,还可以通过回归分析研究两者间的具体依存关系,即考察可支配收入每变动 1 元所引起的消费支出的平均变化。

回归分析是研究一个变量(因变量、被解释变量)关于另一个(些)变量(自变量、解释变量)的依赖关系的计算方法和理论。其目的在于通过后者的已知或设定值,去估计和(或)预测前者的(总体)均值。

例如,根据前文分析消费支出与可支配收入之间存在相关关系,而且可支配收入的变化是消费支出变化的原因,如果研究消费支出与可支配收入的依存关系的话,那么消费支出就作为被解释变量(因变量),可支配收入就作为解释变量(自变量)。具体考虑个人消费支出与个人可支配收入的依存关系,对应于一定的个人可支配收入水平,个人消费支出并不确定,但总是在一定的范围内变动。对于个人可支配收入水平,个人消费支出呈现出一定的分布,但平均来说,个人消费支出总是随着个人可支配收入的增加而增加。

若需要根据个人消费支出和个人可支配收入的观测数据,确定二者变动的统计规律性,即研究当解释变量(个人可支配收入)变动时,被解释变量(个人消费支出)的平均水平变动的规律,这时候就需要使用回归分析方法。

相关分析与回归分析既有联系又有区别。首先,二者都是研究非确定性变量间的统计依赖关系,并能度量线性依赖程度的大小。其次,相关分析与回归分析的研究目的和研究方法又存在明显区别。从研究目的上看,相关分析是用一定的数量指标(相关系数)度量变量间相互联系的方向和程度;回归分析却是要寻求变量间联系的具体数学形式,是要根据解释变量的固定值去估计和预测被解释变量的平均值。从对变量的处理看,相关分析对称地对待相互联系的变量,不考虑二者的因果关系,也就是不区分解释变量和被解释变量,相关的变量不一定具有因果关系,均视为随机变量;回归分析是在变量间存在因果关系的基础上,研究解释变量的变动对被解释变量的具体影响,回归分析中必须明确划分被解释变量和解释变量,对变量的处理是不对称的。在经典回归分析中通常假定解释变量是在重复抽样中取固定值的非随机变量,只有被解释变量是具有一定概率分布的随机变量。

此外应注意,相关分析和回归分析都应该建立在定性分析的基础上,否则单凭数据进行相关分析和回归分析,有可能没有实际意义甚至导致荒谬的结论。

2.1.2 总体回归函数和总体回归模型

由于统计相关的随机性,回归分析关心的是根据解释变量的已知值或给定值,考察被解释变量的总体均值,即当解释变量取某个确定值时,被解释变量所有可能出现的对应值的平均值。

例 2.1 一个假想的总体由 99 人组成,研究该总体每月个人消费支出 Y 与每月个人可支配收入 X 的关系,即根据每月个人可支配收入,考察每月个人消费支出的平均水平。为研究方便,将该 99 人组成的总体按每月个人可支配收入水平划分为 10 组,并分析每一组的每月个人消费支出(表 2-1)。

表 2-1 该 99 人每月可支配收入与消费支出统计表　　　　单位:元

每月个人可支配收入 X	800	1100	1400	1700	2000	2300	2600	2900	3200	3500
每月个人消费支出 Y	561	638	869	1023	1254	1408	1650	1969	2090	2299
	594	748	913	1100	1309	1452	1738	1991	2134	2321
	627	814	924	1144	1364	1551	1749	2046	2178	2530
	638	847	979	1155	1397	1595	1804	2068	2266	2629
		935	1012	1210	1408	1650	1848	2101	2354	2860
		968	1045	1243	1474	1672	1881	2189	2486	2871
			1078	1254	1496	1683	1925	2233	2552	

续表

每月个人可支配收入 X	800	1100	1400	1700	2000	2300	2600	2900	3200	3500
每月个人消费支出 Y			1122	1298	1496	1716	1969	2244	2585	
			1155	1331	1562	1749	2013	2299	2640	
			1188	1364	1573	1771	2035	2310		
			1210	1408	1606	1804	2101			
				1430	1650	1870	2112			
				1485	1716	1947	2200			
						2002				
$E(Y\|X_i)$	605	825	1045	1265	1485	1705	1925	2145	2365	2585

资料来源：李子奈和潘文卿（2015）

由于不确定因素的影响，对某个特定的个人可支配收入水平 X，不同个体的消费支出并不完全相同。在给定个人可支配收入水平 X 的条件下，个人消费支出 Y 形成一定的分布，这种分布称为以 X 的给定值为条件的 Y 的条件分布（conditional distribution）。当 X 取某一特定值时，Y 取各种值的概率，称为 Y 的条件概率。例如，根据表 2-1 中的数据，当个人可支配收入为 2000 元时，个人消费支出为 1650 元的条件概率为 $P(Y=1650|X=2000)=1/13$。给定个人可支配收入 X 的值，根据 Y 的条件分布和条件概率，可以计算出 Y 的条件均值（conditional mean）或条件期望（conditional expectation）。例如，由表 2-1 中的数据，当个人可支配收入为 2000 元时，个人消费支出的条件期望 $E(Y|X=2000)=\frac{1}{13}\times1254+\frac{1}{13}\times1309+\cdots+\frac{1}{13}\times1716=1485$。表 2-1 最后一行，给出了 10 组个人可支配收入水平下相应的消费支出的条件均值。

对于 X 的每一个取值 X_i，都有 Y 的条件期望 $E(Y|X_i)$ 与之对应，根据表 2-1 的数据，可做个人可支配收入 X 与个人消费支出 Y 的散点图，如图 2-1 所示。

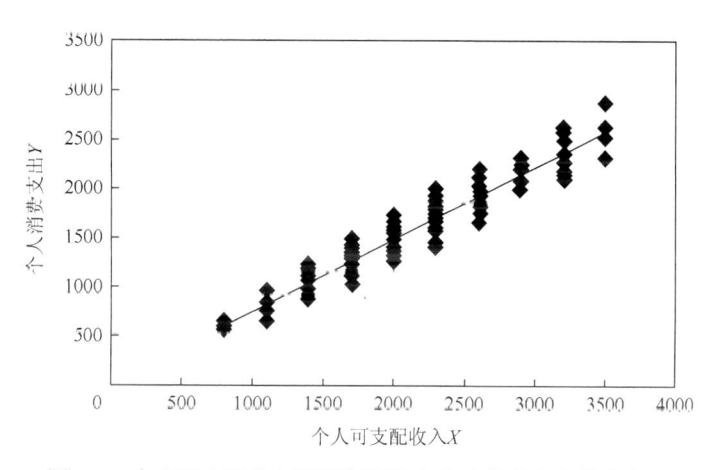

图 2-1 个人可支配收入不同组别的个人消费支出条件分布图

从图 2-1 可以看出，虽然个人的消费支出存在差异，但平均来说，随着个人可支配收入的增加，个人消费支出也在增加。进一步，这个例子中 Y 的条件均值恰好落在一条正斜率的直线上，这条直线称为总体回归线。

在给定解释变量 X 条件下被解释变量 Y 的期望轨迹称为总体回归线（population regression line），相应的函数

$$E(Y|X_i) = f(X_i) \tag{2-3}$$

称为总体回归函数（population regression function，PRF）。

假如 Y 的总体条件均值 $E(Y|X_i)$ 是解释变量 X 的线性函数，则可表示为

$$E(Y|X_i) = \beta_0 + \beta_1 X_i \tag{2-4}$$

式中，β_0, β_1 为未知参数，称为回归系数（regression coefficients）。式（2-4）也称为线性总体回归函数。

线性函数形式最为简单，其中参数的估计与检验也相对容易，而且多数非线性函数可转换为线性形式，因此，为了研究的方便，计量经济学中总体回归函数常设定为线性形式。需注意的是，经典计量经济方法中所涉及的线性函数，指回归系数是线性的，即回归系数只以它的一次方出现，解释变量则可以不是线性的。

以条件均值表现的总体回归函数 $E(Y|X_i)$ 描述的是随着解释变量的变化，被解释变量的平均变动。但是相对于一定的 X_i，Y 的个别值 Y_i 并不全在代表平均值轨迹的回归线上，而是围绕回归线上下波动，也就是说，个别值 Y_i 总是分布在条件均值 $E(Y|X_i)$ 的周围。对每个个体，记

$$u_i = Y_i - E(Y|X_i) \tag{2-5}$$

称 u_i 为观察值 Y_i 围绕它的期望值 $E(Y|X_i)$ 的离差（deviation），它是一个不可观测的随机变量，称为随机误差项（stochastic error），又称随机干扰项（stochastic disturbance）。式（2-5）也可以写成如下形式：

$$Y_i = E(Y|X_i) + u_i \tag{2-6}$$

称式（2-5）或式（2-6）为总体回归函数的随机设定形式，也称总体回归模型（population regression model）。它表明被解释变量 Y 除了受解释变量 X 的系统影响外，还受其他未包括在模型中的诸多因素的随机影响，u_i 即为这些影响因素的综合代表。

如果总体回归函数是只有一个解释变量的线性函数，则有

$$Y_i = \beta_0 + \beta_1 X_i + u_i \tag{2-7}$$

式（2-7）也称线性总体回归模型。

2.1.3 随机误差项的性质

在计量经济模型中必须包括随机误差项 u，原因主要有以下几方面。

1. 模型中被忽略掉的影响因素造成的误差

经济变量间真正的关系是 $Y = f(X_1, X_2, \cdots, X_\infty)$，但不能将影响 Y 的所有解释变量都包含在模型中。在构造回归模型时，通常只选取重要的解释变量与被解释变量构成回归模

型，将次要的影响因素忽略掉，这些被忽略的影响因素对被解释变量的影响就归入了随机误差项 u 中。例如，只有 X_1 对 Y 有重要影响，此时，模型就表示为 $Y=f(X_1,u)$，那么被忽略掉的影响因素 $X_2,\cdots,X_\infty$ 就归入随机误差项 u 中。

2. 模型关系设定不准确造成的误差

在一般情况下，解释变量与被解释变量之间的关系是比较复杂的非线性关系。但在构造模型时，为了简化往往用线性模型代替非线性关系，或者用简单的非线性模型代替复杂的非线性关系，这样就会形成由于模型关系设定不准确而导致的误差，这种设定误差在模型中通过随机误差项 u 来反映。

3. 变量的测量误差

测量误差是在搜集和整理变量数据过程中形成的，也称观测误差。设模型为
$$Y^* = \beta_0 + \beta_1 X^*$$
式中，Y^*,X^* 为消费与收入的真实值。实际测量的消费和收入值为 Y,X，则模型应为
$$Y = \beta_0 + \beta_1 X + u$$
Y^*,X^* 与 Y,X 的观测误差也由随机误差项 u 来反映。

4. 随机误差

即使把所有相关的影响因素全部纳入模型中，而且模型也不存在设定误差，同时变量也不存在观测误差，可是人们所从事的一些经济行为仍然可能具有不可重复性和随机性。例如，某些涉及人的思想行为的变量，很难完全控制，具有内在的随机性，这类变量内在随机性的影响只能归到随机误差项 u 中。

可见，随机误差项有十分丰富的内容，在计量经济研究中起着重要的作用。在一定程度上，随机误差项的性质决定着计量经济方法的选择和使用。

2.1.4 样本回归函数和样本回归模型

尽管总体回归函数揭示了所考察总体被解释变量受解释变量影响的平均变化规律，但总体的信息往往无法全部获得，因此，总体回归函数实际上是未知的。现实的情况往往是，通过抽样得到总体的样本，再通过样本的信息来估计总体回归函数。

仍以例 2.1 中个人可支配收入与个人消费支出的关系为例，假设从该总体中按每组可支配收入水平各取一个人进行观察，得到如表 2-2 所示的一个样本。问题归结为：能否从该样本中预测整个总体对应于选定 X 的平均个人消费支出，即能否从该样本估计总体回归函数。

表 2-2 个人可支配收入与消费支出的一个随机样本　　单位：元

X	800	1100	1400	1700	2000	2300	2600	2900	3200	3500
Y	638	935	1155	1254	1408	1650	1925	2068	2266	2530

该样本的散点图如图 2-2 所示,其近似于一条直线。画一条直线尽可能地拟合该散点图。由于样本取自总体,可用该直线近似地代表总体回归线。该直线称为样本回归线 (sample regression line),其函数形式记为

$$\hat{Y}_i = f(X_i) = \hat{\beta}_0 + \hat{\beta}_1 X_i \tag{2-8}$$

称为样本回归函数 (sample regression function, SRF)。

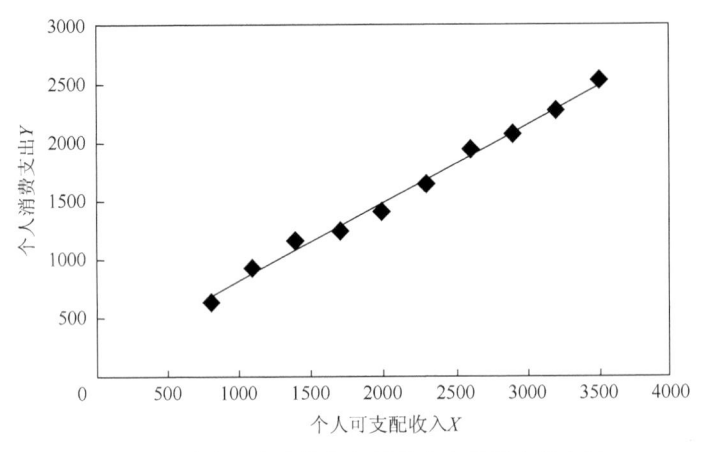

图 2-2　个人可支配收入与消费支出的样本散点图

将式 (2-8) 看成式 (2-4) 的近似代替,则 $\hat{Y}$ 就为 $E(Y|X)$ 的估计量,$\hat{\beta}_0, \hat{\beta}_1$ 是总体回归参数 β_0, β_1 的估计量。

同样,样本回归函数也有如下随机形式:

$$Y_i = \hat{Y}_i + \hat{u}_i = \hat{\beta}_0 + \hat{\beta}_1 X_i + e_i \tag{2-9}$$

式中,e_i 为残差 (residual),代表了其他影响 Y_i 的随机因素的集合,也可以看作 u_i 的估计量。式 (2-9) 也称为样本回归模型 (sample regression model)。

需要注意,样本回归函数和总体回归函数是有区别的。首先,总体回归函数虽然未知,但它是确定的;而由于从总体中每次抽样都能获得一个样本,就都可以拟合一条样本回归线,所以样本回归线是随抽样波动而变化的,可以有许多条。样本回归线不是总体回归线,至多只是未知的总体回归线的近似反映。其次,总体回归函数的参数 β_0 和 β_1 是确定的常数;而样本回归函数的估计量 $\hat{\beta}_0$ 和 $\hat{\beta}_1$ 是随抽样而变化的随机变量。最后,总体回归函数中 u_i 是不可观测的;而样本回归函数中 e_i 是只要估计出 $\hat{\beta}_0, \hat{\beta}_1$ 就可以计算的数值。

回归分析的主要目的,就是根据样本回归函数,估计总体回归函数。也就是根据

$$\hat{Y} = \hat{\beta}_0 + \hat{\beta}_1 X$$

估计

$$Y = E(Y|X) + u = \beta_0 + \beta_1 X + u$$

即设计一种"方法"构造样本回归函数,以使样本回归函数尽可能地"接近"总体回归函数,或者说使 $\hat{\beta}_j (j=0,1)$ 尽可能地接近 $\beta_j (j=0,1)$。图 2-3 绘出了总体回归线与样本回归线的基本关系。

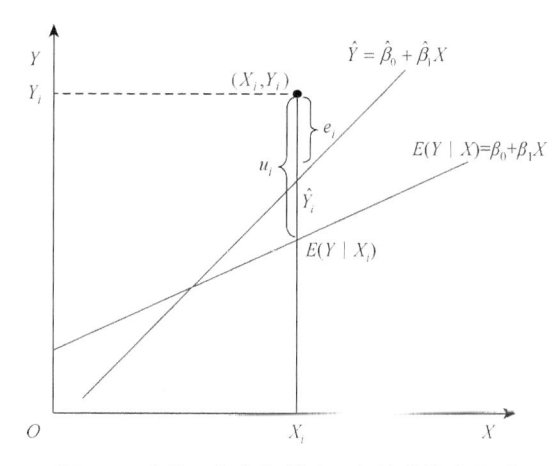

图 2-3　总体回归线与样本回归线的基本关系

2.2　一元线性回归模型的基本假定和参数估计

对于线性回归模型的估计，最常用的一种方法就是普通最小二乘（ordinary least square，OLS）法。为保证参数的 OLS 估计量有良好的性质，需要对模型提出若干基本假设。当模型满足这些基本假设时，OLS 法就是一种适用的估计方法；当模型不满足基本假设，OLS 法不再适用，需要采用其他方法。因此，严格说，OLS 法提出的基本假设不是针对模型，而是针对求解模型时使用的方法。

2.2.1　一元线性回归模型的基本假定

一元线性回归模型是只有一个解释变量的线性回归模型，其基本形式如下：

$$Y_i = \beta_0 + \beta_1 X_i + u_i, \quad i = 1, 2, \cdots, N \tag{2-10}$$

假定有三个方面的内容。

（1）关于变量的假定。

首先，假定解释变量 X_i 是确定性变量，在重复抽样时解释变量 X_i 是一组固定的值；或者 X_i 虽然是随机的，但与随机误差项 u_i 也是不相关的。其次，假定模型中的变量没有观测误差。

（2）关于模型设定的假定。

假定模型对变量和函数形式的设定是正确的，即不存在设定误差。一方面，指在设定总体回归模型时，选择了正确的变量——既没有遗漏重要的相关变量，也没有多选无关的变量；另一方面，选择了正确的函数形式——当被解释变量与解释变量间呈现某种函数形式时，我们所设定的总体回归方程恰好为该函数形式。

（3）关于随机误差项 u_i 的假定。

随机误差项通常无法直接观测，为使模型的估计结果具有较好的统计性质，计量经济研究中对 u_i 的分布作如下假定。

假定 2.1　零均值假定。对给定的 X 值，随机误差项 u_i 的数学期望（均值）为零，专业地讲，u_i 的条件均值为零，符号上记为

$$E(u_i|X_i) = 0 \quad (2\text{-}11)$$

随机误差项源于那些影响被解释变量但未列入模型的次要因素,自然这样一些微小影响不会以一种系统的方式使得被解释变量增加或减小,因此随机误差项均值为零的假定是合理的。

在零均值假定下,容易证明:$E(Y_i|X_i) = \beta_0 + \beta_1 X_i$。

假定 2.2 同方差假定。给定 X 值,对所有的观测,u_i 的方差都是相同的。用符号表示为

$$\text{Var}(u_i|X_i) = E[u_i - E(u_i|X_i)]^2 = E(u_i^2|X_i) = \sigma^2 \quad (2\text{-}12)$$

式(2-12)表示,对每个 u_i 的方差(即 u_i 的条件方差)都是某个等于 σ^2 的正的常数。用专业术语说,式(2-12)代表同方差性(homoscedasticity)或者说相同的散布或相等的方差。换言之,式(2-12)意味着,对应于不同 X 值的 Y 总体均有同样的方差。

在同方差假定下,容易证明:$\text{Var}(Y_i|X_i) = \sigma^2$。

假定 2.3 无自相关(no auto correlation)假定。给定任意两个 X 值:X_i 和 $X_j (i \neq j)$,u_i 和 u_j 之间的相关性为零。用符号表示为

$$\text{Cov}(u_i, u_j) = E[u_i - E(u_i)][u_j - E(u_j)] = E(u_i u_j) = 0 \quad (2\text{-}13)$$

无自相关假定表明,产生干扰的因素是完全随机、互不相关的。在无自相关假定下,不难证明,Y_i 和 Y_j 也是不相关的,即

$$\text{Cov}(X_i, u_i) = 0 \quad (2\text{-}14)$$

假定 2.4 解释变量 X_i 与随机误差项 u_i 是不相关的。

假定 2.5 正态性假定。假定随机误差项 u_i 服从均值为零、方差为 σ^2 的正态分布,即

$$u_i \sim N(0, \sigma^2) \quad (2\text{-}15)$$

在正态性假定下,容易证明,Y_i 服从均值为 $\beta_0 + \beta_1 X_i$、方差为 σ^2 的正态分布,即

$$Y_i \sim N(\beta_0 + \beta_1 X_i, \sigma^2)$$

以上对随机误差项 u_i 分布的假定是德国数学家高斯最早提出的,也称为高斯假设或古典假设(classical assumption)。满足以上古典假设的线性回归模型,也称为古典(经典)线性回归模型(classical linear regression model,CLRM)。

2.2.2 一元线性回归模型的参数估计

一元线性回归模型的参数估计,是在一组样本观测值 $\{(X_i, Y_i): i = 1, 2, \cdots, n\}$ 下,通过一定的参数估计方法,估计出样本回归线。下面介绍一种常用的参数估计方法——OLS 法。

为了使样本回归函数尽可能"接近"总体回归函数,就需要使估计的 $\hat{Y}_i$ 与实际的 Y_i 的误差尽量小,即 e_i 越小越好。OLS 法给出的判断标准是:被解释变量的估计值与实际观测值之差的平方和,即 $\sum e_i^2$ 最小:

$$\min \sum e_i^2 = \min \sum (Y_i - \hat{Y}_i)^2 = \min \sum (Y_i - \hat{\beta}_0 - \hat{\beta}_1 X_i)^2 \quad (2\text{-}16)$$

即在给定的样本观测值之下,选择 $\hat{\beta}_0, \hat{\beta}_1$ 使 Y_i 与 $\hat{Y}_i$ 之差的平方和最小。

取平方和的原因在于,Y_i 与 $\hat{Y}_i$ 之差有正有负,简单求和很可能将误差抵消掉,而求平

方和可以反映二者在总体上的接近程度，这就是最小二乘原理。

根据微积分中求极值的原理，满足 $\sum e_i^2$ 最小的一阶条件为

$$\begin{cases} \dfrac{\partial\left(\sum e_i^2\right)}{\partial \hat{\beta}_0} = -2\sum(Y_i - \hat{\beta}_0 - \hat{\beta}_1 X_i) = 0 & \rightarrow \sum e_i = 0 \\ \dfrac{\partial\left(\sum e_i^2\right)}{\partial \hat{\beta}_1} = -2\sum(Y_i - \hat{\beta}_0 - \hat{\beta}_1 X_i)(X_i) = 0 & \rightarrow \sum e_i X_i = 0 \end{cases}$$

得正规方程组：

$$\begin{cases} \sum Y_i = n\hat{\beta}_0 + \hat{\beta}_1 \sum X_i \\ \sum X_i Y_i = \hat{\beta}_0 \sum X_i + \hat{\beta}_1 \sum X_i^2 \end{cases}$$

式中，n 为样本容量。解正规方程组得

$$\begin{cases} \hat{\beta}_1 = \dfrac{n\sum X_i Y_i - \sum X_i \sum Y_i}{n\sum X_i^2 - \left(\sum X_i\right)^2} \\ \hat{\beta}_0 = \overline{Y} - \hat{\beta}_1 \overline{X} = \dfrac{\sum Y_i}{n} - \hat{\beta}_1 \dfrac{\sum X_i}{n} \end{cases} \quad (2\text{-}17)$$

$\hat{\beta}_1$ 还可以表示为

$$\hat{\beta}_1 = \dfrac{\sum(X_i - \overline{X})(Y_i - \overline{Y})}{\sum(X_i - \overline{X})^2} = \dfrac{\sum x_i y_i}{\sum x_i^2} \quad (2\text{-}18)$$

式中，$x_i = X_i - \overline{X}$；$y_i = Y_i - \overline{Y}$。

$\hat{\beta}_1$ 的经济含义为 X_i 每变动一个单位，Y_i 平均变动 $\hat{\beta}_1$ 个单位。

例 2.2 某饮料公司发现，饮料的销售量与气温之间存在着相关关系，气温越高，人们对饮料的需求量就越大。表 2-3 数据是该饮料公司通过实际记录所得到的饮料销售量 Y_i 和气温 X_i 的观察数据。试用 OLS 方法估计销售量与气温之间的一元线性回归模型。

表 2-3　饮料销售量和气温数据

序号	销售量 Y_i/箱	气温 X_i/℃	$y_i = Y_i - \overline{Y}$	$x_i = X_i - \overline{X}$	$x_i y_i$	x_i^2	$\hat{Y}_i$
1	430	30	50	3	150	9	409
2	335	21	−45	−6	270	36	322
3	520	35	140	8	1120	64	458
4	490	42	110	15	1650	225	526
5	470	37	90	10	900	100	477
6	210	20	−170	−7	1190	49	312
7	195	8	−185	−19	3515	361	195
8	270	17	−110	−10	1100	100	283
9	400	35	20	8	160	64	458
10	480	25	100	−2	−200	4	361
合计	3800	270	—	—	9855	1012	—

资料来源：徐国祥（2016）

解 根据表 2-1 的数据：

$$\bar{Y} = \frac{\sum Y_i}{n} = \frac{3800}{10} = 380 \qquad \bar{X} = \frac{\sum X_i}{n} = \frac{270}{10} = 27$$

$$\hat{\beta}_1 = \frac{\sum(X_i - \bar{X})(Y_i - \bar{Y})}{\sum(X_i - \bar{X})^2} = \frac{\sum x_i y_i}{\sum x_i^2} = \frac{9855}{1012} = 9.74$$

$$\hat{\beta}_0 = \bar{Y} - \hat{\beta}_1 \bar{X} = 380 - 9.74 \times 27 = 117$$

所以，样本回归方程为

$$\hat{Y}_i = 117 + 9.74 X_i$$

根据该公司的调查数据，得回归系数为 9.74，反映温度每增加 1℃，饮料的需求量平均增加 9.74 箱。

2.3 最小二乘估计量的性质

2.3.1 最小二乘估计量的均值和方差

1. 最小二乘估计量的均值

$$\hat{\beta}_1 = \frac{\sum x_i y_i}{\sum x_i^2} = \frac{\sum x_i (Y_i - \bar{Y})}{\sum x_i^2} = \frac{\sum x_i Y_i}{\sum x_i^2} - \frac{\bar{Y} \sum x_i}{\sum x_i^2} = \sum \frac{x_i}{\sum x_i^2} Y_i$$

令 $k_i = \dfrac{x_i}{\sum x_i^2}$，可以证明 $\sum k_i = 0$，$\sum k_i X_i = 1$，$\sum k_i^2 = \dfrac{1}{\sum(X_i - \bar{X})^2}$。

$$\sum k_i = \sum \frac{x_i}{\sum x_i^2} = \frac{\sum x_i}{\sum x_i^2} = \frac{0}{\sum x_i^2} = 0$$

$$\sum k_i X_i = \sum \frac{x_i}{\sum x_i^2} X_i = \sum \frac{x_i}{\sum x_i^2}(X_i - \bar{X} + \bar{X})$$

$$= \sum \frac{x_i}{\sum x_i^2}(X_i - \bar{X}) + \bar{X} \sum \frac{x_i}{\sum x_i^2} = 1$$

$$\sum k_i^2 = \sum \left(\frac{x_i}{\sum x_i^2}\right)^2 = \sum \frac{(x_i)^2}{(\sum x_i^2)^2} = \frac{\sum(x_i)^2}{(\sum x_i^2)^2} = \frac{1}{\sum x_i^2} = \frac{1}{\sum(X_i - \bar{X})^2}$$

因此，

$$\hat{\beta}_1 = \sum k_i Y_i = \sum k_i(\beta_0 + \beta_1 X_i + u_i)$$
$$= \beta_0 \sum k_i + \beta_1 \sum k_i X_i + \sum k_i u_i$$
$$= \beta_1 + \sum k_i u_i$$

两边同时取期望，有

$$E(\hat{\beta}_1) = \beta_1 + \sum k_i E(u_i) \qquad \text{——由假定2.4}$$
$$= \beta_1 \qquad \text{——由假定2.1}$$

这表明 $\hat{\beta}_1$ 是 β_1 的无偏估计量。

由 $\hat{\beta}_0 = \bar{Y} - \hat{\beta}_1 \bar{X}$ 得

$$E(\hat{\beta}_0) = E(\bar{Y} - \hat{\beta}_1 \bar{X}) = E(\beta_0 + \beta_1 \bar{X} + \bar{u} - \hat{\beta}_1 \bar{X})$$
$$= \beta_0 + \beta_1 \bar{X} + E(\bar{u}) - \bar{X}E(\hat{\beta}_1) = \beta_0 + \beta_1 \bar{X} + 0 - \bar{X}\beta_1 = \beta_0$$

即 $\hat{\beta}_0$ 是 β_0 的无偏估计量。

2. 最小二乘估计量的方差

$$\begin{aligned}\text{Var}(\hat{\beta}_1) &= E[\hat{\beta}_1 - E(\hat{\beta}_1)]^2 = E[\hat{\beta}_1 - \beta_1]^2 \\ &= E\left[\beta_1 + \sum k_i u_i - \beta_1\right]^2 = E\left[\sum k_i u_i\right]^2 \\ &= E\left(\sum_{i=j} k_i^2 u_i^2 + 2\sum_{i \neq j} k_i k_j u_i u_j\right) \quad \text{——由假定2.4} \\ &= \sum k_i^2 E(u_i^2) + 2\sum_{i \neq j} k_i k_j E(u_i u_j) \quad \text{——由假定2.2，假定2.3} \\ &= \sigma^2 \sum k_i^2 \\ &= \frac{\sigma^2}{\sum (X_i - \bar{X})^2} = \frac{\sigma^2}{\sum x_i^2}\end{aligned}$$

类似可证明：

$$\text{Var}(\hat{\beta}_0) = \frac{\sigma^2 \sum X_i^2}{n \sum (X_i - \bar{X})^2} = \frac{\sigma^2 \sum X_i^2}{n \sum x_i^2}$$

$$\text{Cov}(\hat{\beta}_0, \hat{\beta}_1) = -\frac{\bar{X}\sigma^2}{\sum (X_i - \bar{X})^2} = -\frac{\bar{X}\sigma^2}{\sum x_i^2}$$

2.3.2 最小二乘估计量是最佳线性无偏估计量

1. 线性

参数估计量 $\hat{\beta}_0, \hat{\beta}_1$ 分别为被解释变量和随机误差项的线性函数或线性组合。

由 $\hat{\beta}_1 = \sum k_i Y_i$，可得 $\hat{\beta}_1$ 是被解释变量的线性函数。又由 $\hat{\beta}_1 = \beta_1 + \sum k_i u_i$，可得 $\hat{\beta}_1$ 也是随机误差项的线性函数。

同理，由于 $\hat{\beta}_0 = \bar{Y} - \hat{\beta}_1 \bar{X} = \frac{1}{n}\sum Y_i - \sum \bar{X} k_i Y_i = \sum \left(\frac{1}{n} - \bar{X} k_i\right) Y_i$，可得 $\hat{\beta}_0$ 是被解释变量的线性函数。又由于

$$\begin{aligned}\hat{\beta}_0 &= \sum \left(\frac{1}{n} - \bar{X} k_i\right) Y_i = \sum \left(\frac{1}{n} - \bar{X} k_i\right)(\beta_0 + \beta_1 X_i + u_i) \\ &= \beta_0 \sum \left(\frac{1}{n} - \bar{X} k_i\right) + \beta_1 \sum \left(\frac{1}{n} - \bar{X} k_i\right) X_i + \sum \left(\frac{1}{n} - \bar{X} k_i\right) u_i \\ &= \beta_0 + \sum \left(\frac{1}{n} - \bar{X} k_i\right) u_i\end{aligned}$$

可得 $\hat{\beta}_0$ 也是随机误差项的线性函数。

2. 无偏性

根据 $\hat{\beta}_0, \hat{\beta}_1$ 的期望公式可知，参数估计量 $\hat{\beta}_0, \hat{\beta}_1$ 的均值（期望值）分别等于总体参数值 β_0, β_1，即

$$E(\hat{\beta}_0) = \beta_0, \quad E(\hat{\beta}_1) = \beta_1$$

3. 有效性（方差最小性或最优性）

可以证明，在所有的线性、无偏估计量中，最小二乘估计量 $\hat{\beta}_0, \hat{\beta}_1$ 的方差最小。

设 $\beta_1^* = \sum c_i Y_i$ 为 Y_t 的另一个线性无偏估计量，$c_i \neq k_i$，由 β_1^* 的无偏性可得

$$\sum c_i = 0, \quad \sum c_i X_i = 1$$

且有

$$\sum k_i(c_i - k_i) = \sum k_i c_i - \sum k_i^2 = \sum \frac{x_i}{\sum x_i^2} c_i - \frac{1}{\sum x_i^2}$$

$$= \left[\sum (X_i - \bar{X}) c_i - 1\right] \frac{1}{\sum x_i^2} = \left[\sum c_i X_i - \bar{X} \sum c_i - 1\right] \frac{1}{\sum x_i^2}$$

$$= (1 - 0 - 1) \frac{1}{\sum x_i^2} = 0$$

$$\operatorname{Var}(\beta_1^*) = \operatorname{Var}\left(\sum c_i Y_i\right) = \sum c_i^2 \operatorname{Var}(Y_i) = \sigma^2 \sum c_i^2 = \sigma^2 \sum (k_i + c_i - k_i)^2$$

$$= \sigma^2 \sum [k_i^2 + (c_i - k_i)^2 + 2k_i(c_i - k_i)]$$

$$= \sigma^2 \sum k_i^2 + \sigma^2 \sum (c_i - k_i)^2$$

$$\geqslant \sigma^2 \sum k_i^2 = \operatorname{Var}(\hat{\beta}_1)$$

这表明，$\hat{\beta}_1$ 为线性无偏估计量中具有最小方差的估计量。

类似的方法可证 $\operatorname{Var}(\beta_0^*) \geqslant \operatorname{Var}(\hat{\beta}_0)$，即 $\hat{\beta}_0$ 同样为线性无偏估计量中具有最小方差的估计量。

根据 OLS 估计量的性质，可以看出在古典假定条件下，OLS 估计量 $\hat{\beta}_0, \hat{\beta}_1$ 是参数 β_0, β_1 的最佳线性无偏估计量（best linear unbiased estimators，BLUE），这一结论就是著名的高斯-马尔可夫定理。

以上讨论的统计性质称为有限样本性质（finite sample properties）或小样本性质（small sample properties）。这些性质不管估计量所依据的样本大小如何都成立。拥有这类性质的估计量就是之前所说的最佳线性无偏估计量。当然，在有限样本情形下，有时很难找到最佳线性无偏估计量，这时就需要考查样本容量无限增大时，估计量的大样本性质（large sample properties）或渐近性质（asymptotic properties），包括渐近无偏性（样本容量趋于无穷大时，估计量的均值序列趋于总体真值）、一致性（样本容量趋于无穷大时，估计量依概率收敛于总体的真值）[1]、渐近有效性（样本容量趋于无穷大时，估计量在所有的已知估计量中具有最小的渐近方差）。

---

[1] 一致性表述为：当样本容量趋于无穷大时，如果估计式 $\hat{\beta}$ 的抽样分布依概率收敛于总体参数的真实值 β，即 $\underset{n \to \infty}{P \lim} \hat{\beta} = \beta$ 或 $\underset{n \to \infty}{\lim} P\{|\hat{\beta} - \beta| < \varepsilon\} = 1$，其中，$\varepsilon$ 为任意小的正数，则称估计量 $\hat{\beta}$ 为一致估计量。

2.4 拟合优度的度量

模型参数被估计出来后,还需对模型进行一系列的检验。第 1 章提到计量模型需要经过经济意义检验、统计推断检验、计量经济学检验和预测检验。2.4 节和 2.5 节将重点介绍统计推断检验中的拟合优度检验和显著性检验。

本节主要介绍拟合优度的测度。用最小二乘法得到的回归直线 $\hat{Y}_i = \hat{\beta}_0 + \hat{\beta}_1 X_i$ 至少从残差平方和为最小这一意义上来说是所有可能直线中最佳的拟合线。它是对 Y_i 和 X_i 的样本观测值之间关系的一种描述,但该直线是不是 Y 和 X 之间关系的一种恰当的描述呢?

如果各观测点紧密地聚集在这条直线的周围,则表明该直线对 Y 和 X 之间关系的描述是好的;否则,用直线来描述这两个变量之间的关系就未必恰当。讨论由最小二乘法确立的直线能否较好地拟合所给定的观测值的问题,就是拟合优度问题。所谓拟合优度,是指样本回归直线与样本观测数据之间的拟合程度。若所有的样本观测值都落在回归直线上,则称为完全拟合,这种情况是罕见的。在一般情况下,总会出现正负残差(e_i),通过对这些残差的分析,有助于衡量回归直线拟合样本数据点的程度。在计量经济学中,拟合优度是在总变差分解的基础上通过判定系数来度量的。

2.4.1 总变差的分解

什么是 Y_i 的变差?简单讲就是 Y_i 的变动;具体讲,由于被解释变量 Y_i 受到一些因素的影响,使之与其一般水平 $\bar{Y}$ 产生偏离。

若有一组样本观测值 $\{(X_i, Y_i) : i = 1, 2, \cdots, n\}$ 得到了如下的样本回归直线:$\hat{Y}_i = \hat{\beta}_0 + \hat{\beta}_1 X_i$。

Y 的第 i 个观测样本与样本均值的离差 $y_i = Y_i - \bar{Y}$ 可分解为两部分之和(图 2-4),用公式表示为

$$y_i = Y_i - \bar{Y} = (Y_i - \hat{Y}_i) + (\hat{Y}_i - \bar{Y}) = e_i + (\hat{Y}_i - \bar{Y}) = e_i + \hat{y}_i \tag{2-19}$$

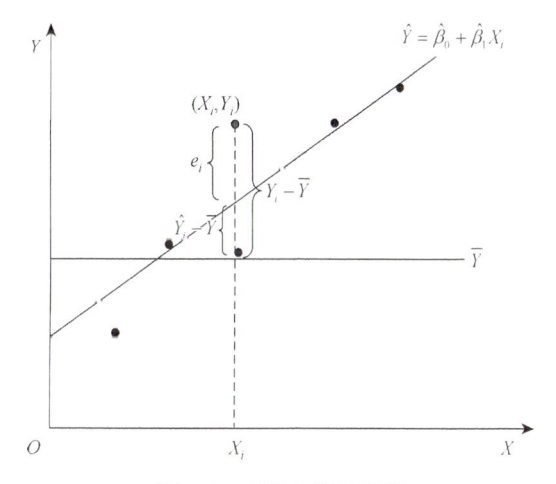

图 2-4 离差分解示意图

式中，$y_i = Y_i - \bar{Y}$ 为 Y_i 的变差；$\hat{y}_i = \hat{Y}_i - \bar{Y}$ 为 Y_i 的变差中可以由解释变量 X 解释的变差；e_i 为 Y_i 的变差中未被 X 解释的变差（残差）。

对全部 n 项观测值求平方和，有

$$\sum(Y_i - \bar{Y})^2 = \sum(\hat{Y}_i - \bar{Y})^2 + \sum e_i^2 + 2\sum(\hat{Y}_i - \bar{Y})e_i$$

由于 $\hat{Y}_i = \hat{\beta}_0 + \hat{\beta}_1 X_i$，$\bar{Y} = \hat{\beta}_0 + \hat{\beta}_1 \bar{X}$，$\hat{Y}_i - \bar{Y} = \hat{\beta}(X_i - \bar{X})$，因此，式中的最后一项

$$2\sum(\hat{Y}_i - \bar{Y})e_i = 2\sum\hat{\beta}(X_i - \bar{X})e_i = 2\hat{\beta}\left(\sum X_i e_i - \bar{X}\sum e_i\right) = 0$$

因而

$$\sum(Y_i - \bar{Y})^2 = \sum(\hat{Y}_i - \bar{Y})^2 + \sum e_i^2 \tag{2-20}$$

即

$$\text{TSS} = \text{ESS} + \text{RSS} \tag{2-21}$$

式中，$\text{TSS} = \sum(Y_i - \bar{Y})^2$ 为总离差平方和或总变差（total sum of squares）；$\text{ESS} = \sum(\hat{Y}_i - \bar{Y})^2$ 为回归平方和或回归变差、解释变差（explained sum of squares）；$\text{RSS} = \sum e_i^2$ 为残差平方和、剩余平方和或剩余变差、未解释的变差（residual sum of squares）。

总变差 TSS 的分解表示 Y_i 的总变动由两部分组成：一部分是模型中解释变量引起的变化 ESS；另一部分是模型外其他因素引起的变化 RSS。

2.4.2 判定系数

不难看出，总变差中可以由 X 解释的变差比重越大，则 $\sum e_i^2$ 越小，直线与观测值拟合程度越好。判定系数（coefficient of determination）被定义为解释变差占总变差的比重，用来说明 Y_i 的总变动中有多大比例是由 X_i 的变动解释（引起）的，它是回归直线对各观测点拟合紧密程度的测度，说明了样本回归直线的解释能力，用 R^2 表示为

$$R^2 = \frac{\text{ESS}}{\text{TSS}} = 1 - \frac{\text{RSS}}{\text{TSS}}$$

$$= \frac{\sum(\hat{Y}_i - \bar{Y})^2}{\sum(Y_i - \bar{Y})^2} = 1 - \frac{\sum e_i^2}{\sum(Y_i - \bar{Y})^2} \tag{2-22}$$

$$R^2 = \frac{\sum(\hat{Y} - \bar{Y})^2}{\sum(Y - \bar{Y})^2} = \frac{\sum(\hat{\beta}_0 + \hat{\beta}_1 X_i - \hat{\beta}_0 - \hat{\beta}_1 \bar{X})^2}{\sum(Y - \bar{Y})^2} = \frac{\hat{\beta}_1^2 \sum(X_i - \bar{X})^2}{\sum(Y - \bar{Y})^2} \tag{2-23}$$

显然，R^2 越大，说明在 Y 的总变差中由回归直线解释的部分所占的比重越大，模型拟合优度越高；反之，R^2 越小，说明在 Y 的总变差中，由回归直线解释的部分所占的比重越小，而未被回归直线解释的部分 $\sum e_i^2$ 越大，则模型的拟合程度越差。

判定系数有以下几个特点。

(1) $0 \leqslant R^2 \leqslant 1$。

(2) 当 $R^2 = 1$ 时，$\sum e_i^2 = 0$ 表示完全拟合。

(3) 当 $R^2 = 0$ 时，$\sum e_i^2 = \sum(Y_i - \bar{Y})^2$ 表示 X 与 Y 不存在线性关系。

总之，R^2 越大，拟合优度越好。但是 R^2 值究竟要多大才说明拟合得好，并没有一个明确的界限。一般认为，对于时间序列数据而言，R^2 的值在 0.8、0.9 以上是常见的；而对于横截面数据而言，R^2 的值在 0.4、0.5 也不能算低。

例 2.3 根据例 2.2 中的数据，通过计算可得

$$\text{ESS} = \sum(\hat{Y}_i - \bar{Y})^2 = 95\,969$$

$$\text{RSS} = \sum(Y_i - \hat{Y}_i)^2 = 33\,981$$

$$\text{TSS} = \sum(Y_i - \bar{Y})^2 = 129\,950$$

$$R^2 = \frac{\text{ESS}}{\text{TSS}} = \frac{95\,969}{129\,950} = 0.74$$

$$= 1 - \frac{\text{RSS}}{\text{TSS}} = 1 - \frac{33\,981}{129\,950} = 0.74$$

计算结果表明，饮料销售量的总变化中，可以由气温解释的占 74%，拟合程度较好。

2.4.3 判定系数与相关系数的关系

判定系数与相关系数既有联系又有区别。在一元线性回归中，判定系数在数值上等于相应线性相关系数的平方，即 $R^2 = (r)^2$。因为

$$r_{X,Y} = \frac{\sum(X_i - \bar{X})(Y_i - \bar{Y})}{\sqrt{\sum(X_i - \bar{X})^2 \sum(Y_i - \bar{Y})^2}}$$

$$(r)^2 = \frac{\left[\sum(X_i - \bar{X})(Y_i - \bar{Y})\right]^2}{\sum(X_i - \bar{X})^2 \sum(Y_i - \bar{Y})^2}$$

$$= \frac{\left[\sum(X_i - \bar{X})(\hat{\beta}_0 + \hat{\beta}_1 X_i + e_i - \hat{\beta}_0 - \hat{\beta}_1 \bar{X})\right]^2}{\sum(X_i - \bar{X})^2 \sum(Y_i - \bar{Y})^2}$$

$$= \frac{\left[\hat{\beta}_1 \sum(X_i - \bar{X})^2 + \sum(X_i - \bar{X})e_i\right]^2}{\sum(X_i - \bar{X})^2 \sum(Y_i - \bar{Y})^2}$$

$$= \frac{\hat{\beta}_1^2 \left[\sum(X_i - \bar{X})^2\right]^2}{\sum(X_i - \bar{X})^2 \sum(Y_i - \bar{Y})^2}$$

$$= \frac{\hat{\beta}_1^2 \sum(X_i - \bar{X})^2}{\sum(Y_i - \bar{Y})^2} = \frac{\hat{\beta}_1^2 \sum x_i^2}{\sum y_i^2} = R^2$$

虽然一元线性回归模型的判定系数与相应线性相关系数之间具有上述数量对等关系，但是应该注意两者在概念上是有明显区别的。

(1) 从意义上讲，判定系数是针对估计的回归模型而言的，度量的是样本回归直线对

样本观测值的拟合程度,也就是模型中解释变量对被解释变量变差的解释程度;而相关系数是就两个变量而言的,说明两个变量的线性依存程度。

(2)判定系数度量的是解释变量与被解释变量之间的因果关系,在回归分析的基础上说明 X 对 Y 的变差的解释比例,不能说明 Y 对 X 的解释;而相关系数度量的是 X 与 Y 对称的相关关系,不涉及 X 与 Y 具体的因果关系。

(3)判定系数具有非负性;而相关系数可正可负,取正值表示 X 与 Y 之间为正相关,取负值说明 X 与 Y 之间为负相关。

2.5 回归参数的区间估计和显著性检验

2.5.1 回归参数的区间估计

1. OLS 估计量 $\hat{\beta}_0$、$\hat{\beta}_1$ 的分布

用样本数据通过 OLS 法估计的参数 $\hat{\beta}_0$、$\hat{\beta}_1$ 都是随抽样而变化的随机变量,$\hat{\beta}_0$、$\hat{\beta}_1$ 对应一定的概率分布。OLS 估计量 $\hat{\beta}_0$、$\hat{\beta}_1$ 分别是 Y_i 的线性组合,因此 $\hat{\beta}_0$、$\hat{\beta}_1$ 的概率分布取决于 Y_i。在 u_i 是正态分布的假定下,Y_i 是正态分布,则 $\hat{\beta}_0$、$\hat{\beta}_1$ 也服从正态分布,其分布特征由其均值和方差唯一决定。由此可得

$$\hat{\beta}_0 \sim N(\beta_0, \text{Var}(\hat{\beta}_0))$$
$$\hat{\beta}_1 \sim N(\beta_1, \text{Var}(\hat{\beta}_1))$$

$\hat{\beta}_0$、$\hat{\beta}_1$ 的标准差分别为

$$\sigma(\hat{\beta}_0) = \sqrt{\frac{\sigma^2 \sum X_i^2}{n \sum (X_i - \bar{X})^2}}$$

$$\sigma(\hat{\beta}_1) = \sqrt{\frac{\sigma^2}{\sum (X_i - \bar{X})^2}}$$

(2-24)

标准化处理后,服从标准正态分布,即

$$Z_0 = \frac{\hat{\beta}_0 - \beta_0}{\sigma(\hat{\beta}_0)} \sim N(0,1)$$

$$Z_1 = \frac{\hat{\beta}_1 - \beta_1}{\sigma(\hat{\beta}_1)} \sim N(0,1)$$

2. 随机误差项方差的估计

在 $\hat{\beta}_0$、$\hat{\beta}_1$ 方差和标准差的计算公式中,一般情况下,随机误差项 u_i 的方差 σ^2 是未知的,需要通过样本数据去估计。由于随机误差项 u_i 不可观测,只能从 u_i 的估计量——残差 e_i 出发,对随机误差项 u_i 的方差 σ^2 进行估计。可以证明,在一元线性回归模型中,总

体随机误差项 u_i 方差 σ^2 的无偏估计量 $\hat{\sigma}^2$ 为①

$$\hat{\sigma}^2 = \frac{\sum e_i^2}{n-2} \qquad (2\text{-}25)$$

为方便计算，$\hat{\sigma}^2$ 也可用如下计算形式：

$$\hat{\sigma}^2 = \frac{\sum(Y_i-\bar{Y})^2 - \hat{\beta}_1\sum(X_i-\bar{X})(Y_i-\bar{Y})}{n-2} \qquad (2\text{-}26)$$

随机误差项方差的无偏估计量的平方根 $\sqrt{\hat{\sigma}^2} = \sqrt{\dfrac{\sum e_i^2}{n-2}}$，称为估计标准误差，记为 S.E，即

$$\text{S.E} = \hat{\sigma} = \sqrt{\frac{\sum e_i^2}{n-2}} = \sqrt{\frac{\sum(Y_i-\bar{Y})^2 - \hat{\beta}_1\sum(X_i-\bar{X})(Y_i-\bar{Y})}{n-2}} \qquad (2\text{-}27)$$

估计标准误差反映了被解释变量的实际值 Y_i 与估计值 $\hat{Y}_i$ 的平均差异程度。因此，$\hat{\sigma}$ 值越大，说明回归直线拟合程度越低；$\hat{\sigma}$ 值越小，说明回归直线拟合程度越高。特别地，当 $\hat{\sigma}=0$ 时，所有的样本点都落在回归直线上，此时，解释变量与被解释变量之间是函数关系。

用随机误差项 u_i 方差的无偏估计量 $\hat{\sigma}^2$ 代替 σ^2，可计算参数 $\hat{\beta}_0$、$\hat{\beta}_1$ 的标准差：

$$s(\hat{\beta}_0) = \sqrt{\frac{\hat{\sigma}^2 \sum X_i^2}{n\sum(X_i-\bar{X})^2}}$$

$$s(\hat{\beta}_1) = \sqrt{\frac{\hat{\sigma}^2}{\sum(X_i-\bar{X})^2}}$$

当样本为大样本（$n \geqslant 30$）时，$\hat{\beta}_0$、$\hat{\beta}_1$ 标准化变换后可视为正态变量，即

$$\frac{\hat{\beta}_0-\beta_0}{s(\hat{\beta}_0)} \sim N(0,1), \quad \frac{\hat{\beta}_1-\beta_1}{s(\hat{\beta}_1)} \sim N(0,1)$$

当样本为小样本（$n<30$）时，一元线性回归模型参数的最小二乘估计量 $\hat{\beta}_0$、$\hat{\beta}_1$ 标准化变换后服从自由度为 $n-2$ 的 t 分布，即

$$\frac{\hat{\beta}_0-\beta_0}{s(\hat{\beta}_0)} \sim t(n-2), \quad \frac{\hat{\beta}_1-\beta_1}{s(\hat{\beta}_1)} \sim t(n-2)$$

3. $\hat{\beta}_0$、$\hat{\beta}_1$ 的区间估计

根据最小二乘估计量 $\hat{\beta}_0$、$\hat{\beta}_1$ 的分布，可以求得在给定的显著性水平 α 下回归参数的置信区间，即对回归参数 $\hat{\beta}_0$、$\hat{\beta}_1$ 进行区间估计。

对回归参数的区间估计可分为三种情况。

---

① 证明过程见附录 2.2。

（1）当总体方差 σ^2 已知时，在随机误差项服从正态分布的假定下：

$$Z_0 = \frac{\hat{\beta}_0 - \beta_0}{\sigma(\hat{\beta}_0)} \sim N(0,1)$$

$$Z_1 = \frac{\hat{\beta}_1 - \beta_1}{\sigma(\hat{\beta}_1)} \sim N(0,1)$$

在给定的显著性水平 α 下，对于正态分布变量 Z，满足：

$$P(|Z| \leqslant Z_{\alpha/2}) = 1 - \alpha$$

据此，可以求得回归参数 $\hat{\beta}_0$、$\hat{\beta}_1$ 的区间估计。

例如，在显著性水平 $\alpha = 0.05$ 时，查标准正态分布表可知 $Z_{\alpha/2} = 1.96$，由此得：$P(|Z| \leqslant 1.96) = 0.95$。

将 $Z_1 = \dfrac{\hat{\beta}_1 - \beta_1}{\sigma(\hat{\beta}_1)}$ 代入上式得

$$P\left(-1.96 \leqslant \frac{\hat{\beta}_1 - \beta_1}{\sigma(\hat{\beta}_1)} \leqslant 1.96\right) = 0.95$$

$$P[\hat{\beta}_1 - 1.96\sigma(\hat{\beta}_1) \leqslant \beta_1 \leqslant \hat{\beta}_1 + 1.96\sigma(\hat{\beta}_1)] = 0.95$$

所以回归系数 β_1 的 95% 的置信区间为 $[\hat{\beta}_1 - 1.96\sigma(\hat{\beta}_1), \hat{\beta}_1 + 1.96\sigma(\hat{\beta}_1)]$。同理，$\beta_0$ 的 95% 的置信区间为 $[\hat{\beta}_0 - 1.96\sigma(\hat{\beta}_0), \hat{\beta}_0 + 1.96\sigma(\hat{\beta}_0)]$。

同理，$\beta_0 = \hat{\beta}_0 \pm 1.96\sigma(\hat{\beta}_0)$。

更一般地，在给定的显著性水平 α 下，回归参数 $\hat{\beta}_0$、$\hat{\beta}_1$ 的 $1-\alpha$ 的置信区间为

$$[\hat{\beta}_0 - Z_{\alpha/2}\sigma(\hat{\beta}_0), \hat{\beta}_0 + Z_{\alpha/2}\sigma(\hat{\beta}_0)]$$

$$[\hat{\beta}_1 - Z_{\alpha/2}\sigma(\hat{\beta}_1), \hat{\beta}_1 + Z_{\alpha/2}\sigma(\hat{\beta}_1)]$$

（2）当总体方差 σ^2 未知，且样本容量充分大时，用总体随机误差项 u_i 方差的无偏估计量 $\hat{\sigma}^2$ 代替 σ^2，此时，$\hat{\beta}_0$、$\hat{\beta}_1$ 标准化处理后，仍可视为服从正态分布：

$$\frac{\hat{\beta}_0 - \beta_0}{s(\hat{\beta}_0)} \sim N(0,1), \quad \frac{\hat{\beta}_1 - \beta_1}{s(\hat{\beta}_1)} \sim N(0,1)$$

因此，在给定的显著性水平 α 下，回归参数 $\hat{\beta}_0$、$\hat{\beta}_1$ 的 $1-\alpha$ 的置信区间分别为

$$[\hat{\beta}_0 - Z_{\alpha/2}s(\hat{\beta}_0), \hat{\beta}_0 + Z_{\alpha/2}s(\hat{\beta}_0)]$$

$$[\hat{\beta}_1 - Z_{\alpha/2}s(\hat{\beta}_1), \hat{\beta}_1 + Z_{\alpha/2}s(\hat{\beta}_1)]$$

（3）当总体方差 σ^2 未知，且样本容量较小时，用总体随机误差项 u_i 方差的无偏估计量 $\hat{\sigma}^2$ 代替 σ^2，此时，一元线性回归模型的最小二乘估计量 $\hat{\beta}_0$、$\hat{\beta}_1$ 标准化处理后，服从自由度为 $n-2$ 的 t 分布：

$$\frac{\hat{\beta}_0 - \beta_0}{s(\hat{\beta}_0)} \sim t(n-2), \quad \frac{\hat{\beta}_1 - \beta_1}{s(\hat{\beta}_1)} \sim t(n-2)$$

所以对于给定的显著性水平 α，查自由度为 $n-2$ 的 t 分布表，得临界值 $t_{\alpha/2}(n-2)$，有 $P(|t| \leqslant t_{\alpha/2}) = 1-\alpha$。

因此，可得在给定的显著性水平 α 下，回归参数 $\hat{\beta}_0$、$\hat{\beta}_1$ 的 $1-\alpha$ 的置信区间分别为

$$[\hat{\beta}_0 - t_{\alpha/2} s(\hat{\beta}_0), \hat{\beta}_0 + t_{\alpha/2} s(\hat{\beta}_0)]$$

$$[\hat{\beta}_1 - t_{\alpha/2} s(\hat{\beta}_1), \hat{\beta}_1 + t_{\alpha/2} s(\hat{\beta}_1)]$$

2.5.2 回归参数的显著性检验

回归参数显著性检验的必要性：一元线性回归模型的参数 $\hat{\beta}_0$、$\hat{\beta}_1$ 不能直接得到，只能通过样本观测值去估计，所得到的样本回归参数的估计量是随抽样而变动的随机变量。那么，通过这种方式估计的回归参数是否可靠，是否仅为抽样的偶然结果，还需要进行统计推断检验。

什么是回归参数的显著性检验？根据样本数据计算得到的 $\hat{\beta}_0$、$\hat{\beta}_1$ 反映抽取的样本中解释变量和被解释变量之间的变动关系，那么，在总体范围内，解释变量和被解释变量的变动关系是否仍然成立，解释变量对被解释变量是否具有显著影响？要回答这一问题，需要根据样本估计量 $\hat{\beta}_0$、$\hat{\beta}_1$ 的分布状况，对总体参数 β_0、β_1 进行统计推断检验，也就是对回归参数进行显著性检验。

可见，参数的显著性检验同参数的区间估计一样，都是根据样本估计量 $\hat{\beta}_0$、$\hat{\beta}_1$ 的分布状况求得。但是又有区别：参数的区间估计是在点估计的基础上设置一个区间，并使这个区间尽可能以较大概率覆盖参数真值；而假设检验（显著性检验）是先对总体参数提出一个假设，然后利用样本信息判断这一假设是否成立。

如何进行回归参数的显著性检验？

通常情况下，总体方差未知，且样本量相对较小，因此，对样本估计量 $\hat{\beta}_0$、$\hat{\beta}_1$ 进行标准化处理后的变量服从自由度为 $n-2$ 的 t 分布：

$$\frac{\hat{\beta}_0 - \beta_0}{s(\hat{\beta}_0)} \sim t(n-2), \quad \frac{\hat{\beta}_1 - \beta_1}{s(\hat{\beta}_1)} \sim t(n-2)$$

据此，总结对回归参数的显著性检验的步骤如下。

（1）提出假设。

原假设 $H_0: \beta_1 = 0$（在总体范围内，解释变量对被解释变量无显著影响）。

备择假设 $H_1: \beta_1 \neq 0$（在总体范围内，解释变量对被解释变量的影响显著）。

（2）构造检验统计量（在假定原假设成立的情况下，根据样本数据计算得到）：

$$t = \frac{\hat{\beta}_1 - \beta_1}{s(\hat{\beta}_1)} = \frac{\hat{\beta}_1 - 0}{s(\hat{\beta}_1)} = \frac{\hat{\beta}_1}{s(\hat{\beta}_1)} \sim t(n-2)$$

（3）给定的显著性水平 α 下，查表得临界值 $t_{\alpha/2}(n-2)$。

（4）结论。

若 $|t| > t_{\alpha/2}(n-2)$，则拒绝原假设，认为对于一元线性总体回归模型而言，解释变

量对被解释变量有显著影响，表明回归模型中被解释变量与解释变量之间存在线性关系。

若 $|t| \leq t_{\alpha/2}(n-2)$，则不能拒绝原假设，认为对于一元线性总体回归模型而言，解释变量对被解释变量没有显著影响。

同理可以得到对参数 β_0 的显著性检验。但是在计量经济分析中，更加关注的是解释变量对被解释变量的影响是否成立，即更加关注的是 β_1 是否为 0 的检验。

2.6 一元线性回归模型的预测

预测是计量经济学的重要应用之一。何为预测？简单讲，预测就是根据过去和现在估计未来、预测未来。而在这里，预测是指根据解释变量的某一具体取值 X_f，来估计其对应的被解释变量的取值 Y_f。它可以是对未来某个时期被解释变量值的预测，也可以是对未包括在横截面样本中的某个个体数值的预测。所有预测的前提是：在样本范围内成立的 X 与 Y 的关系，对于新的观测值也成立。以此为基础，预测又分为点预测和区间预测，分别包括个别值 Y_f 预测和均值 $E(Y_f)$ 预测。

2.6.1 点预测

点预测：给定 $X = X_f$ 时，利用样本回归方程 $\hat{Y}_i = \hat{\beta}_0 + \hat{\beta}_1 X_i$，求出相应的样本拟合值 $\hat{Y}_f$，以此作为被解释变量个别值 Y_f 和其均值 $E(Y_f)$ 的估计值。

注意：$E(\hat{Y}_f) = E(\hat{\beta}_0 + \hat{\beta}_1 X_f) = \beta_0 + \beta_1 X_f = E(Y_f)$，即 $\hat{Y}_f$ 是 $E(Y_f)$ 的无偏估计，因此 $\hat{Y}_f$ 可以作为 $E(Y_f)$ 的置信区间的中心。

但是 $E(\hat{Y}_f) = E(\hat{\beta}_0 + \hat{\beta}_1 X_f) = \beta_0 + \beta_1 X_f = Y_f - u_f$，即 $E(\hat{Y}_f) \neq Y_f$，也就是说 $\hat{Y}_f$ 不是 Y_f 的无偏估计。但 $E(Y_f - \hat{Y}_f) = 0$，也就是说虽然在多次观察中 $\hat{Y}_f$ 可能大于或小于 Y_f，但是两者之差的平均值会趋向零，因此，从这个角度讲，用 $\hat{Y}_f$ 作为 Y_f 的预测区间的中心也是合理的。

2.6.2 区间预测

区间预测：由于抽样波动的影响，以及随机误差项 u_i 的零均值假定不完全与实际相符，所以，点预测值 $\hat{Y}_f$ 与被解释变量实际值 Y_f 和其均值 $E(Y_f)$ 的估计值都存在误差。希望在一定的概率度下把握这个误差的范围，从而确定被解释变量实际值 Y_f 和其均值 $E(Y_f)$ 可能取值的范围，这就是区间预测。

1. 对被解释变量均值 $E(Y_f)$ 的区间预测（置信区间）

由于 $E[\hat{Y}_f - E(Y_f)] = E(\hat{Y}_f) - E(Y_f) = 0$

$$\mathrm{Var}(\hat{Y}_f - E(Y_f)) = E[\hat{Y}_f - E(Y_f) - 0]^2 = E[(\hat{\beta}_0 - \beta_0) + (\hat{\beta}_1 - \beta_1)X_f]^2$$

$$= \mathrm{Var}(\hat{\beta}_0) + X_f^2 \mathrm{Var}(\hat{\beta}_1) + 2X_f \mathrm{Cov}(\hat{\beta}_0, \hat{\beta}_1)$$

$$= \frac{\sigma^2 \sum X_i^2}{n \sum (X_i - \bar{X})^2} + X_f^2 \cdot \frac{\sigma^2}{\sum (X_i - \bar{X})^2} + 2X_f \cdot \left(-\frac{\bar{X}\sigma^2}{\sum (X_i - \bar{X})^2}\right)$$

$$= \frac{\sigma^2}{\sum (X_i - \bar{X})^2} \left[\frac{\sum X_i^2}{n} + X_f^2 - 2X_f \bar{X}\right]$$

$$= \frac{\sigma^2}{\sum (X_i - \bar{X})^2} \left[\frac{1}{n}\sum (X_i - \bar{X} + \bar{X})^2 - 2X_f \bar{X} + X_f^2\right]$$

$$= \frac{\sigma^2}{\sum (X_i - \bar{X})^2} \left[\frac{1}{n}\sum (X_i - \bar{X})^2 + \bar{X}^2 - 2X_f \bar{X} + X_f^2\right]$$

$$= \sigma^2 \left[\frac{1}{n} + \frac{(X_f - \bar{X})^2}{\sum (X_i - \bar{X})^2}\right]$$

$\hat{Y}_f - E(Y_f) \sim N\left(0, \sigma^2\left[\dfrac{1}{n} + \dfrac{(X_f - \bar{X})^2}{\sum (X_i - \bar{X})^2}\right]\right)$，$\sigma^2$ 未知，往往用 $\hat{\sigma}^2 = \dfrac{\sum e_i^2}{n-2}$ 代替，此时

$$\frac{\hat{Y}_f - E(Y_f) - 0}{\hat{\sigma}\sqrt{\dfrac{1}{n} + \dfrac{(X_f - \bar{X})^2}{\sum (X_i - \bar{X})^2}}} \sim t(n-2)$$

由此可得 $E(Y_f)$ 的置信度为 $1-\alpha$ 的预测区间为

$$\left[\hat{Y}_f - t_{\alpha/2}(n-2)\hat{\sigma}\sqrt{\dfrac{1}{n} + \dfrac{(X_f - \bar{X})^2}{\sum (X_i - \bar{X})^2}},\ \hat{Y}_f + t_{\alpha/2}(n-2)\hat{\sigma}\sqrt{\dfrac{1}{n} + \dfrac{(X_f - \bar{X})^2}{\sum (X_i - \bar{X})^2}}\right] \quad (2\text{-}28)$$

2. 对被解释变量个别值 Y_f 的区间预测（预测区间）

令

$$e_f = Y_f - \hat{Y}_f$$
$$E(e_f) = E(Y_f - \hat{Y}_f) = E[(\beta_0 - \hat{\beta}_0) + (\beta_1 - \hat{\beta}_1)X_f + u_f]$$
$$= E(\beta_0 - \hat{\beta}_0) + X_f E(\beta_1 - \hat{\beta}_1) + E(u_f)$$
$$= 0$$
$$\mathrm{Var}(e_f) = E(Y_f - \hat{Y}_f - 0)^2 = E(Y_f - \hat{Y}_f)^2 = E[(\beta_0 - \hat{\beta}_0) + (\beta_1 - \hat{\beta}_1)X_f + u_f]^2$$
$$= E[(\beta_0 - \hat{\beta}_0) + (\beta_1 - \hat{\beta}_1)X_f]^2 + E(u_f)^2 + 2E[(\hat{\beta}_0 - \beta_0) + (\hat{\beta}_1 - \beta_1)X_f]u_f$$

上式中等号右边的第三项为 0（证明从略），第二项 $E(u_f)^2 = \sigma^2$，第一项为 $\sigma^2\left[\dfrac{1}{n} + \dfrac{(X_f - \bar{X})^2}{\sum (X_i - \bar{X})^2}\right]$，因此

$$\text{Var}(e_f) = \sigma^2 \left[1 + \frac{1}{n} + \frac{(X_f - \bar{X})^2}{\sum (X_i - \bar{X})^2} \right]$$

$e_f \sim N\left(0, \sigma^2 \left[1 + \frac{1}{n} + \frac{(X_f - \bar{X})^2}{\sum (X_i - \bar{X})^2}\right]\right)$，$\sigma^2$ 未知，往往用 $\hat{\sigma}^2 = \frac{\sum e_i^2}{n-2}$ 代替，此时

$$t = \frac{e_f - 0}{\hat{\sigma} \sqrt{1 + \frac{1}{n} + \frac{(X_f - \bar{X})^2}{\sum (X_i - \bar{X})^2}}} = \frac{Y_f - \hat{Y}_f}{\hat{\sigma}\sqrt{1 + \frac{1}{n} + \frac{(X_f - \bar{X})^2}{\sum (X_i - \bar{X})^2}}} \sim t(n-2)$$

由此可得 Y_f 的置信度为 $1-\alpha$ 的预测区间为

$$\left[\hat{Y}_f - t_{\alpha/2}(n-2) \hat{\sigma} \sqrt{1 + \frac{1}{n} + \frac{(X_f - \bar{X})^2}{\sum (X_i - \bar{X})^2}},\ \hat{Y}_f + t_{\alpha/2}(n-2)\hat{\sigma}\sqrt{1 + \frac{1}{n} + \frac{(X_f - \bar{X})^2}{\sum (X_i - \bar{X})^2}} \right] \tag{2-29}$$

2.7 案 例 分 析

近年来，我国在经济、政治、社会、科技等各个领域都发生了翻天覆地的变化，综合国力大大增强，人民生活水平显著提高，能反映这些变化的最重要的指标是我国的国内生产总值。国内生产总值反映了全社会最终产品和劳务的价值总量，它具有最完整的物质内容，是整个国民经济核算的基本总量和中心环节。国内生产总值受各方面因素的影响，但是资本对经济发展的作用毋庸置疑，有资本的投入才能促使经济发展和增长，充足的资本投入是国内生产总值不断提高的必要条件。为此，选用 2014 年我国各地区的地区生产总值和全社会固定资产投资的数据（表 2-4），分析资本对地区生产总值的影响。

表 2-4 2014 年我国各地区生产总值和全社会固定资产投资数据　　单位：亿元

地区	地区生产总值（y）	全社会固定资产投资（x）
北京	21 330.83	6 924.23
天津	15 726.93	10 518.19
河北	29 421.15	26 671.92
山西	12 761.49	12 354.53
内蒙古	17 770.19	17 591.83
辽宁	28 626.58	24 730.8
吉林	13 803.14	11 339.62
黑龙江	15 039.38	9 828.99
上海	23 567.7	6 016.43
江苏	65 088.32	41 938.62
浙江	40 173.03	24 262.77
安徽	20 848.75	21 875.58
福建	24 055.76	18 177.86
江西	15 714.63	15 079.26

续表

地区	地区生产总值（y）	全社会固定资产投资（x）
山东	59 426.59	42 495.55
河南	34 938.24	30 782.17
湖北	27 379.22	22 915.3
湖南	27 037.32	21 242.92
广东	67 809.85	26 293.93
广西	15 672.89	13 843.22
海南	3 500.72	3 112.23
重庆	14 262.6	12 285.42
四川	28 536.66	23 318.57
贵州	9 266.39	9 025.75
云南	12 814.59	11 498.53
西藏	920.83	1 069.23
陕西	17 689.94	17 191.92
甘肃	6 836.82	7 884.13
青海	2 303.32	2 861.23
宁夏	2 752.1	3 173.79
新疆	9 273.46	9 447.74

资料来源：国家统计局网站

利用 Stata 软件，输入命令：sc y x，绘制地区生产总值和全社会固定资产投资之间关系的散点图，如图 2-5 所示。

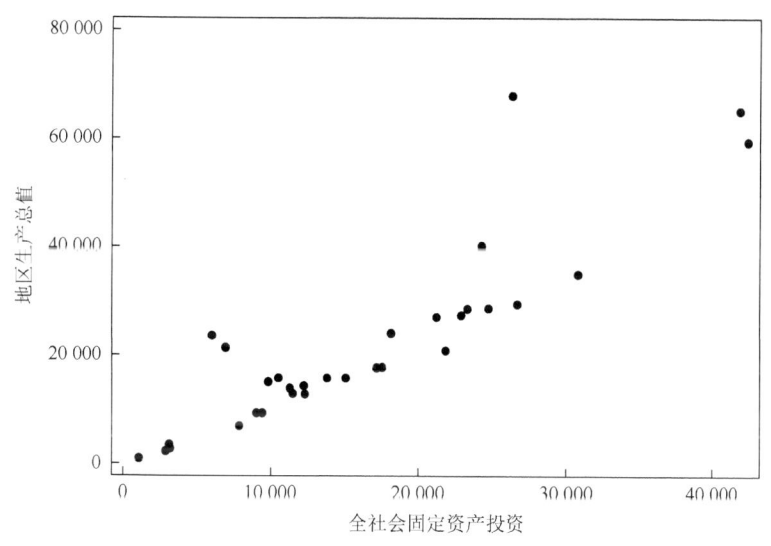

图 2-5　全社会固定资产投资与地区生产总值散点图

散点图显示，全社会固定资产投资与地区生产总值之间具有一定程度的线性相关关系。进一步考察地区生产总值和全社会固定资产投资之间关系的回归模型，输入命令：reg y x，得其回归结果如图 2-6 所示。

```
. reg y x
```

Source	SS	df	MS
Model	6.7342e+09	1	6.7342e+09
Residual	1.9232e+09	29	66317903.2
Total	8.6575e+09	30	288582261

Number of obs	= 31
F(1, 29)	= 101.54
Prob > F	= 0.0000
R-squared	= 0.7779
Adj R-squared	= 0.7702
Root MSE	= 8143.6

y	Coef.	Std. Err.	t	P>|t|	[95% Conf. Interval]
x	1.420996	.1410144	10.08	0.000	1.132589 1.709402
_cons	-1107.171	2726.172	-0.41	0.688	-6682.818 4468.476

图 2-6　全社会固定资产投资与地区生产总值回归结果

该图分为两部分，上半部分是方差分析：SS 表示平方和，df 表示自由度，MS=SS/df；Number of obs 表示样本容量 n，F 表示 F 统计量，Prob>F 表示 F 统计量的伴随概率，R-squared 表示判定系数，Adj R-squared 表示调整的决定系数，Root MSE 表示估计标准误差。图的下半部分：Coef.表示参数估计值，Std.Err.表示参数估计值的标准差，t 表示 t 统计量，P>$|t|$ 表示 t 统计量的伴随概率，[95% Conf. Interval]表示参数估计值的 95%置信区间。其余语义明晰的单词不再一一解释

根据回归结果，得

$$\hat{Y}_i = -1107.171 + 1.420\,996 X_i$$

$$s(\hat{\beta}_j)\quad (2726.172)\quad (0.141\,014\,4)$$

$$t(\hat{\beta}_j)\quad (-0.41)\quad\quad (10.08)$$

$$R^2 = 0.7779, \quad S.E = 8143.6$$

说明全社会固定资产投资每增加 1 亿元，地区生产总值平均增加约 1.42 亿元。样本判定系数为 0.78，全社会固定资产投资约可解释地区生产总值 78%的变动，拟合程度较高。对回归系数的 t 检验，$t_{0.025}(29) = 2.045$，回归系数对应的 t 统计量的数值为 10.076 95，大于临界值，拒绝原假设，即总体范围内，全社会固定资产投资对地区生产总值有显著影响。

若假定全社会固定资产投资为 30 000 亿元，输入命令：adjust x=30000,stdf ci，得如下结果（图 2-7）。

```
. adjust x=30000,stdf ci
```

```
     Dependent variable: y    Command: regress
Covariate set to value: x = 30000
```

All	xb	stdf	lb	ub
	41522.7	(8495.97)	[24146.5	58898.9]

```
Key:  xb       = Linear Prediction
      stdf     = Standard Error (forecast)
      [lb , ub] = [95% Prediction Interval]
```

图 2-7　预测结果

xb 表示点预测值，stdf 表示预测标准误差，[lb,ub]表示 95%预测区间，其中 lb 表示区间下限和 ub 表示区间上限。其余语义明晰的单词不再一一解释

由结果可知，当全社会固定资产投资额为 30 000 亿元时，地区生产总值的点预测值为 41 522.7 亿元，预测区间为[24 146.5, 58 898.9]亿元。

2.8 本章小结

本章主要介绍了一元线性回归模型的基本原理。首先对相关分析与回归分析、总体回归模型和样本回归模型等概念进行界定；其次讨论了在变量与模型、随机误差项 u_i 的基本假定条件下，一元线性回归分析的 OLS 参数估计方法；再次讨论了在基本假定成立条件下 OLS 估计量的最佳线性无偏性质；最后介绍了统计准则检验（拟合优度检验、显著性检验）以及点预测和区间预测的方法。

常用的参数估计方法，除了 OLS 法之外，还有最大似然（maximum likelihood，ML）法与矩估计（moment estimation，MM）法，对后两种方法感兴趣的读者，可以参阅文献古扎拉蒂和波特（2011）及李子奈和潘文卿（2015）。

附录 2.1 案例分析的 R 实现

```
y<-c(21330.83,15726.93,29421.15,12761.49,17770.19,28626.58,
13803.14,15039.38,23567.7,65088.32,40173.03,20848.75,24055.76,
15714.63,59426.59,34938.24,27379.22,27037.32,67809.85,15672.89,
3500.72,14262.6,28536.66,9266.39,12814.59,920.83,17689.94,
6836.82,2303.32,2752.1,9273.46)
x<-c(6924.23,10518.19,26671.92,12354.53,17591.83,24730.8,
11339.62,9828.99,6016.43,41938.62,24262.77,21875.58,18177.86,
15079.26,42495.55,30782.17,22915.3,21242.92,26293.93,13843.22,
3112.23,12285.42,23318.57,9025.75,11498.53,1069.23,17191.92,
7884.13,2861.23,3173.79,9447.74)
plot(x,y)      #绘制全社会固定资产投资与地区生产总值的散点图
fit<-lm(y~x)
summary(fit)   #给出回归分析结果
confint(fit,level=0.95)#回归系数的置信区间
x0<-x
pre_fit<-predict(fit)#样本范围内点预测值
con_int<-predict(fit,data.frame(x=x0),interval="confidence",
level=0.95)
#样本范围内置信区间
pre_int<-predict(fit,data.frame(x=x0),interval="prediction",
level=0.95)
#样本范围内预测区间
pre<-data.frame(y,pre_fit,lci=con_int[,2],uci=con_int[,3],
```

```
lpi=pre_int[, 2], upi=pre_int[, 3])
   pre   #列表给出，y，y 的点预测值，E（y）的区间，y 的个别值的区间
   x0<-data.frame(x=30000)      #x=30000 时的预测
   predict（fit, newdata=x0)    #点预测
   predict（fit，data.frame（x=30000），interval="confidence"，
level=0.95）#置信区间
   predict（fit，data.frame（x=30000），interval="prediction"，
level=0.95）#预测区间
```

附录 2.2 σ^2 最小二乘估计的证明

证明 $E(\hat{\sigma}^2) = \sigma^2$。

由 $Y_i = \beta_0 + \beta_1 X_i + u_i$，$\bar{Y} = \beta_0 + \beta_1 \bar{X} + \bar{u}$，$\hat{Y}_i = \hat{\beta}_0 + \hat{\beta}_1 X_i$，$\bar{Y} = \hat{\beta}_0 + \hat{\beta}_1 \bar{X}$ 可得

$$Y_i - \bar{Y} = (\beta_0 + \beta_1 X_i + u_i) - (\beta_0 + \beta_1 \bar{X} + \bar{u}) = (u_i - \bar{u}) + \beta_1(X_i - \bar{X})$$

$$\hat{Y}_i - \bar{Y} = (\hat{\beta}_0 + \hat{\beta}_1 X_i) - (\hat{\beta}_0 + \hat{\beta}_1 \bar{X}) = \hat{\beta}_1(X_i - \bar{X})$$

残差为

$$e_i = Y_i - \hat{Y}_i = (Y_i - \bar{Y}) - (\hat{Y}_i - \bar{Y}) = (u_i - \bar{u}) + (\beta_1 - \hat{\beta}_1)(X_i - \bar{X})$$

对 n 个样本求残差的平方和：

$$\sum e_i^2 = \sum [(u_i - \bar{u}) + (\beta_1 - \hat{\beta}_1)(X_i - \bar{X})]^2$$
$$= \sum (u_i - \bar{u})^2 + (\beta_1 - \hat{\beta}_1)^2 \sum (X_i - \bar{X})^2 + 2(\beta_1 - \hat{\beta}_1) \sum (u_i - \bar{u})(X_i - \bar{X})$$

两边取期望得

$$E(\sum e_i^2) = E\left[\sum (u_i - \bar{u})^2\right] + E\left[(\beta_1 - \hat{\beta}_1)^2 \sum (X_i - \bar{X})^2\right]$$
$$+ 2E\left[(\beta_1 - \hat{\beta}_1) \sum (u_i - \bar{u})(X_i - \bar{X})\right]$$

等号右边

$$E\left[\sum (u_i - \bar{u})^2\right] = E\left[\sum u_i^2 + n\bar{u}^2 - 2\bar{u}\sum u_i\right]$$

$$= E\left[\sum u_i^2 - n\bar{u}^2\right] = E\left[\sum u_i^2 - \frac{(\sum u_i)^2}{n}\right] = E\left[\sum u_i^2 - \frac{\sum u_i^2 + 2\sum_{i \neq j} u_i u_j}{n}\right]$$

$$= \sum E(u_i^2) - \frac{1}{n}\left[\sum E(u_i^2) + 2\sum_{i \neq j} E(u_i u_j)\right]$$

$$= n\sigma^2 - \frac{1}{n} n\sigma^2 = (n-1)\sigma^2$$

$$E\left[(\beta_1 - \hat{\beta}_1)^2 \sum (X_i - \bar{X})^2\right] = \sum (X_i - \bar{X})^2 E(\beta_1 - \hat{\beta}_1)^2 = \sum (X_i - \bar{X})^2 \frac{\sigma^2}{\sum (X_i - \bar{X})^2} = \sigma^2$$

由于 $\hat{\beta}_1 = \beta_1 + \sum k_i u_i$，$\beta_1 - \hat{\beta}_1 = -\sum k_i u_i$，则

$$2E\left[(\beta_1-\hat{\beta}_1)\sum(u_i-\bar{u})(X_i-\bar{X})\right] = -2E\left[\sum k_i u_i \sum(u_i-\bar{u})(X_i-\bar{X})\right]$$

$$= -2E\left[\sum k_i u_i \sum u_i(X_i-\bar{X})\right]$$

$$= -2E\left[\sum \frac{(X_i-\bar{X})}{\sum(X_i-\bar{X})^2} u_i \sum u_i(X_i-\bar{X})\right]$$

$$= -2E\left[\frac{[\sum u_i(X_i-\bar{X})]^2}{\sum(X_i-\bar{X})^2}\right]$$

$$= -2\frac{1}{\sum(X_i-\bar{X})^2} E\left[\sum u_i^2(X_i-\bar{X})^2 \right.$$

$$\left. + 2\sum_{i\neq j} u_i u_j (X_i-\bar{X})(X_j-\bar{X})\right]$$

$$= -2\frac{1}{\sum(X_i-\bar{X})^2}\left[\sum \sigma^2 (X_i-\bar{X})^2 + 0\right]$$

$$= -2\sigma^2$$

因此，$E(\sum e_i^2) = (n-1)\sigma^2 + \sigma^2 - 2\sigma^2 = (n-2)\sigma^2$。

若记 $\hat{\sigma}^2 = \dfrac{\sum e_i^2}{n-2}$，则 $E(\hat{\sigma}^2) = \sigma^2$，即 $\hat{\sigma}^2$ 为 σ^2 的无偏估计量。

思考题与练习题

2.1 在计量经济模型中，为什么会存在随机误差项？

2.2 古典线性回归模型的基本假定是什么？

2.3 试述总体回归模型与样本回归模型的区别与联系。

2.4 试述回归分析与相关分析的联系和区别。

2.5 在满足古典假定条件下，一元线性回归模型的 OLS 估计量有哪些统计性质？

2.6 简述 OLS 估计量最佳线性无偏性质的含义。

2.7 表 2-5 中的数据是从某个行业 5 个不同的工厂收集的，请回答以下问题：

表 2-5 总成本 Y 与产量 X 的数据

Y	80	44	51	70	61
X	12	4	6	11	8

（1）估计这个行业的线性总成本函数：$\hat{Y}_i = \hat{\beta}_0 + \hat{\beta}_1 X_i$。

（2）$\hat{\beta}_0$ 和 $\hat{\beta}_1$ 的经济含义是什么？

2.8 已知相关系数 $r=0.6$，估计标准误差 $\hat{\sigma}=8$，样本容量 $n=62$。

求：（1）剩余变差；（2）决定系数；（3）总变差。

2.9 在一元线性回归分析（模型含常数项）中，已知下列资料：$S_X^2=16$，$S_Y^2=10$，$n=20$，$r=0.9$。

（1）计算 Y 对 X 的回归直线的斜率系数。
（2）计算回归变差和剩余变差。
（3）计算估计标准误差。

2.10 根据对某企业销售额 Y 以及相应价格 X 的 11 组观测资料计算：

$$\overline{XY}=117\,849,\ \overline{X}=519,\ \overline{Y}=217,\ \overline{X^2}=284\,958,\ \overline{Y^2}=49\,046$$

（1）估计销售额对价格的回归直线。
（2）当价格为 $X_1=10$ 时，求相应的销售额的平均水平，并求此时销售额的价格弹性。

2.11 已知一模型的最小二乘的回归结果如下：

$$\hat{Y}_i = 101.4 - 4.78 X_i$$

$$S(\hat{\beta}_0)=45.2 \quad S(\hat{\beta}_1)=1.53 \quad n=30 \quad R^2=0.31$$

其中，Y 为政府债券价格（百美元）；X 为利率（%）。

回答以下问题：
（1）系数的符号是否正确，并说明理由。
（2）为什么左边是 $\hat{Y}_i$ 而不是 Y_i？
（3）在此模型中是否漏了误差项 u_i？
（4）该模型参数的经济意义是什么？

2.12 有如表 2-6 所示的数据。

表 2-6 某国各地区物价上涨率与失业率的关系 单位：%

地区	物价上涨率 P	失业率 U
A	0.6	2.8
B	0.1	2.8
C	0.7	2.5
D	2.3	2.3
E	3.1	2.1
F	3.3	2.1
G	1.6	2.2
H	1.3	2.5
I	0.7	2.9
J	−0.1	3.2

根据以上数据，分别拟合了以下两个模型。

模型一：$P = -6.32 + 19.14\dfrac{1}{U}$

模型二：$P = 8.64 - 2.87U$

（1）分别求两个模型的样本判定系数。

（2）根据数据，你会选用哪个模型？为什么？

> **本章扩展材料**

第3章 多元线性回归模型

由于实际问题的复杂性，一个经济变量（被解释变量）的变动可能不仅与一个解释变量有关，例如，消费者对某商品的需求量不仅与该种商品的价格有关，而且还会受到消费者收入水平、其他替代商品的价格等因素的影响。在分析这类经济问题时，仅用一元线性回归模型已远远满足不了要求，因此，有必要引入含有两个或两个以上解释变量的多元线性回归模型，将只有一个解释变量的一元线性回归模型推广到有多个解释变量的情形。本章主要介绍多元线性回归模型的基本原理。

3.1 多元线性回归模型及古典假定

3.1.1 多元线性回归模型概述

1. 多元线性总体回归模型和多元线性总体回归函数

假设被解释变量 Y 是解释变量 $X_1, X_2, \cdots, X_k$ 和随机误差项 u 的线性函数，它们可以表示为如下形式：

$$Y = \beta_0 + \beta_1 X_1 + \beta_2 X_2 + \cdots + \beta_k X_k + u \tag{3-1}$$

式中，$\beta_0, \beta_1, \cdots, \beta_k$ 为参数，其中，称 β_j（$j = 1, 2, \cdots, k$）为偏回归系数，表示其他解释变量不变的情况下，第 j 个解释变量 X_j 的变化对被解释变量 Y 的影响。称式（3-1）为多元线性总体回归模型。描述被解释变量 Y 的期望值与解释变量 $X_1, X_2, \cdots, X_k$ 线性关系的方程式为

$$E(Y) = \beta_0 + \beta_1 X_1 + \beta_2 X_2 + \cdots + \beta_k X_k \tag{3-2}$$

称式（3-2）为多元线性总体回归函数。

如果对被解释变量 Y 及解释变量 $X_1, X_2, \cdots, X_k$ 作 n 次观察，所得的 n 次观测值 $Y_i, X_{1i}, X_{2i}, \cdots, X_{ki}$（$i = 1, 2, \cdots, n$）将都满足如下线性关系：

$$Y_i = \beta_0 + \beta_1 X_{1i} + \beta_2 X_{2i} + \cdots + \beta_k X_{ki} + u_i \tag{3-3}$$

它是由 n 个方程式、$k+1$ 个未知参数 $\beta_0, \beta_1, \cdots, \beta_k$ 组成的一个线性方程组，即

$$\begin{cases} Y_1 = \beta_0 + \beta_1 X_{11} + \beta_2 X_{21} + \cdots + \beta_k X_{k1} + u_1 \\ Y_2 = \beta_0 + \beta_1 X_{12} + \beta_2 X_{22} + \cdots + \beta_k X_{k2} + u_2 \\ \vdots \\ Y_n = \beta_0 + \beta_1 X_{1n} + \beta_2 X_{2n} + \cdots + \beta_k X_{kn} + u_n \end{cases} \tag{3-4}$$

方程组可以写成矩阵的形式，如下所示：

$$\begin{bmatrix} Y_1 \\ Y_2 \\ \vdots \\ Y_n \end{bmatrix} = \begin{bmatrix} 1 & X_{11} & X_{21} & \cdots & X_{k1} \\ 1 & X_{12} & X_{22} & \cdots & X_{k2} \\ \vdots & \vdots & \vdots & & \vdots \\ 1 & X_{1n} & X_{2n} & \cdots & X_{kn} \end{bmatrix} \begin{bmatrix} \beta_0 \\ \beta_1 \\ \vdots \\ \beta_k \end{bmatrix} + \begin{bmatrix} u_1 \\ u_2 \\ \vdots \\ u_n \end{bmatrix}$$

记

$$\boldsymbol{Y} = \begin{bmatrix} Y_1 \\ Y_2 \\ \vdots \\ Y_n \end{bmatrix}_{n\times 1}, \quad \boldsymbol{X} = \begin{bmatrix} 1 & X_{11} & X_{21} & \cdots & X_{k1} \\ 1 & X_{12} & X_{22} & \cdots & X_{k2} \\ \vdots & \vdots & \vdots & & \vdots \\ 1 & X_{1n} & X_{2n} & \cdots & X_{kn} \end{bmatrix}_{n\times (k+1)}$$

$$\boldsymbol{\beta} = \begin{bmatrix} \beta_0 \\ \beta_1 \\ \beta_2 \\ \vdots \\ \beta_k \end{bmatrix}_{(k+1)\times 1}, \quad \boldsymbol{u} = \begin{bmatrix} u_1 \\ u_2 \\ \vdots \\ u_n \end{bmatrix}_{n\times 1}$$

则多元线性总体回归模型的矩阵形式可以表示为

$$\boldsymbol{Y} = \boldsymbol{X}\boldsymbol{\beta} + \boldsymbol{u} \tag{3-5}$$

多元总体回归函数的矩阵形式可以表示为

$$E(\boldsymbol{Y}) = \boldsymbol{X}\boldsymbol{\beta} \tag{3-6}$$

2. 多元线性样本回归模型和多元线性样本回归函数

同一元线性回归模型一样,总体的信息无法取得,可能做到的,只是对应于解释变量的选定水平,对被解释变量 Y 的某些样本进行观测,然后通过对样本观测获得的信息去估计总体回归函数,由此建立样本回归模型。多元线性样本回归模型的形式如下:

$$Y = \hat{\beta}_0 + \hat{\beta}_1 X_1 + \hat{\beta}_2 X_2 + \cdots + \hat{\beta}_k X_k + e \tag{3-7}$$

式中,Y 为被解释变量;$X_1, X_2, \cdots, X_k$ 为解释变量;$\hat{\beta}_0, \hat{\beta}_1, \hat{\beta}_2, \cdots, \hat{\beta}_k$ 为总体回归参数 $\beta_0, \beta_1, \beta_2, \cdots, \beta_k$ 的估计量;e 为残差。多元线性样本回归函数为

$$\hat{Y} = \hat{\beta}_0 + \hat{\beta}_1 X_1 + \hat{\beta}_2 X_2 + \cdots + \hat{\beta}_k X_k \tag{3-8}$$

对应的多元线性样本回归模型和多元线性样本回归函数的矩阵形式为

$$\boldsymbol{Y} = \boldsymbol{X}\hat{\boldsymbol{\beta}} + \boldsymbol{e} \tag{3-9}$$

$$\hat{\boldsymbol{Y}} = \boldsymbol{X}\hat{\boldsymbol{\beta}} \tag{3-10}$$

式中

$$\hat{\boldsymbol{Y}} = \begin{bmatrix} \hat{Y}_1 \\ \hat{Y}_2 \\ \vdots \\ \hat{Y}_n \end{bmatrix}, \quad \hat{\boldsymbol{\beta}} = \begin{bmatrix} \hat{\beta}_0 \\ \hat{\beta}_1 \\ \hat{\beta}_2 \\ \vdots \\ \hat{\beta}_k \end{bmatrix}, \quad \boldsymbol{e} = \begin{bmatrix} e_1 \\ e_2 \\ \vdots \\ e_n \end{bmatrix}$$

3.1.2 多元线性回归模型的古典假定

在多元回归分析中,为了寻找有效的参数估计方法及对模型进行统计检验,也需要对

模型中的随机扰动项和解释变量作一些假定。多元线性回归模型的基本假定如下。

假定 3.1 零均值假定。假定随机扰动项的期望为零：
$$E(u_i) = 0, \quad i = 1, 2, \cdots, n \tag{3-11}$$

用矩阵形式可以表示为

$$E(\boldsymbol{u}) = E\begin{bmatrix} u_1 \\ u_2 \\ \vdots \\ u_n \end{bmatrix} = \begin{bmatrix} Eu_1 \\ Eu_2 \\ \vdots \\ Eu_n \end{bmatrix} = \begin{bmatrix} 0 \\ 0 \\ \vdots \\ 0 \end{bmatrix} = \boldsymbol{0}$$

于是，Y_i 的期望值为

$$E(Y_i) = \beta_0 + \beta_1 X_1 + \beta_2 X_2 + \cdots + \beta_k X_k \tag{3-12}$$

也就是多元线性总体回归函数，其中，$E(Y_i)$ 表示对于解释变量的给定值 $X_{1i}, X_{2i}, \cdots, X_{ki}$，$Y_i$ 的所有可能值的期望值，也就是说，它表示的是 Y_i 的条件期望值。

假定 3.2 同方差假定。对于解释变量 $X_{1i}, X_{2i}, \cdots, X_{ki}$ 的所有观测值，随机误差项有相同的方差，即

$$\text{Var}(u_i) = E[u_i - E(u_i)]^2 = E(u_i^2) = \sigma^2, \quad i = 1, 2, \cdots, n \tag{3-13}$$

Y_i 的方差也都是相同的，等于 σ^2：

$$\text{Var}(Y_i) = \sigma^2, \quad i = 1, 2, \cdots, n \tag{3-14}$$

假定 3.3 无自相关假定。不同的随机误差项 u_i 和 $u_j (i \neq j)$ 之间不相关，即

$$\text{Cov}(u_i, u_j) = E[u_i - E(u_i)][u_j - E(u_j)] = E(u_i u_j) = 0 \tag{3-15}$$

假定 3.2、假定 3.3 的矩阵表达形式为

$$\text{Var} - \text{Cov}(\boldsymbol{u}) = E[\boldsymbol{u} - E(\boldsymbol{u})][\boldsymbol{u} - E(\boldsymbol{u})]' = E(\boldsymbol{u}\boldsymbol{u}')$$

$$= E\left[\begin{bmatrix} u_1 \\ u_2 \\ \vdots \\ u_n \end{bmatrix}(u_1 \ u_2 \ \cdots \ u_n)\right] = E\begin{bmatrix} u_1^2 & u_1 u_2 & \cdots & u_1 u_n \\ u_2 u_1 & u_2^2 & \cdots & u_2 u_n \\ \vdots & \vdots & & \vdots \\ u_n u_1 & u_n u_2 & \cdots & u_n^2 \end{bmatrix}$$

$$= \begin{bmatrix} E(u_1^2) & E(u_1 u_2) & \cdots & E(u_1 u_n) \\ E(u_2 u_1) & E(u_2^2) & \cdots & E(u_2 u_n) \\ \vdots & \vdots & & \vdots \\ E(u_n u_1) & E(u_n u_2) & \cdots & E(u_n^2) \end{bmatrix}$$

$$= \begin{bmatrix} \sigma^2 & 0 & \cdots & 0 \\ 0 & \sigma^2 & \cdots & 0 \\ \vdots & \vdots & & \vdots \\ 0 & 0 & \cdots & \sigma^2 \end{bmatrix} = \sigma^2 \boldsymbol{I}_n \tag{3-16}$$

假定 3.4 解释变量 $X_1, X_2, \cdots, X_k$ 为非随机变量，或者，即使解释变量 $X_1, X_2, \cdots, X_k$ 为随机变量，但与随机误差项是独立的，即有

$$\text{Cov}(X_{ij}, u_j) = 0, \quad i = 1, 2, \cdots, k; \ j = 1, 2, \cdots, n \tag{3-17}$$

假定 3.5 正态性假定。假定随机误差项 u_i 服从均值为零、方差为 σ^2 的正态分布，即

$$u_i \sim N(0,\sigma^2), \quad i=1,2,\cdots,n \tag{3-18}$$

于是，被解释变量 Y_i 也服从正态分布：

$$Y_i \sim N(\beta_0 + \beta_1 X_{1i} + \beta_2 X_{2i} + \cdots + \beta_k X_{ki}, \sigma^2), \quad i=1,2,\cdots,n \tag{3-19}$$

假定 3.6 无多重共线性假定。解释变量 $X_1, X_2, \cdots, X_k$ 之间不存在精确的（完全的）线性关系，即解释变量的样本观测值矩阵 $\boldsymbol{X}$ 是列满秩矩阵，应满足关系式：

$$\text{rank}(\boldsymbol{X}) = k+1 < n \tag{3-20}$$

3.2 多元线性回归模型的参数估计

3.2.1 多元线性回归模型参数的最小二乘估计

同一元线性回归模型的参数估计类似，多元线性回归模型的参数估计也是根据样本信息建立样本回归模型，利用最小二乘法确定样本回归函数，以实现对总体回归模型中参数的估计。

设要分析的多元线性回归模型形式如下：

$$Y_i = \beta_0 + \beta_1 X_{1i} + \beta_2 X_{2i} + \cdots + \beta_k X_{ki} + u_i$$

其对应的样本回归模型和样本回归函数形式如下：

$$\begin{aligned} Y_i &= \hat{\beta}_0 + \hat{\beta}_1 X_{1i} + \hat{\beta}_2 X_{2i} + \cdots + \hat{\beta}_k X_{ki} + e_i \\ \hat{Y}_i &= \hat{\beta}_0 + \hat{\beta}_1 X_{1i} + \hat{\beta}_2 X_{2i} + \cdots + \hat{\beta}_k X_{ki} \end{aligned}, \quad i=1,2,\cdots,n$$

根据最小二乘准则，目的是寻找使

$$\sum e_i^2 = \sum (Y_i - \hat{Y}_i)^2 = \sum (Y_i - \hat{\beta}_0 - \hat{\beta}_1 X_{1i} - \hat{\beta}_2 X_{2i} - \cdots - \hat{\beta}_k X_{ki})^2$$

达到最小的参数估计量 $\hat{\beta}_0, \hat{\beta}_1, \hat{\beta}_2, \cdots, \hat{\beta}_k$，其中，$Y_i$ 是实际样本观测值，$\hat{Y}_i$ 是估计值，e_i 是残差。根据多元函数求极值的必要条件，$\hat{\beta}_0, \hat{\beta}_1, \hat{\beta}_2, \cdots, \hat{\beta}_k$ 应满足下列线性方程组：

$$\frac{\partial \sum e_i^2}{\partial \hat{\beta}_j} = 0, \quad j=0,1,2,\cdots,k$$

即

$$\begin{cases} \dfrac{\partial \sum e_i^2}{\partial \hat{\beta}_0} = 2\sum (Y_i - \hat{\beta}_0 - \hat{\beta}_1 X_{1i} - \hat{\beta}_2 X_{2i} - \cdots - \hat{\beta}_k X_{ki})(-1) = 0 \\ \dfrac{\partial \sum e_i^2}{\partial \hat{\beta}_1} = 2\sum (Y_i - \hat{\beta}_0 - \hat{\beta}_1 X_{1i} - \hat{\beta}_2 X_{2i} - \cdots - \hat{\beta}_k X_{ki})(-X_{1i}) = 0 \\ \quad\quad\quad\quad\vdots \\ \dfrac{\partial \sum e_i^2}{\partial \hat{\beta}_k} = 2\sum (Y_i - \hat{\beta}_0 - \hat{\beta}_1 X_{1i} - \hat{\beta}_2 X_{2i} - \cdots - \hat{\beta}_k X_{ki})(-X_{ki}) = 0 \end{cases}$$

整理得正规方程组：

$$\begin{cases} \sum Y_i = n\hat{\beta}_0 + \hat{\beta}_1 \sum X_{1i} + \hat{\beta}_2 \sum X_{2i} + \cdots + \hat{\beta}_k \sum X_{ki} \\ \sum X_{1i}Y_i = \hat{\beta}_0 \sum X_{1i} + \hat{\beta}_1 \sum X_{1i}^2 + \hat{\beta}_2 \sum X_{1i}X_{2i} + \cdots + \hat{\beta}_k \sum X_{1i}X_{ki} \\ \vdots \\ \sum X_{ki}Y_i = \hat{\beta}_0 \sum X_{ki} + \hat{\beta}_1 \sum X_{1i}X_{ki} + \hat{\beta}_2 \sum X_{2i}X_{ki} + \cdots + \hat{\beta}_k \sum X_{ki}^2 \end{cases} \quad (3\text{-}21)$$

写成矩阵的形式：

$$\begin{bmatrix} \sum Y_i \\ \sum X_{1i}Y_i \\ \vdots \\ \sum X_{ki}Y_i \end{bmatrix} = \begin{bmatrix} n & \sum X_{1i} & \cdots & \sum X_{ki} \\ \sum X_{1i} & \sum X_{1i}^2 & \cdots & \sum X_{1i}X_{ki} \\ \vdots & \vdots & & \vdots \\ \sum X_{ki} & \sum X_{1i}X_{ki} & \cdots & \sum X_{ki}^2 \end{bmatrix} \begin{bmatrix} \hat{\beta}_0 \\ \hat{\beta}_1 \\ \vdots \\ \hat{\beta}_k \end{bmatrix} \quad (3\text{-}22)$$

即

$$X'Y = X'X\hat{\beta} \quad (3\text{-}23)$$

由基本假定 3.6 可知存在逆矩阵 $(X'X)^{-1}$，因此：

$$\hat{\beta} = (X'X)^{-1}X'Y \quad (3\text{-}24)$$

3.2.2 参数最小二乘估计量的性质

类似于一元线性回归，在模型古典假定成立的情况下，多元线性回归模型参数的最小二乘估计也具有线性、无偏性和有效性等优良性质。

设模型为：$Y = X\beta + u$。

估计式为：$\hat{Y} = X\hat{\beta}$。

1. 线性

由最小二乘估计量 $\hat{\beta}$ 的公式：

$$\hat{\beta} = (X'X)^{-1}X'Y$$

可知 $\hat{\beta}$ 可表示为一个矩阵和因变量观测值向量 Y 的乘积，即

$$\hat{\beta} = kY \quad (3\text{-}25)$$

式中，$k = (X'X)^{-1}X'$ 是一个非随机元素矩阵。显然 $\hat{\beta}_j (j = 1, 2, \cdots, k)$ 是 Y_i 的线性函数。

2. 无偏性

$$\begin{aligned} \hat{\beta} &= (X'X)^{-1}X'Y \\ &= (X'X)^{-1}X'(X\beta + u) \\ &= (X'X)^{-1}X'X\beta + (X'X)^{-1}X'u \\ &= \beta + (X'X)^{-1}X'u \end{aligned}$$

$$E(\hat{\beta}) = \beta + (X'X)^{-1}X'[E(u)] = \beta \quad \text{——假定3.1：} E(u) = 0 \quad (3\text{-}26)$$

由此，$\hat{\beta}$ 是 β 的无偏估计。

3. 有效性

参数向量 $\boldsymbol{\beta}$ 的最小二乘估计 $\hat{\boldsymbol{\beta}}$ 是 $\boldsymbol{\beta}$ 的所有线性无偏估计量中方差最小的估计量。

$\hat{\boldsymbol{\beta}}$ 的方差为 $\text{Var}(\hat{\boldsymbol{\beta}})$，考虑 $E[(\hat{\boldsymbol{\beta}}-\boldsymbol{\beta})(\hat{\boldsymbol{\beta}}-\boldsymbol{\beta})']$，这是一个 $(k+1)\times(k+1)$ 矩阵，其主对角线上元素即构成 $\text{Var}(\hat{\boldsymbol{\beta}})$。

$$\hat{\boldsymbol{\beta}} - \boldsymbol{\beta} = (\boldsymbol{X}'\boldsymbol{X})^{-1}\boldsymbol{X}'\boldsymbol{u}$$

$$\begin{aligned}
E[(\hat{\boldsymbol{\beta}}-\boldsymbol{\beta})(\hat{\boldsymbol{\beta}}-\boldsymbol{\beta})'] &= E\{[(\boldsymbol{X}'\boldsymbol{X})^{-1}\boldsymbol{X}'\boldsymbol{u}][(\boldsymbol{X}'\boldsymbol{X})^{-1}\boldsymbol{X}'\boldsymbol{u}]'\} \\
&= E\{(\boldsymbol{X}'\boldsymbol{X})^{-1}\boldsymbol{X}'\boldsymbol{u}\boldsymbol{u}'\boldsymbol{X}(\boldsymbol{X}'\boldsymbol{X})^{-1}\} \\
&= (\boldsymbol{X}'\boldsymbol{X})^{-1}\boldsymbol{X}'E(\boldsymbol{u}\boldsymbol{u}')\boldsymbol{X}(\boldsymbol{X}'\boldsymbol{X})^{-1} \\
&= (\boldsymbol{X}'\boldsymbol{X})^{-1}\boldsymbol{X}'\sigma^2\boldsymbol{I}\boldsymbol{X}(\boldsymbol{X}'\boldsymbol{X})^{-1} \\
&= \sigma^2(\boldsymbol{X}'\boldsymbol{X})^{-1}\boldsymbol{X}'\boldsymbol{X}(\boldsymbol{X}'\boldsymbol{X})^{-1}
\end{aligned} \qquad (3\text{-}27)$$

此为 $\hat{\boldsymbol{\beta}}$ 的方差-协方差矩阵，记为

$$\text{Var-Cov}(\hat{\boldsymbol{\beta}}) = \sigma^2(\boldsymbol{X}'\boldsymbol{X})^{-1} \qquad (3\text{-}28)$$

具体为

$$\begin{aligned}
\text{Var-Cov}(\hat{\boldsymbol{\beta}}) &= E\begin{bmatrix}\begin{pmatrix}\hat{\beta}_0-\beta_0\\ \hat{\beta}_1-\beta_1\\ \vdots\\ \hat{\beta}_k-\beta_k\end{pmatrix}(\hat{\beta}_0-\beta_0 \quad \hat{\beta}_1-\beta_1 \quad \cdots \quad \hat{\beta}_k-\beta_k)\end{bmatrix} \\
&= E\begin{bmatrix}\text{Var}(\hat{\beta}_0) & \text{Cov}(\hat{\beta}_0,\hat{\beta}_1) & \cdots & \text{Cov}(\hat{\beta}_0,\hat{\beta}_k)\\ \text{Cov}(\hat{\beta}_1,\hat{\beta}_0) & \text{Var}(\hat{\beta}_1) & \cdots & \text{Cov}(\hat{\beta}_1,\hat{\beta}_k)\\ \vdots & \vdots & & \vdots\\ \text{Cov}(\hat{\beta}_k,\hat{\beta}_0) & \text{Cov}(\hat{\beta}_k,\hat{\beta}_1) & \cdots & \text{Var}(\hat{\beta}_k)\end{bmatrix} \\
&= \sigma^2(\boldsymbol{X}'\boldsymbol{X})^{-1}
\end{aligned} \qquad (3\text{-}29)$$

设 $\boldsymbol{\beta}^*$ 是 $\boldsymbol{\beta}$ 的另一个关于 $\boldsymbol{Y}$ 的线性无偏估计量，有

$$\boldsymbol{\beta}^* = \boldsymbol{a}\boldsymbol{Y}$$

式中，$\boldsymbol{a}$ 是一个 $(k+1)\times n$ 非随机元素矩阵。

$$\begin{aligned}
\boldsymbol{\beta}^* &= \boldsymbol{a}\boldsymbol{Y} = \boldsymbol{a}(\boldsymbol{X}\boldsymbol{\beta}+\boldsymbol{u}) \\
E(\boldsymbol{\beta}^*) &= E(\boldsymbol{a}\boldsymbol{X}\boldsymbol{\beta}+\boldsymbol{a}\boldsymbol{u}) \\
&= \boldsymbol{a}\boldsymbol{X}\boldsymbol{\beta} + \boldsymbol{a}E(\boldsymbol{u}) \\
&= \boldsymbol{a}\boldsymbol{X}\boldsymbol{\beta}
\end{aligned}$$

$\boldsymbol{\beta}^*$ 是 $\boldsymbol{\beta}$ 的无偏估计量，即 $E(\boldsymbol{\beta}^*)=\boldsymbol{\beta}$，只有 $\boldsymbol{a}\boldsymbol{X}=\boldsymbol{I}$，$\boldsymbol{I}$ 为 $(k+1)$ 阶单位矩阵。$\boldsymbol{\beta}^*$ 的方差为

$$\mathrm{Var}(\boldsymbol{\beta}^*) = \mathrm{Var}(\boldsymbol{aX\beta} + \boldsymbol{au})$$
$$= \mathrm{Var}(\boldsymbol{au})$$
$$= \boldsymbol{a} \cdot \mathrm{Var}(\boldsymbol{u}) \cdot \boldsymbol{a}'$$
$$= \sigma^2 \boldsymbol{aa}'$$

$\boldsymbol{a}$ 可以写成

$$\boldsymbol{a} = (\boldsymbol{X'X})^{-1}\boldsymbol{X'} + \boldsymbol{D}$$

由

$$\boldsymbol{aX = I}$$
$$\boldsymbol{aX} = (\boldsymbol{X'X})^{-1}\boldsymbol{X'X} + \boldsymbol{DX} = \boldsymbol{I}$$
$$\boldsymbol{I} + \boldsymbol{DX} = \boldsymbol{I}$$

因而有

$$\boldsymbol{DX} = \boldsymbol{0}$$
$$\boldsymbol{aa}' = [(\boldsymbol{X'X})^{-1}\boldsymbol{X'} + \boldsymbol{D}][(\boldsymbol{X'X})^{-1}\boldsymbol{X'} + \boldsymbol{D}]'$$
$$= [(\boldsymbol{X'X})^{-1}\boldsymbol{X'} + \boldsymbol{D}][\boldsymbol{X}(\boldsymbol{X'X})^{-1} + \boldsymbol{D}']$$
$$= (\boldsymbol{X'X})^{-1}\boldsymbol{X'X}(\boldsymbol{X'X})^{-1} + \boldsymbol{DX}(\boldsymbol{X'X})^{-1} + (\boldsymbol{X'X})^{-1}\boldsymbol{X'D}' + \boldsymbol{DD}'$$
$$= (\boldsymbol{X'X})^{-1} + \boldsymbol{DD}'$$

$$\mathrm{Var}(\boldsymbol{\beta}^*) = \sigma^2 \boldsymbol{aa}'$$
$$= \sigma^2[(\boldsymbol{X'X})^{-1} + \boldsymbol{DD}']$$
$$= \sigma^2(\boldsymbol{X'X})^{-1} + \sigma^2\boldsymbol{DD}'$$
$$= \mathrm{Var}(\hat{\boldsymbol{\beta}}) + \sigma^2\boldsymbol{DD}'$$
$$\geqslant \mathrm{Var}(\hat{\boldsymbol{\beta}}) \qquad (3\text{-}30)$$

由此，证明了最小二乘估计 $\hat{\boldsymbol{\beta}}$ 是 $\boldsymbol{\beta}$ 的所有线性无偏估计量中方差最小的。

3.2.3 最小二乘估计的分布性质

在多元线性回归分析中，参数的最小二乘估计 $\hat{\boldsymbol{\beta}}$ 是随样本观测值而变动的随机变量，必须确定其分布性质，才能进行区间估计和假设检验。

根据假定，随机误差项 u_i 服从正态分布，于是，被解释变量 Y_i 也服从正态分布。由于最小二乘估计量的线性性质—— $\hat{\beta}_j(j=1,2,\cdots,k)$ 是 Y_i 的线性函数，因此，$\hat{\boldsymbol{\beta}}$ 也是服从正态分布的随机向量。

由最小二乘估计量的无偏性，可得 $E(\hat{\boldsymbol{\beta}}) = \boldsymbol{\beta}$。

在最小二乘估计量有效性证明过程中，得 $\hat{\boldsymbol{\beta}}$ 的方差-协方差矩阵。

$$\begin{cases} \mathrm{Var\text{-}Cov}(\hat{\boldsymbol{\beta}}) = \sigma^2(\boldsymbol{X'X})^{-1} \\ \mathrm{Var}(\hat{\beta}_j) = \sigma^2 c_{jj} \end{cases} \qquad (3\text{-}31)$$

式中，c_{jj} 为矩阵 $(X'X)^{-1}$ 中第 j 行、第 j 列位置上的元素。在古典假定前提下，$\hat{\beta}_j (j=1,2,\cdots,k)$ 服从正态分布，即

$$\hat{\beta}_j \sim N(\beta_j, \text{Var}(\hat{\beta}_j)) \tag{3-32}$$

3.2.4 随机扰动项方差的估计

可以证明（过程见附录 3.2）

$$E(\sum e_i^2) = (n-k-1)\sigma^2$$

即有

$$E\left(\frac{\sum e_i^2}{n-k-1}\right) = \sigma^2 \tag{3-33}$$

若记

$$\hat{\sigma}^2 = \frac{\sum e_i^2}{n-k-1} \tag{3-34}$$

式中，k 为解释变量的个数，则 $\hat{\sigma}^2$ 就是随机误差项的无偏估计。

3.2.5 大样本理论*

大样本理论也称渐近理论，研究当样本容量趋向于无穷大时统计量的性质。大样本理论之所以重要，主要原因如下。

（1）小样本理论假定过强。小样本理论假定解释变量与所有的扰动项均不相关。小样本理论中为了进行统计推断，必须假定扰动项服从正态分布。这些在现实条件下常常难以满足，而大样本理论则可放松这些假定。

（2）在小样本的理论框架下，我们必须研究统计量的精确分布，即使在正态分布假定下也常常难以推导。而在大样本理论下，只要研究统计量的大样本分布，即 $n \to \infty$ 时的渐近分布，使用大数定律和中心极限定理则比较容易推导。

使用大样本理论的代价是要求样本容量较大，以便大数定律和中心极限定理可以发挥作用。在当代计量经济学实践中，大样本理论对样本容量的要求比较容易满足，大样本方法也被广泛采用。在大样本假定下，可以证明OLS估计量满足一致性、渐近正态性和渐近有效性。相关内容较难理解，但在不深入理解其内容的情况下也可运用软件进行实证研究。

3.3 多元线性回归模型的检验

3.3.1 拟合优度检验

1. 多重决定系数

与一元线性回归类似，为了说明多元线性回归线对样本观测值的拟合情况，也可以考察 Y 的总变差中由多个解释变量做出解释的那部分变差的比重，即"回归平方和"与"总离差平方和"的比值。在多元回归中这一比值称为多重决定系数，用 R^2 表示。

多元线性回归中 Y 的总变差分解式为

$$\sum(Y_i-\overline{Y})^2=\sum(\hat{Y}_i-\overline{Y})^2+\sum e_i^2$$
$$\text{TSS}=\text{ESS}+\text{RSS}$$

自由度：

$$(n-1)=(k)+(n-k-1) \tag{3-35}$$

多重决定系数 R^2 为解释变差 ESS 占总变差 TSS 的比重，即

$$R^2=\frac{\text{ESS}}{\text{TSS}}=\frac{\sum(\hat{Y}_i-\overline{Y})^2}{\sum(Y_i-\overline{Y})^2}$$
$$=1-\frac{\text{RSS}}{\text{TSS}}=1-\frac{\sum e_i^2}{\sum(Y_i-\overline{Y})^2} \tag{3-36}$$

多重决定系数 R^2 是介于 0 到 1 的一个数。R^2 越大，模型对数据的拟合程度就越好，解释变量对被解释变量的解释能力越强。当 $R^2=1$ 时，被解释变量的变化完全由回归直线解释；当 $R^2=0$ 时，解释变量与被解释变量之间没有任何线性关系。

多重决定系数 R^2 的矩阵形式：

$$e=\begin{bmatrix}e_1\\e_2\\\vdots\\e_n\end{bmatrix}=Y-\hat{Y}=Y-X\hat{\beta}$$

$$\sum e_i^2=e'e=(Y'-\hat{\beta}'X')(Y-X\hat{\beta})$$
$$=Y'Y-\hat{\beta}'X'Y-Y'X\hat{\beta}+\hat{\beta}'X'X\hat{\beta}$$
$$=Y'Y-\hat{\beta}'X'Y-Y'X\hat{\beta}+\hat{\beta}'X'X(X'X)^{-1}X'Y$$
$$=Y'Y-Y'X\hat{\beta}$$
$$\sum(Y_i-\overline{Y})^2=\sum Y^2-n\overline{Y}^2=Y'Y-n\overline{Y}^2$$

代入 R^2 的公式，得

$$R^2=1-\frac{\sum e_i^2}{\sum(Y_i-\overline{Y})^2}$$
$$=\frac{\sum(Y_i-\overline{Y})^2-\sum e_i^2}{\sum(Y_i-\overline{Y})^2} \tag{3-37}$$
$$=\frac{Y'Y-n\overline{Y}^2-Y'Y+Y'X\hat{\beta}}{Y'Y-n\overline{Y}^2}$$
$$=\frac{Y'X\hat{\beta}-n\overline{Y}^2}{Y'Y-n\overline{Y}^2}$$

2. 修正的决定系数

残差平方和的特点是，每当模型增加一个解释变量，并用改变后的模型重新进行估计，残差平方和的值会减小（不会增大）。也就是说，随着模型中解释变量的增多，多重决定系数

的值往往会增大,从而增加模型的解释功能。当被解释变量相同,而解释变量的个数不同时,不能直接对比多重决定系数。多重决定系数只涉及变差,没有考虑自由度。若用自由度去校正所计算的变差,可以纠正由解释变量个数的不同所引起的对比困难。因为在样本容量一定的情况下,增加解释变量必定使待估计参数的个数增加,从而损失自由度。为此,可以用自由度去修正多重决定系数中的残差平方和,从而引入修正的决定系数 $\bar{R}^2$:

$$\bar{R}^2 = 1 - \frac{\text{RSS}/(n-k-1)}{\text{TSS}/(n-1)} = 1 - \frac{(n-1)}{(n-k-1)} \cdot \frac{\sum e_i^2}{\sum (Y_i - \bar{Y})^2} \quad (3\text{-}38)$$

修正的决定系数与多重决定系数之间有以下关系:

$$\bar{R}^2 = 1 - (1 - R^2)\frac{(n-1)}{(n-k-1)} \quad (3\text{-}39)$$

根据式(3-39)可得,$\bar{R}^2 \leqslant R^2$,即修正的决定系数不大于多重决定系数。对于多重决定系数而言,其取值是非负的,但是修正的决定系数的取值有可能是负值,此时,使用修正的决定系数将失去意义,做 $\bar{R}^2 = 0$ 处理。

在实际计量经济分析中,R^2 和 $\bar{R}^2$ 越大,说明模型中的解释变量对被解释变量的联合影响程度越大。但这也只是基于样本数据而言,对于总体范围内解释变量对被解释变量的影响是否显著,需要进行假设检验。

例 3.1 某二元线性回归模型(含常数项)中,根据样本数据($n=20$)计算得 $\text{TSS} = \sum(Y_i - \bar{Y})^2 = 200\,000$,$\text{RSS} = \sum e_i^2 = 2000$。

求多重决定系数 R^2 及修正的决定系数 $\bar{R}^2$。

解

$$\text{TSS} = \sum(Y_i - \bar{Y})^2 = 200\,000, \quad \text{RSS} = \sum e_i^2 = 2000$$

$$R^2 = 1 - \frac{\text{RSS}}{\text{TSS}} = 1 - \frac{2000}{200\,000} = 0.99$$

$$\bar{R}^2 = 1 - \frac{\text{RSS}/(n-k-1)}{\text{TSS}/(n-1)} = 1 - \frac{2000/(20-2-1)}{200\,000/(20-1)} = 0.9888$$

或

$$\bar{R}^2 = 1 - (1-R^2)\frac{(n-1)}{(n-k-1)} = 1 - (1-0.99) \times \frac{(20-1)}{(20-2-1)} = 0.9888$$

3.3.2 回归方程的显著性检验

回归方程的显著性检验(F 检验),用于检验模型中被解释变量与所有解释变量之间的线性关系在总体上是否显著。具体检验步骤如下。

(1)提出假设。

H_0: $\beta_1 = \beta_2 = \cdots = \beta_k = 0$。

H_1: $\beta_j (j=1,2,\cdots,k)$ 不全为0。

(2)在原假设成立的条件下,根据样本数据构造并计算检验统计量:

$$F = \frac{\text{ESS}/k}{\text{RSS}/(n-k-1)} \sim F(k, n-k-1) \quad (3\text{-}40)$$

即 F 统计量服从分子（第一）自由度为 k，分母（第二）自由度为 $n-k-1$ 的 F 分布。

（3）根据给定的显著性水平 α，查 F 分布表，得到临界值 $F_\alpha(k, n-k-1)$。

（4）做出判断。

若 $F \geqslant F_\alpha(k, n-k-1)$，则拒绝原假设 H_0，说明回归方程显著，即各解释变量对被解释变量的共同影响显著，总体线性关系成立。

若 $F < F_\alpha(k, n-k-1)$，则不能拒绝原假设 H_0，说明回归方程不显著，即各解释变量对被解释变量的共同影响不显著，总体线性关系不成立。

F 检验和拟合优度检验都是检验各解释变量对被解释变量的联合影响，那么，它们之间有什么区别和联系呢？

F 检验和拟合优度检验都是把总离差平方和 TSS 分解为回归平方和 ESS 与残差平方和 RSS，并在此基础上构造统计量进行检验。其区别在于，F 检验有精确的分布，而拟合优度检验没有。一般来说，模型对观测值的拟合程度越高（拟合优度检验），模型总体线性关系的显著性（F 检验）越强。F 统计量与多重决定系数 R^2 及修正的决定系数 $\bar{R}^2$ 之间具有如下关系：

$$F = \frac{\text{ESS}/k}{\text{RSS}/(n-k-1)} = \frac{(n-k-1)}{k} \cdot \frac{\text{ESS}}{\text{TSS} - \text{ESS}}$$
$$= \frac{(n-k-1)}{k} \cdot \frac{\text{ESS}/\text{TSS}}{(\text{TSS}-\text{ESS})/\text{TSS}} = \frac{(n-k-1)}{k} \cdot \frac{R^2}{1-R^2} \quad (3-41)$$

$$R^2 = \frac{kF}{(n-k-1)+kF} \quad (3-42)$$

$$\bar{R}^2 = 1 - \frac{n-1}{(n-k-1)+kF} \quad (3-43)$$

例 3.2 利用例 3.1 所给的条件（及结果），对模型进行 F 检验（$\alpha = 0.05$）。

解

（1）提出假设。
$$H_0: \beta_1 = \beta_2 = 0$$
$$H_1: \beta_1, \beta_2 \text{不全为} 0$$

（2）计算 F 统计量：
$$F = \frac{\text{ESS}/k}{\text{RSS}/(n-k-1)} = \frac{(\text{TSS}-\text{RSS})/k}{\text{RSS}/(n-k-1)} = \frac{(200\,000 - 2000)/2}{2000/(20-2-1)} = 841.5$$

或

$$F = \frac{(n-k-1)}{k} \cdot \frac{R^2}{1-R^2} = \frac{17}{2} \times \frac{0.99}{0.01} = 841.5$$

（3）查 F 分布表得临界值 $F_{0.05}(2,17) = 3.59$。

（4）判断 $F > F_{0.05}(2,17)$，拒绝原假设，说明回归方程是显著的。

3.3.3 回归参数的显著性检验

模型通过了 F 检验，表明模型中所有的解释变量对被解释变量的"总体影响"是显著的，但是这并不意味着每一个解释变量对被解释变量都有显著影响。单个解释变量对被解释变量的影响是否显著的问题,可以通过 t 检验进行分析。多元回归分析中对各个回归系数进行 t 检验,目的在于检验当其他解释变量不变时,该回归系数对应的解释变量是否对被解释变量有显著影响。检验方法与一元线性回归分析中 t 检验基本相同。具体检验步骤如下。

(1) 提出假设。

$$H_0: \beta_j = 0, \quad H_1: \beta_j \neq 0, \quad j = 0,1,2,\cdots,k$$

(2) 在原假设成立的条件下,根据样本数据构造并计算检验统计量:

$$t = \frac{\hat{\beta}_j - \beta_j}{s(\hat{\beta}_j)} = \frac{\hat{\beta}_j}{s(\hat{\beta}_j)} \sim t(n-k-1) \tag{3-44}$$

式中,$s(\hat{\beta}_j)$ 为用 σ^2 的无偏估计量 $\hat{\sigma}^2$ 代替后,计算得到的 $\hat{\beta}_j$ 标准差:

$$s(\hat{\beta}_j) = \hat{\sigma}\sqrt{c_{jj}}$$

(3) 根据给定的显著性水平 α,查 t 分布表,得到临界值 $t_{\alpha/2}(n-k-1)$。

(4) 做出判断。

若 $|t| \geq t_{\alpha/2}(n-k-1)$,则拒绝原假设 H_0,说明在其他解释变量不变的情况下,解释变量 X_j 对被解释变量 Y 的影响显著。

若 $|t| < t_{\alpha/2}(n-k-1)$,则不能拒绝原假设 H_0,说明在其他解释变量不变的情况下,解释变量 X_j 对被解释变量 Y 的影响不显著。

3.4 多元线性回归模型的预测

用最小二乘法对多元线性回归模型的参数进行估计,若结果通过检验,则可以用估计好的模型进行预测。与一元线性回归模型的预测相同,多元线性回归模型的预测,具体方法分为点预测和区间预测,分别包括个别值 Y_f 的预测和均值 $E(Y_f)$ 的预测。

3.4.1 点预测

点预测就是根据给定解释变量的值,预测相应的被解释变量的可能值。设多元线性回归模型为

$$Y_i = \beta_0 + \beta_1 X_{1i} + \beta_2 X_{2i} + \cdots + \beta_k X_{ki} + u_i$$

则对样本以外解释变量的值 $\boldsymbol{X}_f = (1, X_{1f}, X_{2f}, \cdots, X_{kf})$,个别值 Y_f 和均值 $E(Y_f)$ 分别为

$$Y_f = \boldsymbol{X}_f \boldsymbol{\beta} + \boldsymbol{u} = \beta_0 + \beta_1 X_{1f} + \beta_2 X_{2f} + \cdots + \beta_k X_{kf} + u_f \tag{3-45}$$

$$E(Y_f) = \boldsymbol{X}_f \boldsymbol{\beta} = \beta_0 + \beta_1 X_{1f} + \beta_2 X_{2f} + \cdots + \beta_k X_{kf} \tag{3-46}$$

若根据观测样本计算得到参数的估计值向量 $\hat{\boldsymbol{\beta}}$,并且模型通过检验,则得到样本回归函数为

$$\hat{Y}_i = \hat{\beta}_0 + \hat{\beta}_1 X_{1i} + \hat{\beta}_2 X_{2i} + \cdots + \hat{\beta}_k X_{ki}$$

则对样本以外解释变量的值 $\boldsymbol{X}_f = (1, X_{1f}, X_{2f}, \cdots, X_{kf})$,$Y_f$ 的拟合值为

$$\hat{Y}_f = \boldsymbol{X}_f \hat{\boldsymbol{\beta}} = \hat{\beta}_0 + \hat{\beta}_1 X_{1f} + \hat{\beta}_2 X_{2f} + \cdots + \hat{\beta}_k X_{kf}$$

上式两边取期望得
$$E(\hat{Y}_f) = X_f E(\hat{\beta}) = X_f \beta = E(Y_f)$$
说明 $\hat{Y}_f$ 是 $E(Y_f)$ 的无偏估计，从而可以用 $\hat{Y}_f$ 作为 Y_f 和 $E(Y_f)$ 的预测值。

3.4.2 区间预测

1. 对被解释变量均值 $E(Y_f)$ 的区间预测

对因变量均值 $E(Y_f)$ 的区间预测是以 $\hat{Y}_f$ 的概率分布为基础的。

$$E(\hat{Y}_f) = X_f \beta$$
$$\mathrm{Var}(\hat{Y}_f) = E[\hat{Y}_f - E(\hat{Y}_f)]^2 = E[X_f \hat{\beta} - E(X_f \hat{\beta})]^2$$
$$= E[X_f \hat{\beta} - X_f \beta]^2 = E[X_f(\hat{\beta} - \beta) X_f(\hat{\beta} - \beta)]$$
$$X_f(\hat{\beta} - \beta) = [X_f(\hat{\beta} - \beta)]' = (\hat{\beta} - \beta)' X_f'$$
$$\mathrm{Var}(\hat{Y}_f) = E[X_f(\hat{\beta} - \beta) X_f(\hat{\beta} - \beta)] = X_f E[(\hat{\beta} - \beta)(\hat{\beta} - \beta)'] X_f'$$
$$= X_f \mathrm{Var}(\hat{\beta}) X_f' = \sigma^2 X_f (X'X)^{-1} X_f'$$

因此，$\hat{Y}_f$ 服从均值为 $E(\hat{Y}_f) = E(Y_f) = X_f \beta$，方差为 $\sigma^2 X_f (X'X)^{-1} X_f'$ 的正态分布，即

$$\hat{Y}_f \sim N(X_f \beta, \sigma^2 X_f (X'X)^{-1} X_f')$$

或

$$\hat{Y}_f - E(Y_f) \sim N(0, \sigma^2 X_f (X'X)^{-1} X_f')$$

式中，用 $\hat{\sigma}^2$ 代替 σ^2，构造如下统计量：

$$t = \frac{\hat{Y}_f - E(Y_f)}{\hat{\sigma}\sqrt{X_f (X'X)^{-1} X_f'}} \sim t(n-k-1)$$

由此可得 $E(Y_f)$ 的置信度为 $1-\alpha$ 的预测区间为

$$\hat{Y}_f - t_{\alpha/2}(n-k-1)\hat{\sigma}\sqrt{X_f (X'X)^{-1} X_f'} \leqslant E(Y_f) \leqslant \hat{Y}_f + t_{\alpha/2}(n-k-1)\hat{\sigma}\sqrt{X_f (X'X)^{-1} X_f'} \quad (3\text{-}47)$$

2. 对被解释变量个别值 Y_f 的区间预测

令

$$e_f = Y_f - \hat{Y}_f$$
$$E(e_f) = E(Y_f - \hat{Y}_f) = 0$$
$$\mathrm{Var}(e_f) = \mathrm{Var}(Y_f - \hat{Y}_f) = \mathrm{Var}(Y_f) + \mathrm{Var}(\hat{Y}_f)$$
$$= \sigma^2[1 + X_f (X'X)^{-1} X_f']$$

因此，$e_f = Y_f - \hat{Y}_f$ 服从均值为 0、方差为 $\sigma^2[1 + X_f (X'X)^{-1} X_f']$ 的正态分布，即

$$Y_f - \hat{Y}_f \sim N(0, \sigma^2[1 + X_f(X'X)^{-1}X'_f])$$

式中，用 $\hat{\sigma}^2$ 代替 σ^2，构造如下统计量：

$$\frac{Y_f - \hat{Y}_f}{\hat{\sigma}\sqrt{1 + X_f(X'X)^{-1}X'_f}} \sim t(n-k-1)$$

由此可得 Y_f 的置信度为 $1-\alpha$ 的预测区间为

$$\hat{Y}_f - t_{\alpha/2}(n-k-1)\hat{\sigma}\sqrt{1+X_f(X'X)^{-1}X'_f} \leqslant Y_f \leqslant \hat{Y}_f + t_{\alpha/2}(n-k-1)\hat{\sigma}\sqrt{1+X_f(X'X)^{-1}X'_f}$$

(3-48)

3.5 虚拟变量

在实际问题研究中，经常会碰到影响变量并非数量型变量的情况。例如，影响收入变动的变量中，就有一些品质变量（如性别、种族、学历类别等），一般也将这些品质变量称为定性变量。此时，在模型构建时，通常通过设置虚拟变量的形式，将这些定性影响因素纳入其中。本节主要介绍如何使用虚拟变量将定性变量的影响纳入回归模型。

3.5.1 虚拟变量的概念

为了将定性变量的影响纳入回归模型，需要对这些定性的变化给予数量化处理。处理的方法就是将其转化为用虚拟变量表示的形式。虚拟变量（dummy variables）就是人工构造的仅取"0"和"1"两个数值的变量，通常用字母 D 表示。一般情况下，$D=1$ 时表示具有某种属性或某种状态出现，$D=0$ 时表示不具有某种属性或某种状态未出现。此时，一个只有两个类别的定性变量，只需要用一个虚拟变量就可以引入模型。

例如，研究居民家庭消费变动问题时，Y 为家庭人均消费支出，X 为家庭人均收入，另外通过设置虚拟变量 D 反映"城乡差异"：

$D=1$，表示城市居民

$D=0$，表示农村居民

建立人均消费的回归模型为

$$Y_i = \beta_0 + \beta_1 X_i + \beta_2 D_i + u_i \tag{3-49}$$

虚拟变量前面的系数 β_2 表示城乡差别导致的消费差异（城市居民平均比农村居民多消费的数量）。

3.5.2 虚拟变量引入模型的形式

回归模型引入虚拟变量的形式有多种，主要有只影响截距变动、只影响斜率变动和同时影响斜率和截距变动三种，下面分别进行介绍。

1. 截距变动

设回归模型为

$$Y_i = \beta_0 + \beta_1 X_i + u_i \tag{3-50}$$

若像式（3-49）所示模型，引入的虚拟变量单独影响 Y，而与其他自变量无交互影响，则虚拟变量的变动只会影响回归函数的截距变动。

例如，构建模型：

$$Y_i = \beta_0 + \beta_1 X_i + \beta_2 D_i + u_i \tag{3-51}$$

$$D = 1，状态 1$$
$$D = 0，状态 2$$

应用 OLS 估计模型，可以得到回归结果：

$$\hat{Y}_i = \begin{cases} \hat{\beta}_0 + \hat{\beta}_1 X_i + \hat{\beta}_2, & D = 1 \\ \hat{\beta}_0 + \hat{\beta}_1 X_i, & D = 0 \end{cases}$$

实际上，在两种状态下得到了两个截距不同的回归方程，如图 3-1 所示。通过对虚拟变量进行显著性检验（系数 t 检验），可判断两种状态下截距是否有显著差异。

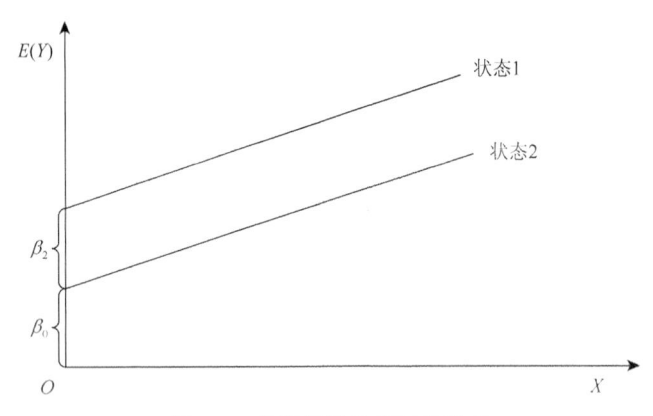

图 3-1 虚拟变量对截距的影响

例如，式（3-49）的估计结果为

$$\hat{Y}_i = -234.97 + 0.7123 X_i + 1453.6651 D_i$$
$$(t:)\quad (81.19)\quad (2.13)\quad (117.52)$$

该结果表明，城乡差异对家庭人均消费的影响在截距上存在明显差异。

2. 斜率变动

如果虚拟变量对因变量的影响是与其他自变量影响交互发生的，则虚拟变量以乘积的形式引入模型：

$$Y_i = \beta_0 + \beta_1 X_i + \beta_2 D_i X_i + u_i \tag{3-52}$$

$$D = 1，状态 1$$
$$D = 0，状态 2$$

应用 OLS 估计模型，得到回归结果：

$$\hat{Y}_i = \begin{cases} \hat{\beta}_0 + (\hat{\beta}_1 + \hat{\beta}_2) X_i, & D = 1 \\ \hat{\beta}_0 + \hat{\beta}_1 X_i, & D = 0 \end{cases}$$

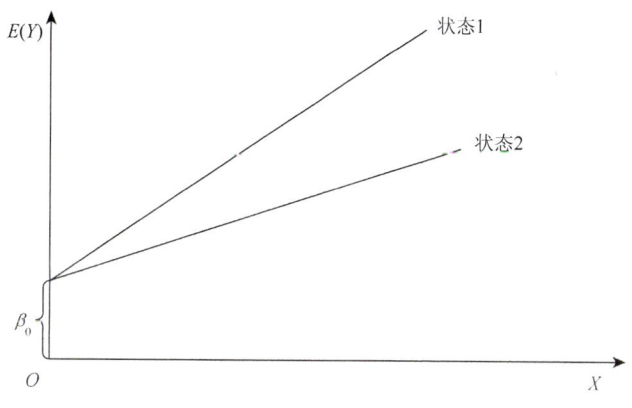

此时，虚拟变量代表的定性变量变动将影响回归函数斜率的变化（图 3-2）。

图 3-2　虚拟变量对斜率的影响

同样，通过系数显著性检验可判断不同状态下斜率是否有差异。

3. 截距和斜率都变动

假如定性因素同时对回归函数的截距和斜率产生影响，则模型可设为

$$Y_i = \beta_0 + \beta_1 X_i + \beta_2 D_i + \beta_3 D_i X_i + u_i \tag{3-53}$$

$$D=1，状态 1$$
$$D=0，状态 2$$

应用 OLS 估计模型，得到回归结果：

$$\hat{Y}_i = \begin{cases} (\hat{\beta}_0 + \hat{\beta}_2) + (\hat{\beta}_1 + \hat{\beta}_3)X_i, & D=1 \\ \hat{\beta}_0 + \hat{\beta}_1 X_i, & D=0 \end{cases}$$

虚拟变量代表的定性变量对回归函数的影响如图 3-3 所示。借助 t 检验可以判断是否选择截距和斜率都变动的模型设置是合适的。

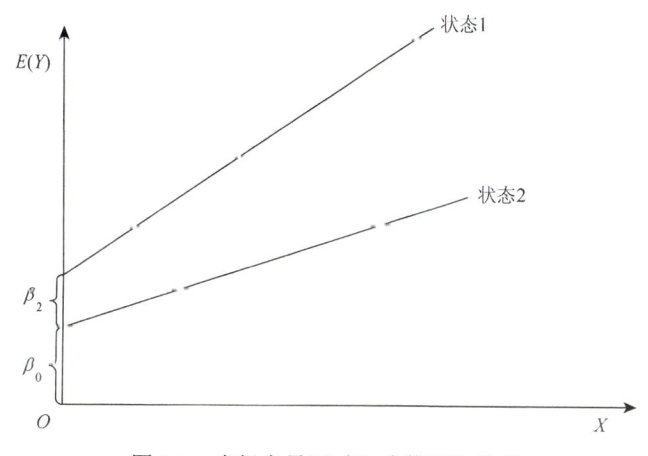

图 3-3　虚拟变量同时影响截距和斜率

上面仅是以模型中包含一个定量变量和一个虚拟变量的情形为例，对虚拟变量引入的形式进行介绍，当变量个数增加时，虚拟变量可能引入的形式将更多，此时，t 检验依然是帮助判断引入形式是否合适的重要方法。

考虑如下模型：

$$Y_i = \beta_0 + \beta_1 D_{1i} + \beta_2 D_{2i} + \beta_3 D_{1i}D_{2i} + \beta_4 X_i + u_i \tag{3-54}$$

式中，Y_i 为农副产品生产总收益；X 为农副产品投入；D_1 为油菜生产的虚拟变量；D_2 为养蜂生产的虚拟变量。这里：$D_1=1$ 表示发展油菜生产，$D_2=1$ 表示发展养蜂生产。

利用 t 检验对系数 β_1、β_2、β_3 是否为 0 进行检验，可以判断模型中虚拟变量的引入形式是否合适。

3.5.3 虚拟变量个数的确定

如前所述，一个两类别定性变量只用一个虚拟变量表示就可以。但是，实际中很多定性变量都有多个类别表现（如学历），此时，需要使用一组虚拟变量加以表示。具体原则是，若一个定性变量有 m 个相互排斥的类型，引入虚拟变量的个数按模型是否有截距项分为两种不同情形：当模型没有截距项时，引入 m 个虚拟变量；当模型设有截距项时，只能引入 $m-1$ 个虚拟变量，否则将导致模型无法估计，即所谓落入"虚拟变量陷阱"。

下面通过一个实例来看一下虚拟变量个数的选择。

某奶制品的销售量 Y_i 除了受总体消费水平 X_{1i}、价格水平 X_{2i} 影响外，还受到季节变动的影响。如果将季节变动用季度变化表示，其有四个不同的类型表现，此时若构建带有截距的回归模型，应引入三个虚拟变量。具体模型设置如下：

$$Y_i = \beta_0 + \beta_1 D_{1i} + \beta_2 D_{2i} + \beta_3 D_{3i} + \beta_4 X_{1i} + \beta_5 X_{2i} + u_i \tag{3-55}$$

式中

$D_1=1$ 表示 1 季度，$D_1=0$ 表示非 1 季度

$D_2=1$ 表示 2 季度，$D_2=0$ 表示非 2 季度

$D_3=1$ 表示 3 季度，$D_3=0$ 表示非 3 季度

也就是说，用三个虚拟变量组成一个变量组，就可以将季节变动的四个表现予以量化（表 3-1）。

表 3-1 季节虚拟变量的设置

季节变动	虚拟变量组取值		
	D_1	D_2	D_3
1 季度	1	0	0
2 季度	0	1	0
3 季度	0	0	1
4 季度	0	0	0

此时解释变量矩阵为

$$X = \begin{bmatrix} 1 & 1 & 0 & 0 & X_1 & X_2 \\ 1 & 0 & 1 & 0 & X_1 & X_2 \\ 1 & 0 & 0 & 1 & X_1 & X_2 \\ 1 & 0 & 0 & 0 & X_1 & X_2 \\ 1 & 1 & 0 & 0 & X_1 & X_2 \\ 1 & 0 & 1 & 0 & X_1 & X_2 \\ \cdots & & & & & \end{bmatrix}$$

很容易可以看出,如果引入四个虚拟变量,解释变量矩阵将不再列满秩,模型是无法估计的,但是如果剔除常数项,引入四个虚拟变量便没有问题了。因此,当模型中需要加入定性因素影响时,模型具体构建形式应仔细考虑,以满足估计要求。

3.6 案例分析

影响一个地区居民消费的因素有很多,譬如,一个地区的经济发展水平、收入水平等。本案例以城镇居民家庭平均每人全年消费性支出(元)为被解释变量,以人均地区生产总值(元)、城镇居民人均可支配收入(元)为解释变量,选取2012年我国各地区的数据,研究居民消费的影响因素(表3-2)。

表3-2 我国各地区居民消费及相关数据 单位:元

地区	城镇居民家庭平均每人全年消费性支出(y)	人均地区生产总值($x1$)	城镇居民人均可支配收入($x2$)
北京市	24 045.9	87 475	36 468.8
天津市	20 024.2	93 173	29 626.4
河北省	12 531.1	36 584	20 543.4
山西省	12 211.5	33 628	20 411.7
内蒙古自治区	17 717.1	63 886	23 150.3
辽宁省	16 593.6	56 649	23 222.7
吉林省	14 613.5	43 415	20 208
黑龙江省	12 983.6	35 711	17 759.8
上海市	26 253.5	85 373	40 188.3
江苏省	18 825.3	68 347	29 677
浙江省	21 545.2	63 374	34 550.3
安徽省	15 011.7	28 792	21 024.2
福建省	18 593.2	52 763	28 055.2
江西省	12 775.7	28 800	19 860.4
山东省	15 778.2	51 768	25 755.2
河南省	13 733	31 499	20 442.6
湖北省	14 496	38 572	20 839.6
湖南省	14 609	33 480	21 318.8
广东省	22 396.4	54 095	30 226.7
广西壮族自治区	14 244	27 952	21 242.8

续表

地区	城镇居民家庭平均每人全年消费性支出（y）	人均地区生产总值（x1）	城镇居民人均可支配收入（x2）
海南省	14 456.6	32 377	20 917.7
重庆市	16 573.1	38 914	22 968.1
四川省	15 049.5	29 608	20 307
贵州省	12 585.7	19 710	18 700.5
云南省	13 883.9	22 195	21 074.5
西藏自治区	11 184.3	22 936	18 028.3
陕西省	15 332.8	38 564	20 733.9
甘肃省	12 847.1	21 978	17 156.9
青海省	12 346.3	33 181	17 566.3
宁夏回族自治区	14 067.2	36 394	19 831.4
新疆维吾尔自治区	13 891.7	33 796	17 920.7

资料来源：国家统计局网站

利用 Stata 软件，输入命令：corr y x1 x2 得各变量间的相关系数矩阵，如图 3-4 所示。

```
. corr y x1 x2
(obs=31)

             |       y       x1       x2
         ----+---------------------------
           y |  1.0000
          x1 |  0.9614   1.0000
          x2 |  0.8734   0.8682   1.0000
```

图 3-4　相关系数矩阵

结果表明，人均地区生产总值（x1）和城镇居民人均可支配收入（x2）均与城镇居民家庭平均每人全年消费性支出（y）具有高度线性相关关系，可以建立二元线性回归模型，输入命令：reg y x1 x2 得回归结果如图 3-5 所示。

回归结果的形式为：

$$\hat{y} = 2435.049 + 0.522\ 469\ 5x1 + 0.029\ 480\ 9x2$$
$$s(\hat{\beta}_j)(887.7739)(0.063\ 683\ 9)\ (0.018\ 855\ 4)$$
$$t(\hat{\beta}_j)(2.74)\quad(8.20)\quad\quad(1.56)$$
$$R^2 = 0.9303,\quad F = 186.92$$

模型估计结果说明，在其他变量不变的情况下，人均地区生产总值（x1）每增加 1 元，城镇居民家庭平均每人全年消费性支出平均增加 0.522 469 5 元；其他变量不变的情况下，城镇居民人均可支配收入（x2）每增加 1 元，城镇居民家庭平均每人全年消费性支出平均增加

```
. reg y  x1 x2
```

Source	SS	df	MS		
Model	382452488	2	191226244		
Residual	28645370.8	28	1023048.96		
Total	411097859	30	13703262		

Number of obs = 31
F(2, 28) = 186.92
Prob > F = 0.0000
R-squared = 0.9303
Adj R-squared = 0.9253
Root MSE = 1011.5

y	Coef.	Std. Err.	t	P>|t|	[95% Conf. Interval]
x1	.5224695	.0636839	8.20	0.000	.392019 .6529201
x2	.0294809	.0188554	1.56	0.129	-.0091426 .0681045
_cons	2435.049	887.7739	2.74	0.010	616.5267 4253.572

图 3-5　回归结果

0.029 480 9 元，基本与理论分析和经验判断一致。另外多重决定系数为 0.9303，拟合程度较高。F 统计量值为 186.92，在 $\alpha=0.05$ 的显著性水平下，查表可知 $F_{0.05}(2,28)=3.34$，$F>F_{0.05}(2,28)$，拒绝原假设，总体范围内，解释变量对被解释变量的共同影响显著；单个回归系数的显著性检验，在 $\alpha=0.05$ 的显著性水平下，查表可知 $t_{0.025}(28)=2.048$，$t(\hat{\beta}_1)=8.20>t_{0.025}(28)$，拒绝原假设，说明在总体范围内，人均地区生产总值对城镇居民家庭平均每人全年消费性支出有显著影响；$t(\hat{\beta}_2)=1.56<t_{0.025}(28)$，说明在总体范围内城镇居民人均可支配收入对城镇居民家庭平均每人全年消费性支出无显著影响。理论上讲，收入与消费之间应该有较强的关系，然而 t 检验结果却表明城镇居民人均可支配收入对城镇居民家庭平均每人全年消费性支出无显著影响，出现这样的结果，一个可能的原因就是模型的一些假定前提没有得到满足，如存在多重共线性，这些问题将在后续章节具体介绍。

3.7　本章小结

本章主要介绍多元线性回归模型的基本原理。多元线性回归模型的基本形式：$Y=\beta_0+\beta_1X_1+\beta_2X_2+\cdots+\beta_kX_k+u$。多元线性回归模型的矩阵表达式为 $\boldsymbol{Y}=\boldsymbol{X\beta}+\boldsymbol{u}$。本章首先介绍了多元线性回归模型及古典假定；其次介绍了多元线性回归下的 OLS 参数估计方法，OLS 参数估计量的最佳线性无偏性质以及分布性质；再次介绍了多元线性回归模型的检验方法以及点预测、区间预测方法；最后还讨论了一种特殊的解释变量——虚拟变量在多元线性回归中的使用问题。

附录 3.1　案例分析的 Stata 实现

```
set more off
use consume.dta,clear
corr y x1 x2
reg y x1 x2
```

附录 3.2　残差平方和均值的证明

证明　$E\left(\sum e_i^2\right)=(n-k-1)\sigma^2$。

由残差向量的定义及参数最小二乘估计式，有

$$\begin{aligned}
e &= Y - \hat{Y} = Y - X\hat{\beta} \\
&= Y - X(X'X)^{-1}X'Y \\
&= [I - X(X'X)^{-1}X']Y
\end{aligned}$$

记 $P = I - X(X'X)^{-1}X'$，则

$$\begin{aligned}
e &= PY = [I - X(X'X)^{-1}X'][X\beta + u] \\
&= X\beta - X(X'X)^{-1}X'X\beta + Pu \\
&= Pu
\end{aligned}$$

容易验证 P 为对称等幂矩阵，即

$$P = P'$$
$$P^2 = PP = P$$

残差向量的方差-协方差矩阵为

$$\begin{aligned}
\text{Var-Cov}(e) &= E(ee') \\
&= E[Pu(Pu)'] \\
&= PE(uu')P' \\
&= P(\sigma^2 I)P' \\
&= \sigma^2 PP' \\
&= \sigma^2 P
\end{aligned}$$

利用矩阵迹的性质，有

$$\sum e_i^2 = e'e = \text{tr}(ee')$$

两边取期望，得

$$\begin{aligned}
E\left(\sum e_i^2\right) &= E(e'e) = E[\text{tr}(ee')] \\
&= \text{tr}[E(ee')] \\
&= \text{tr}[P\sigma^2] \\
&= \sigma^2 \text{tr}[I - X(X'X)^{-1}X'] \\
&= \sigma^2 \{\text{tr}(I) - \text{tr}[(X'X)^{-1}X'X]\} \\
&= \sigma^2[n - \text{tr}(I)] \\
&= (n - k - 1)\sigma^2
\end{aligned}$$

思考题与练习题

3.1 什么是偏回归系数？它与一元线性回归的回归系数有什么不同？
3.2 多元线性回归中的古典假定是什么？

3.3 什么是修正的决定系数？它与多重决定系数有什么关系？

3.4 多元线性回归分析中，F检验与t检验的关系是什么？

3.5 什么是虚拟变量？它在模型中有什么作用？

3.6 引入虚拟变量的两种基本方式是什么？它们各适用什么情况？

3.7 设货币需求方程式的总体模型为：$\ln(M_t/P_t) = b_0 + b_1\ln(r_t) + b_2\ln(\text{RGDP}_t) + u_t$，其中$M$为名义货币需求量，$P$为物价水平，$r$为利率，RGDP为实际国内生产总值。假定根据容量为19的样本，用最小二乘法估计出如下样本回归模型：

$$\ln(M_t/P_t) = 0.03 - 0.26\ln(r_t) + 0.54\ln(\text{RGDP}_t) + e_t$$

$(t:)$　　　　　　　(13)　　　　(3)

$R^2 = 0.9$　　DW $= 0.1$

其中，括号内的数值为系数估计的t统计值。

（1）从经济意义上考察估计模型的合理性。

（2）在5%的显著性水平上，分别检验参数的显著性。

（3）在5%的显著性水平上，检验模型的整体显著性。

➢ **本章扩展材料**

第 4 章 放松经典假设的模型估计

在前面几章，讨论了线性回归模型的最小二乘估计，并证明了它的一些优良性质，当对这些性质进行讨论时，对模型做了一些假定。但是，在实践中这些假定往往不能被满足。此时，最小二乘估计方法便失去了它的优越性。本章将介绍如何对这些假定进行检验，以及存在多重共线性、异方差性、自相关性、随机解释变量等各种经典假设被违背情况时模型的估计方法。

4.1 多重共线性

前面在讨论多元线性回归模型时，假定各解释变量之间不存在线性关系，或者说要求解释变量观测值形成的矩阵是列满秩的。而在实践中，经常会遇到解释变量间存在线性相关关系的情况，称这一情况为共线性或多重共线性（multi-collinearity）。

4.1.1 多重共线性的含义

根据解释变量间线性相关的程度，共线性可分为完全多重共线性和不完全多重共线性两种。

在有截距的模型中，截距项可视为其对应的解释变量总为 1，这样对于解释变量 $1, x_1, x_2, \cdots, x_k$，如果存在一组不全为零的常数 $\lambda_0, \lambda_1, \lambda_2, \cdots, \lambda_k$，使得

$$\lambda_0 + \lambda_1 x_1 + \lambda_2 x_2 + \cdots + \lambda_k x_k = 0 \tag{4-1}$$

则称 $1, x_1, x_2, \cdots, x_k$ 存在完全多重共线性。

在实际场合中，完全多重共线性并不常见。更多遇到的情形是不完全多重共线性。

所谓不完全多重共线性，是指对于解释变量 $1, x_1, x_2, \cdots, x_k$，存在不全为零的常数 $\lambda_0, \lambda_1, \lambda_2, \cdots, \lambda_k$，使得

$$\lambda_0 + \lambda_1 x_1 + \lambda_2 x_2 + \cdots + \lambda_k x_k + v_i = 0 \tag{4-2}$$

式中，v_i 为随机变量，该变量的存在说明解释变量间只存在近似的线性关系。

4.1.2 多重共线性对普通最小二乘估计的影响

完全多重共线性和不完全多重共线性的存在都会对模型估计产生重要的影响。

当线性回归模型解释变量间存在完全多重共线性时，最小二乘估计量不存在。因为此时解释变量矩阵 X 并非列满秩，$|X'X|=0$，$(X'X)^{-1}$ 不存在，也就无法计算 $\hat{\beta}=(X'X)^{-1}X'Y$。

当解释变量间存在不完全多重共线性时，虽然 OLS 估计量可以计算出来，但是参数估计的方差会非常大。

例如，$Y_i = \beta_0 + \beta_1 X_{1i} + \beta_2 X_{2i} + u_i$，可以证明：

$$\text{Var}(\hat{\beta}_1) = \frac{\sigma^2}{(1-r_{12}^2)\sum(X_{1t}-\bar{X}_{1t})}$$

式中，r_{12}为X_1和X_2的相关系数。不难看出，当r_{12}接近1时，$\text{Var}(\hat{\beta}_1)$将非常高。在进行显著性检验时，很多变量系数估计量的t检验值变得很小，某些重要的解释变量可能被舍弃。

4.1.3 多重共线性的检验

1. 根据回归结果直接判断

实践中，如果估计结果存在以下问题，则应该考虑有多重共线性的存在。
（1）系数估计值符号与理论分析不一致。
（2）某些重要解释变量的t值很低，而决定系数R^2很高。
（3）当一个不显著解释变量被删除后，回归结果显著变化。

2. VIF 检验

VIF 是方差膨胀因子（variance inflation factor）的缩写，用来测定一个解释变量被其他解释变量所解释的程度，每一个解释变量都有相应的 VIF 值。以多元线性回归模型 $Y_i = \beta_0 + \beta_1 X_{1i} + \beta_2 X_{2i} + \cdots + \beta_k X_{ki} + u_i$ 为例，计算第i个解释变量的 VIF 值的步骤如下。

（1）建立X_i对其他$(k-1)$个解释变量的辅助回归模型：

$$X_i = \alpha_0 + \alpha_1 X_1 + \cdots + \alpha_{i-1} X_{i-1} + \alpha_{i+1} X_{i+1} + \cdots + \alpha_k X_k + u_i \tag{4-3}$$

得到决定系数R_i^2。

（2）计算 VIF：

$$\text{VIF}_i = \frac{1}{1 - R_i^2} \tag{4-4}$$

VIF 越高，多重共线性影响越严重。一般认为 VIF>10 时，模型存在严重的多重共线性。

3. 条件数检验

现在常用的一种度量多重共线性严重性的指标是矩阵$X'X$的条件数，即计算$X'X$矩阵的最大和最小特征根之比κ：

$$\kappa = \frac{\lambda_{\max}(X'X)}{\lambda_{\min}(X'X)} \tag{4-5}$$

$\lambda_{\max}(X'X)$和$\lambda_{\min}(X'X)$分别是矩阵$X'X$的最大、最小特征根。直观上，条件数κ越大，矩阵$X'X$的特征根差异越大，多重共线性程度越大。实践中，当$\kappa<100$时，一般认为多重共线性的程度很小；当$100<\kappa<1000$时，认为存在中等程度或较强的多重共线性；当$\kappa>1000$时，认为存在严重的多重共线性。

4.1.4 多重共线性下模型的估计方法

1. 变换模型的形式

对原设定的模型进行适当的变换，可以消除或削弱原模型解释变量之间的相关关系。

具体有三种方式：一是变换模型的函数形式，如将线性模型转换成对数模型、半对数模型和多项式模型；二是变换模型的变量形式，如引入差分变量、相对数变量等；三是改变变量的统计指标，如将生产过程中的资金投入量取成固定资金、流动资金或两者之和，劳动投入量取成职工人数或工资总额，经济增长率指标取成 GDP、GNP、国民收入增长率等。

2. 逐步回归

逐步回归的基本思想是，按解释变量对 y 的影响程度大小，从大到小依次逐个将变量引入回归方程，并随时对回归方程当时所含的全部变量进行检验，将不显著变量剔除。经过若干步骤的选入变量和剔除变量后，直到没有可引入和删除的变量为止，从而保证模型引入的所有解释变量都是显著的。

1）变量的引入方法

假定在某一步，已入选的自变量为 $x_1, x_2, \cdots, x_r$，此时回归模型为

$$y = \beta_0 + \beta_1 x_1 + \cdots + \beta_r x_r + \varepsilon \tag{4-6}$$

将式（4-6）进行最小二乘估计的回归平方和记作 ESS_1。

假定待考察的备选变量有 $x_{r+1}, x_{r+2}, \cdots, x_{r+s}$，逐个考虑添加 $x_{r+1}, x_{r+2}, \cdots, x_{r+s}$ 到式（4-6）中。例如，考察引入 x_{r+1} 后的回归模型为

$$y = \beta_0 + \beta_1 x_1 + \cdots + \beta_r x_r + b_{r+1} x_{r+1} + \varepsilon \tag{4-7}$$

将式（4-7）进行最小二乘估计的回归平方和记作 ESS_2，则 $u_{r+1} = \text{ESS}_2 - \text{ESS}_1$ 刻画了 x_{r+1} 对 y 的解释贡献程度，称 u_{r+1} 为偏回归平方和，u_{r+1} 越大，x_{r+1} 越重要。

要确定 x_{r+1} 是否入选，需要检验

$$H_0 : b_{r+1} = 0$$

检验统计量为

$$F = \frac{u_{r+1}/1}{Q/(n-r-2)}$$

其中，Q 为式（4-7）估计所得的残差平方和，F 统计量服从自由度为 $(1, n-r-2)$ 的 F 分布。

利用上述回归系数的 F 检验可构建如下变量的引入原则。

依次将 $x_{r+1}, x_{r+2}, \cdots, x_{r+s}$ 分别引入模型，并对引入新变量后的 s 个模型做 F 检验，相应的 F 统计量记作 $F_{r+1}, F_{r+2}, \cdots, F_{r+s}$，记其中最大者为 $\max(F_{r+1}, F_{r+2}, \cdots, F_{r+s})$，如果

$$\max(F_{r+1}, F_{r+2}, \cdots, F_{r+s}) \leqslant F_\alpha(1, n-r-2)$$

则所有备选变量都不显著，没有变量可引入模型，选择变量过程结束；反之，则将 $\max(F_{r+1}, F_{r+2}, \cdots, F_{r+s})$ 对应的变量选入模型。

2）变量的删除方法

在逐步回归中，每次选定一个新变量引入模型后，其他已入选变量的显著性可能发生变化。因此，在引入新的变量后，还要对已入选的所有变量进行检验，将不显著的变量予以删除。删除变量的方法依然以回归系数的 F 检验为基础。

假设已入选变量有 $k+1$ 个，分别为 $x_1, x_2, \cdots, x_{k+1}$，并分别计算每个变量的偏回归平方和 $u_j(j=1,2,\cdots,k+1)$，然后计算删除每个变量后模型的 F 检验统计量，分别记作 $F_1, F_2, \cdots, F_{k+1}$。如果

$$\min(F_1, F_2, \cdots, F_{k+1}) > F_\alpha(1, n-k-2)$$

则说明所有变量均显著，不需要进行删除处理；反之，则删除 $\min(F_1, F_2, \cdots, F_{k+1})$ 对应的变量。然后，再用上述方法对剩余的 k 个变量进行考察，直到没有需要删除的变量为止。

3）逐步回归的步骤

假定有 p 个备选解释变量对 y 做逐步回归，基本步骤如下。

第一步，分别将 p 个解释变量 $x_1, x_2, \cdots, x_p$ 对 y 做一元回归，对每个方程回归系数的显著性做 F 检验，并依据前述变量引入方法选择第一个引入变量，不妨设 x_1 就是最佳选择。

第二步，在 x_1 选入条件下，分别对剩余变量集 $x_2, x_3, \cdots, x_p$ 中每个变量进行考察，并依据备选变量回归系数的 F 检验结果判断是否存在可引入变量，如果不存在，则变量选择程序停止；反之，则引入第二个解释变量，不妨设其为 x_2。

第三步，基于前述变量删除方法，对 x_1 和 x_2 进行考察，并判断是否需要进行删除处理。

第四步，依据变量引入方法，对剩余备选变量进行考察，判断是否引入新变量或终止程序。如存在新的引入变量，则在其引入后对所有已入选变量做删除判断，然后重新考虑新的变量引入。如此反复，直到没有变量可引入和删除为止，变量选择程序结束。

第五步，对逐步回归形成的变量选择结果进行整理，最终给出模型估计。

3. 岭回归*

1）岭回归的含义

岭回归（ridge regression）是由 Hoerl 提出的一种专门用于共线性数据分析的有偏估计回归方法。岭回归通过放弃最小二乘法的无偏性，以损失部分信息、降低精度为代价使得回归系数更符合实际、更可靠，实质上是一种改良的最小二乘估计法。

多重共线性对模型的影响主要源于 $|X'X| \approx 0$。岭回归的基本思想是，在矩阵 $X'X$ 上加上一个正常数对角矩阵 kI，这样 $|X'X+kI| \approx 0$ 的可能性比 $|X'X| \approx 0$ 的可能性更小，使用 $X'X+kI$ 代替 $X'X$ 来估计参数，这样可以得到 β 的岭回归估计为

$$\hat{\boldsymbol{\beta}}^r = (X'X+kI)^{-1}X'Y \tag{4-8}$$

式中，$\hat{\boldsymbol{\beta}}^r$ 称为岭回归估计量；k 为岭回归参数。

2）岭回归估计的性质

性质1：$\hat{\boldsymbol{\beta}}^r$ 是回归参数 β 的有偏估计。

$$\begin{aligned} E(\hat{\boldsymbol{\beta}}^r) &= E[(X'X+kI)^{-1}X'Y] \\ &= (X'X+kI)^{-1}X'E(Y) \\ &= (X'X+kI)^{-1}X'X\beta \end{aligned} \tag{4-9}$$

显然，只有当 $k=0$ 时，才有 $E(\hat{\beta}^r)=\beta$，当 $k\neq 0$ 时，$\hat{\beta}^r$ 是 β 的有偏估计。

性质 2：在岭参数 k 与 Y 无关的情况下，$\hat{\beta}^r$ 是 OLS 估计 $\hat{\beta}^{\text{OLS}}$ 的一个线性变换。

$$\begin{aligned}\hat{\beta}^r &= (X'X+kI)^{-1}X'Y = (X'X+kI)^{-1}X'X(X'X)^{-1}X'Y \\ &= (X'X+kI)^{-1}X'X\hat{\beta}^{\text{OLS}}\end{aligned} \quad (4\text{-}10)$$

性质 3：可以证明岭估计量 $\hat{\beta}^r$ 的方差比 OLS 估计 $\hat{\beta}^{\text{OLS}}$ 的方差要小。

岭回归估计的方差和偏倚与岭回归参数 k 有关，岭回归参数 k 的值越大，$\hat{\beta}^r$ 的偏倚越大，其方差就越小。要得到方差较小的估计结果，就不得不牺牲无偏性。

3）岭参数 k 的选择

实际应用中要兼顾方差和偏倚最小，选择最优的 k 值。只有选择合适的 k 值，岭回归才优于 OLS 估计。下面介绍几种常用的 k 值确定方法。

A. 岭迹法

当岭参数 k 在 $(0,\infty)$ 内变化时，$\hat{\beta}^r$ 是 k 的函数，在平角坐标系中将 $\hat{\beta}^r$ 随 k 的变化描绘下来，画出的曲线称作岭迹。利用岭迹图可以选择 k，主要兼顾四个原则：一是各回归系数的岭估计基本稳定；二是用最小二乘估计时符号不合理的回归系数，其岭估计的符号变得合理；三是回归系数没有不合理的符号；四是残差平方和增大不太多。

B. VIF 法

VIF 度量了多重共线关系的严重程度，一般认为 VIF>10 时，模型存在严重的多重共线性。因而，应用 VIF 选择 k 的经验做法是：选择 k 使所有的 VIF 都不大于 10，所对应的 k 值的岭估计就会相对稳定。

C. 残差平方和法

岭估计在减小均方误差的同时会增大残差平方和，我们希望岭回归的残差平方和 $\text{SSE}(k)$ 增加幅度控制在一定限度内，从而可以给定一个大于 1 的 c 值，要求 $\text{SSE}(k)$ 不大于 OLS 估计残差平方和的 c 倍，即

$$\text{SSE}(k) < c\text{SSE}_{\text{OLS}}$$

寻找使上式成立的最大的 k 值。

综合来看，目前还没有形成一个公认的 k 值选择方法，实际应用中，可考虑使用逐步搜索的方法，从一个较小的 k 值开始，逐渐增加 k 的取值，然后综合考虑岭估计量 $\hat{\beta}^r$ 和残差平方和的变化进行判定。

4. 主成分回归

主成分回归（principal component regression，PCR）是一种解决解释变量间多重共线性问题的多元统计分析方法。其基本思想是通过线性变换，将原来的多个相关的指标组合成相互独立的少数几个能充分反映总体信息的指标，从而在不丢掉重要信息的前提下避开变量间共线性问题。

设多元线性模型为：$Y = \beta_0 + \beta_1 X_1 + \beta_2 X_2 + \cdots + \beta_k X_k + u$。

对原始数据标准化处理,并对标准化后的解释变量 $\tilde{X}_1, \tilde{X}_2, \cdots, \tilde{X}_k$ 进行主成分分析,得到 k 个主成分 $Z_1, Z_2, \cdots, Z_k$,满足:

$$\begin{cases} Z_1 = a_{11}\tilde{X}_1 + a_{12}\tilde{X}_2 + \cdots + a_{1k}\tilde{X}_k \\ Z_2 = a_{21}\tilde{X}_1 + a_{22}\tilde{X}_2 + \cdots + a_{2k}\tilde{X}_k \\ \quad\quad\quad\quad\quad\quad \vdots \\ Z_k = a_{k1}\tilde{X}_1 + a_{k2}\tilde{X}_2 + \cdots + a_{kk}\tilde{X}_k \end{cases} \quad (4\text{-}11)$$

且 Z_i 与 Z_j($i=1,\cdots,k; j=1,\cdots,k; i\neq j$)相互独立。

这样的主成分共有 k 个,一般从中选取部分主成分进行回归分析,假设选取解释能力最大的 m 个主成分,将标准化后的被解释变量对这 m 个主成分进行回归:

$$\tilde{Y} = \lambda_1 Z_1 + \lambda_2 Z_2 + \cdots + \lambda_m Z_m + \upsilon \quad (4\text{-}12)$$

得到回归方程:

$$\hat{\tilde{Y}} = \hat{\lambda}_1 Z_1 + \hat{\lambda}_2 Z_2 + \cdots + \hat{\lambda}_m Z_m \quad (4\text{-}13)$$

然后再将所得系数 $\hat{\lambda}_i$ 还原成原模型中的参数估计值 $\hat{\beta}_i$:

$$\begin{aligned}\hat{\tilde{Y}} &= \hat{\lambda}_1 Z_1 + \hat{\lambda}_2 Z_2 + \cdots + \hat{\lambda}_m Z_m \\ &= \hat{\lambda}_1(a_{11}\tilde{X}_1 + a_{12}\tilde{X}_2 + \cdots + a_{1k}\tilde{X}_k) + \cdots + \hat{\lambda}_m(a_{m1}\tilde{X}_1 + a_{m2}\tilde{X}_2 + \cdots + a_{mk}\tilde{X}_k) \\ &= (\hat{\lambda}_1 a_{11} + \cdots + \hat{\lambda}_m a_{m1})\tilde{X}_1 + \cdots + (\hat{\lambda}_1 a_{1k} + \cdots + \hat{\lambda}_m a_{mk})\tilde{X}_k \end{aligned}$$

得到标准化回归方程:

$$\hat{\tilde{Y}} = \hat{\tilde{\beta}}_1 X_1 + \hat{\tilde{\beta}}_2 X_2 + \cdots + \hat{\tilde{\beta}}_k X_k \quad (4\text{-}14)$$

式中,$\hat{\tilde{\beta}}_i = (\hat{\lambda}_1 a_{1i} + \cdots + \hat{\lambda}_m a_{mi})(i=1,\cdots,k)$。

最后,进行逆标准化处理,得到原变量的回归系数估计值:

$$\hat{\beta}_0 = \bar{Y} - \sum_{j=1}^{k} \hat{\tilde{\beta}}_j \frac{S(Y)}{S(X_j)} \bar{X}_j \quad (4\text{-}15)$$

$$\hat{\beta}_j = \hat{\tilde{\beta}}_j \frac{S(Y)}{S(X_j)}, \quad j=1,2,\cdots,k \quad (4\text{-}16)$$

式中,$S(Y), S(X_j)$ 为相应变量的标准差。

4.2 异方差性

4.2.1 异方差性的含义

经典线性回归模型的一个重要假定是,以给定解释变量值为条件,每一随机扰动项 u_i 的方差是一个常数,即 $\text{Var}(u_i) = \sigma^2$,这就是同方差假定。但是,如果模型中随机误差项方差并非常数，即 $\mathrm{Var}(u_i) = \sigma_i^2 \neq$ 常数（$i=1,2,\cdots,n$），则称 u_i 具有异方差性（heteroscedasticity）。图 4-1 和图 4-2 分别为双变量模型中同方差性和异方差性示意图。在图 4-1 中，给定不同的收入水平下，储蓄的变动方差是相同的；而在图 4-2 中，随着收入的提升，储蓄的变动方差逐渐增大，呈现异方差性。

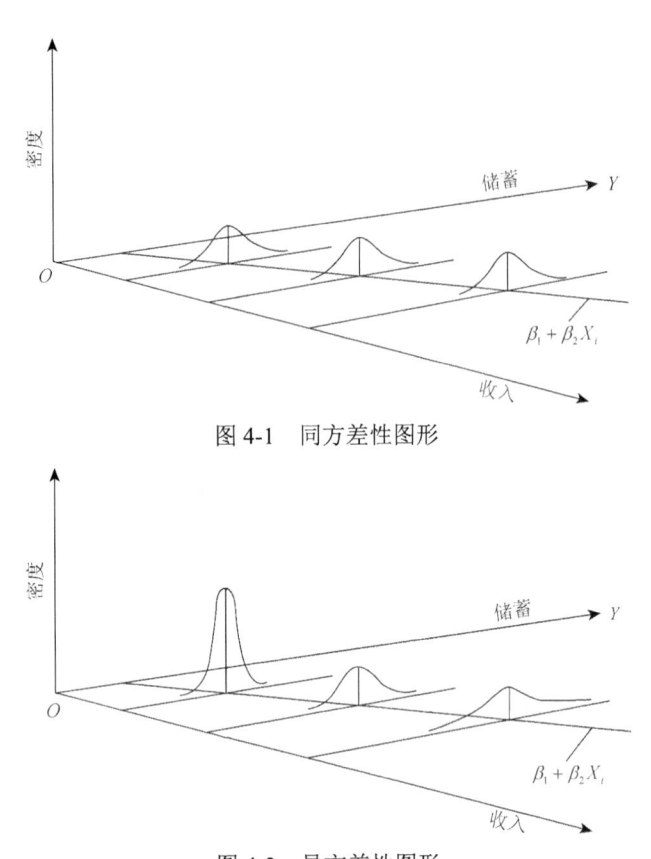

图 4-1 同方差性图形

图 4-2 异方差性图形

4.2.2 异方差性对普通最小二乘估计的影响

1. 参数的 OLS 估计量仍然具有无偏性

以一元线性回归模型 $Y_i = \beta_0 + \beta_1 X + u_i$ 为例。回忆经典线性回归假设下，参数的 OLS 估计量的无偏性仅依赖于非随机解释变量假设和零均值假设，异方差性的存在并不会影响到参数 OLS 估计量的无偏性。

2. 参数的 OLS 估计量不再具有有效性

仍以一元线性回归模型 $Y_i = \beta_0 + \beta_1 X_i + u_i$ 为例。其斜率参数 OLS 估计量为

$$\hat{\beta}_1 = \beta_1 + \frac{\sum(X_i - \bar{X}_i)u_i}{\sum(X_i - \bar{X}_i)^2} \tag{4-17}$$

$\hat{\beta}_1$ 的方差在 $\mathrm{Var}(u_i) = \sigma^2$ 的情况下为

$$\text{Var}(\hat{\beta}_1) = \frac{\sum(X_i - \bar{X}_i)^2 \text{Var}(u_i)}{\left[\sum(X_i - \bar{X}_i)^2\right]^2} = \frac{\sum(X_i - \bar{X}_i)^2 \sigma^2}{\left[\sum(X_i - \bar{X}_i)^2\right]^2} = \frac{\sigma^2 \sum(X_i - \bar{X}_i)^2}{\left[\sum(X_i - \bar{X}_i)^2\right]^2} = \frac{\sigma^2}{\sum(X_i - \bar{X}_i)^2} \quad (4\text{-}18)$$

参数的 OLS 估计有效性依赖的前提条件之一就是同方差假设。如果该条件不能被满足，即在 $\text{Var}(u_i) = \sigma_i^2$ 的情况下应为

$$\text{Var}(\hat{\beta}_1^*) = \frac{\sum(X_i - \bar{X}_i)^2 \text{Var}(u_i)}{\left[\sum(X_i - \bar{X}_i)^2\right]^2} = \frac{\sum(X_i - \bar{X}_i)^2 \sigma_i^2}{\left[\sum(X_i - \bar{X}_i)^2\right]^2} \quad (4\text{-}19)$$

若 $\text{Var}(u_i) = \sigma_i^2 = \sigma^2 f(X_i)$，则有

$$\text{Var}(\hat{\beta}_1^*) = \frac{\sigma^2 \sum(X_i - \bar{X}_i)^2 f(X_i)}{\left[\sum(X_i - \bar{X}_i)^2\right]^2} = \text{Var}(\hat{\beta}_1) \times \frac{\sum(X_i - \bar{X}_i)^2 f(X_i)}{\sum(X_i - \bar{X}_i)^2} \quad (4\text{-}20)$$

这说明出现异方差性时，参数 OLS 估计量的方差将比同方差时扩大或缩小。在大多数经济问题中，有 $\dfrac{\sum(X_i - \bar{X}_i)^2 f(X_i)}{\sum(X_i - \bar{X}_i)^2} > 1$，异方差性的存在使得 OLS 估计量不再具有最小的方差。也就是说，在异方差性存在时，OLS 估计得到的估计量不再具有方差最小性优势。

3. 当回归模型存在异方差性时，参数显著性检验将会失效

以一元线性回归为例，在存在异方差性情形下，$\text{Var}(\hat{\beta}_1) = \dfrac{\sigma^2}{\sum(X_i - \bar{X}_i)^2}$ 不再是对参数估计量 $\hat{\beta}_1$ 方差的正确估计，据此计算得到的 t 统计量不再服从 t 分布，F 统计量也不再服从 F 分布。因此，一般情况下，存在异方差性将使通常使用的显著性检验方法失去效力。

4.2.3 异方差性的检验

上述分析表明，异方差性将直接影响回归模型的估计、检验和预测。因此，在建立计量经济模型过程中，必须考虑模型中是否存在异方差性。因为不能具体取得随机误差项 u_i 的观测值，所以对异方差性的检测大多基于对所能观测到的 OLS 估计残差 e_i 的分析。检测异方差性的方法很多，本书只介绍其中较为常用的几种。

1. 图示检验法

图 4-2 的异方差性图形显示，当存在异方差性时，随机误差项 u_i 的分散程度随解释变量将呈现出系统性波动。因而，可以使用 OLS 估计的残差平方 e_i^2 对解释变量作散点图进行观察，若呈现系统波动，则模型很可能存在异方差性。使用 OLS 残差平方的原因是：由于随机误差 u_i 不能直接观测，大多数检验异方差性的方法都是使用 OLS 估计得到的残差 e_i 作为 u_i 的替代进行分析。即使当存在异方差性时，残差 e_i 也是随机误差项 u_i 的无偏估计量，相应地，e_i^2 就是随机扰动项的方差 $\sigma_i^2 = E(u_i^2 | X_i)$ 的一个合理估计值。因此，e_i^2 取值范围的扩大和缩小可作为异方差性可能存在的一种反映信号。

图 4-3 描绘了残差的平方 e_i^2 对变量 X 作散点图可能的各种形式。其中，图 4-3（a）显示 e_i^2 与变量之间没有可观察到的系统模式，表明模型不存在异方差性；图 4-3（b）显示 e_i^2

与变量 X 之间存在线性关系；图 4-3（c）和（d）显示 e_i^2 与变量 X 之间存在复杂的关系。若 e_i^2 与 X 之间出现图 4-3（b）～（d）中任意一种关系，则表明模型存在异方差性。

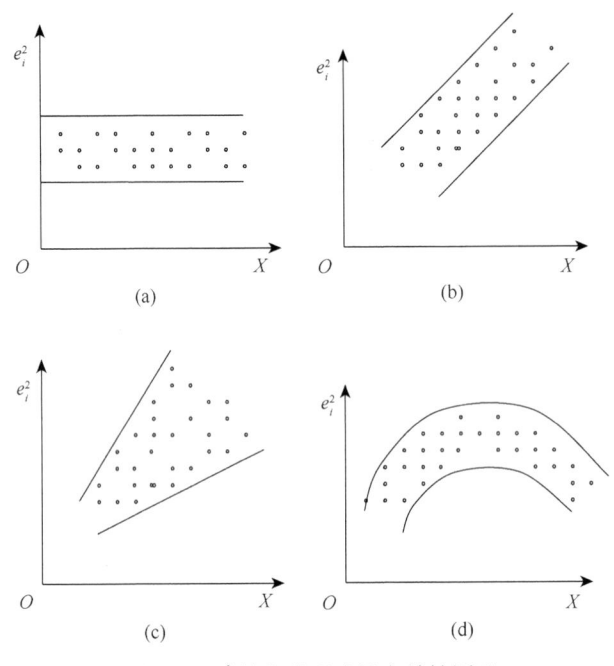

图 4-3　e^2 的各种形式异方差性图形

2. 帕克检验*

帕克（Park）通过指出 σ_i^2 是解释变量 X 的某个函数，从而把图示法的思想公式化。他所建议的函数形式是

$$\sigma_i^2 = \sigma^2 X_i^\beta e^{\upsilon_i} \tag{4-21}$$

或者

$$\ln \sigma_i^2 = \ln \sigma^2 + \beta \ln X_i + \upsilon_i \tag{4-22}$$

式中，σ_i^2 通常是未知的，一般用 e_i^2 代替。对式（4-17）或式（4-18）作回归，利用回归结果检验 β 是否为 0，若 β 显著不为 0，则存在异方差性。

3. 戈里瑟检验*

戈里瑟（Glejser）检验思想类似于帕克检验，他建议用 OLS 残差的绝对值 $|e_i|$ 对 X 作回归，根据回归模型的显著性和拟合优度来判断是否存在异方差性。由于不知道真实函数形式，他提出可用多种函数形式去试验，从中选择最佳的形式，戈里瑟提出的可选函数形式主要有

$$|e_i| = \beta_0 + \beta_1 X_i + \upsilon_i \tag{4-23}$$

$$|e_i| = \beta_0 + \beta_1 X_i^2 + \upsilon_i \tag{4-24}$$

$$|e_i| = \beta_0 + \beta_1 \sqrt{X_i} + \upsilon_i \tag{4-25}$$

$$|e_i| = \beta_0 + \beta_1 \frac{1}{X_i} + \upsilon_i \qquad (4\text{-}26)$$

$$|e_i| = \beta_0 + \beta_1 \frac{1}{\sqrt{X_i}} + \upsilon_i \qquad (4\text{-}27)$$

利用样本数据分别建立上述各式的回归方程,选择 R^2 最大的函数形式进行分析,若回归结果显示斜率参数显著不为 0,则认为存在异方差性。

4. 戈德菲尔德-匡特检验*

戈德菲尔德-匡特(Goldfeld and Quandt,G-Q)检验适用于检验递增性或递减性异方差 [图4-3(b)和(c)]。其检验思想是将样本分成容量相等的两部分,然后分别对样本Ⅰ和样本Ⅱ进行回归,通过比较两个回归的残差平方和来判定是否存在异方差性。若模型是同方差的,则两个样本的残差平方和应大致相等;若存在异方差性,则两个残差平方和会有很大差别。

检验步骤如下。

(1) 按 X 值从小到大对观测值排序。

(2) 略去中间的 c 个观测值(约占样本个数 n 的 1/4),并将剩余的观测值($n-c$)平分为样本Ⅰ和样本Ⅱ,每个样本均包含 $\frac{n-c}{2}$ 个观测值。

(3) 对两个样本分别作回归,得到样本Ⅰ的残差平方和 RSS_1 和样本Ⅱ的残差平方和 RSS_2。$\text{RSS}_1 \sim \chi^2\left(\frac{n-c}{2} - k - 1\right)$,$\text{RSS}_2 \sim \chi^2\left(\frac{n-c}{2} - k - 1\right)$,$k$ 为解释变量个数。

(4) 通过假设检验,判断是否存在异方差性。

H_0:两个样本残差无显著性差异(同方差)。

H_1:两个样本残差存在显著性差异(异方差)。

构造第一自由度为 $\frac{n-c}{2} - k - 1$,第二自由度为 $\frac{n-c}{2} - k - 1$ 的 F 统计量

$$F_0 = \frac{\dfrac{\text{RSS}_1}{\dfrac{n-c}{2} - k - 1}}{\dfrac{\text{RSS}_2}{\dfrac{n-c}{2} - k - 1}} = \frac{\text{RSS}_2}{\text{RSS}_1} \qquad (4\text{-}28)$$

若 F_0 大于临界值 F_c,则拒绝原假设,表明存在异方差性。

5. 怀特检验

该检验由怀特(White)首次提出。怀特检验是一种更一般的异方差性检验方法,它不需要对异方差的性质作任何假设,是目前普遍应用的方法。以一个包含两个(可推广到两个以上)解释变量的多元线性回归模型为例,说明怀特检验的步骤。

(1) 首先对待检验模型作最小二乘估计得到残差项 e^2。

(2) 构造辅助回归模型,并进行 OLS 估计。建立残差平方项对解释变量、解释变量平方项以及交叉项的线性回归模型:

$$e^2 = \alpha_0 + \alpha_1 X_1 + \alpha_2 X_2 + \alpha_3 X_1^2 + \alpha_4 X_2^2 + \alpha_5 X_1 X_2 + \varepsilon \tag{4-29}$$

检验原模型是否存在异方差性就相当于检验辅助回归模型是否显著。

（3）对辅助回归模型显著性进行假设检验。

原假设：$H_0: \alpha_1 = \alpha_2 = \alpha_3 = \alpha_4 = \alpha_5 = 0$

备择假设：H_0 不成立

检验统计量：$nR^2 \sim \chi^2(k)$

式中，R^2 为辅助回归模型（4-29）估计得到的决定系数，k 为辅助回归方程中解释变量的个数，此处为 5。

（4）根据检验结果进行判断。若检验所得 p 值小于显著性水平（如 0.05），则认为原模型中存在异方差性。

4.2.4 异方差性下模型的估计方法

1. 模型变换法

当异方差的具体形式可知时，将模型适度变换则有可能消除或减轻异方差性的影响。以一元线性回归模型为例。

若模型

$$Y_i = \beta_0 + \beta_1 X_i + u_i \tag{4-30}$$

经检验存在异方差性，且已知 $\mathrm{Var}(u_i) = \sigma_i^2 = \sigma^2 f(X_i)$，其中 σ^2 为常数，$f(X_i)$ 为 X_i 的某种函数，且 $f(X_i) > 0$，则将模型两端同时除以 $\sqrt{f(X_i)}$，得

$$\frac{Y_i}{\sqrt{f(X_i)}} = \frac{\beta_0}{\sqrt{f(X_i)}} + \beta_1 \frac{X_i}{\sqrt{f(X_i)}} + \frac{u_i}{\sqrt{f(X_i)}} \tag{4-31}$$

令 $Y_i^* = \frac{Y_i}{\sqrt{f(X_i)}}$，$X_{0i}^* = \frac{1}{\sqrt{f(X_i)}}$，$X_{1i}^* = \frac{X_i}{\sqrt{f(X_i)}}$，$u_i^* = \frac{u_i}{\sqrt{f(X_i)}}$，则模型变换为

$$Y_i^* = \beta_0 X_{0i}^* + \beta_1 X_{1i}^* + u_i^* \tag{4-32}$$

新模型随机误差项为 u_i^*，其方差为 $\mathrm{Var}(u_i^*) = \mathrm{Var}\left(\frac{u_i}{\sqrt{f(X_i)}}\right) = \frac{\mathrm{Var}(u_i)}{f(X_i)} = \sigma^2$，不再具有异方差性，则通过 OLS 对新模型进行回归，可得参数的 BLUE 估计量 $\hat{\beta}_0, \hat{\beta}_1$，即得到了原模型的参数估计量。

模型变换法的实施需要事先掌握异方差的相应信息，即 $f(X_i)$ 的函数形式，可以借助图示法或戈里瑟检验得到具体的函数形式，常见的 $f(X_i)$ 形式及变换方法有以下几种。

（1）设 $f(X_i) = X_i$，即 $\mathrm{Var}(u_i) = \sigma^2 X_i$，对原模型变换时两端同时除以 $\sqrt{X_i}$，得

$$\frac{Y_i}{\sqrt{X_i}} = \frac{\beta_0}{\sqrt{X_i}} + \beta_1 \frac{X_i}{\sqrt{X_i}} + \frac{u_i}{\sqrt{X_i}} \tag{4-33}$$

令 $u_i^* = \frac{u_i}{\sqrt{X_i}}$，则 $\mathrm{Var}(u_i^*)$ 为同方差。

（2）设 $f(X_i) = X_i^2$，即 $\mathrm{Var}(u_i) = \sigma^2 X_i^2$，对原模型变换时两端同时除以 X_i，得

$$\frac{Y_i}{X_i} = \frac{\beta_0}{X_i} + \beta_1 \frac{X_i}{X_i} + \frac{u_i}{X_i} \qquad (4\text{-}34)$$

令 $u_i^* = \dfrac{u_i}{X_i}$，则 $\text{Var}(u_i^*)$ 为同方差。

（3）设 $f(X_i) = (a_0 + a_1 X_i)^2$，即 $\text{Var}(u_i) = \sigma^2 (a_0 + a_1 X_i)^2$，对原模型变换时两端同时除以 $a_0 + a_1 X_i$，得

$$\frac{Y_i}{a_0 + a_1 X_i} = \frac{\beta_0}{a_0 + a_1 X_i} + \beta_1 \frac{X_i}{a_0 + a_1 X_i} + \frac{u_i}{a_0 + a_1 X_i} \qquad (4\text{-}35)$$

令 $u_i^* = \dfrac{u_i}{a_0 + a_1 X_i}$，则 $\text{Var}(u_i^*)$ 为同方差。

2. 加权最小二乘法

为了阐明加权最小二乘（weighted least square，WLS）法的基本思想，仍以一元线性回归模型（4-30）为例进行说明，模型：

$$Y_i = \beta_0 + \beta_1 X_i + u_i$$

若按照 OLS 法的基本原则，回归直线的确定是使残差平方和 $\sum e_i^2$ 为最小，该原则在确定回归直线时，对所有观测点都同等看待，直接加总各观测点到直线的残差平方，并当其最小时得到最佳解。但若是模型存在异方差性，各观测值在回归直线确定中所起的作用就不再对等。方差 σ_i^2 越小，样本值偏离均值的程度越小，观测值在回归直线拟合中越应受到重视；相反，方差 σ_i^2 越大，样本值偏离均值的程度越大，观测值在回归直线拟合中所起的作用就越小。因此，拟合回归线时对于不同观测点 Y_i 的残差水平应赋予不同权重 w_i，该权重值大小与方差 σ_i^2 的大小成反比，通常取 $w_i = 1/\sigma_i^2$，利用权重与残差平方相乘后再求和，得到加权残差平方和 $\sum w_i e_i^2$，根据最小二乘原理，加权残差平方和最小时得到最佳解，故此法称作加权最小二乘法。

为了与参数 OLS 估计量相区别，记一元线性回归模型参数的 WLS 估计量分别为 $\hat{\beta}_0^*$ 和 $\hat{\beta}_1^*$，则其求解过程可表述如下：

令

$$S = \sum w_i (Y_i - \hat{\beta}_0^* - \hat{\beta}_1^* X_i)^2 \qquad (4\text{-}36)$$

得到两个一阶偏导方程：

$$\frac{\partial S}{\partial \hat{\beta}_0^*} = -2 \sum w_i (Y_i - \hat{\beta}_0^* - \hat{\beta}_1^* X_i) = 0 \qquad (4\text{-}37)$$

$$\frac{\partial S}{\partial \hat{\beta}_1^*} = -2 X_i \sum w_i (Y_i - \hat{\beta}_0^* - \hat{\beta}_1^* X_i) = 0 \qquad (4\text{-}38)$$

联立求解得到

$$\hat{\beta}_0^* = \overline{Y}^* - \hat{\beta}_1^* \overline{X} \qquad (4\text{-}39)$$

$$\hat{\beta}_1^* = \frac{\sum w_i (X_i - \overline{X}^*)(Y_i - \overline{Y}^*)}{\sum w_i (X_i - \overline{X}^*)^2} \qquad (4\text{-}40)$$

式中，$\bar{Y}^* = \dfrac{\sum w_i Y_i}{\sum w_i}$；$\bar{X}^* = \dfrac{\sum w_i X_i}{\sum w_i}$。

容易证明，模型变换法与 WLS 法实际上是等价的。

考虑一元线性回归模型，如果已知存在异方差性，且 $\mathrm{Var}(u_i) = \sigma_i^2 = \sigma^2 f(X_i)$，变换后模型为

$$\frac{Y_i}{\sqrt{f(X_i)}} = \frac{\beta_0}{\sqrt{f(X_i)}} + \beta_1 \frac{X_i}{\sqrt{f(X_i)}} + \frac{u_i}{\sqrt{f(X_i)}} \qquad (4\text{-}41)$$

由前文可知该模型误差项为同方差，用 OLS 法估计，就是要使变换后的残差平方和最小：

$$\sum \tilde{e}_i^2 = \sum \left(\frac{Y_i}{\sqrt{f(X_i)}} - \frac{\hat{\beta}_0}{\sqrt{f(X_i)}} - \hat{\beta}_1 \frac{X_i}{\sqrt{f(X_i)}} \right)^2 = \sum \frac{1}{f(X_i)} (Y_i - \hat{\beta}_0 - \hat{\beta}_1 X_i)^2 \qquad (4\text{-}42)$$

若直接对模型采用加权最小二乘法时，其权数为 $w_i = \dfrac{1}{\sigma_i^2} = \dfrac{1}{\sigma^2 f(X_i)}$，则是令其加权残差平方和最小：

$$\sum w_i e_i^2 = \sum w_i (Y_i - \hat{\beta}_0^* - \hat{\beta}_1^* X_i)^2 = \sum \frac{1}{\sigma^2 f(X_i)} (Y_i - \hat{\beta}_0^* - \hat{\beta}_1^* X_i)^2 \qquad (4\text{-}43)$$

比较式（4-42）与式（4-43），二者只相差一个正常数 σ^2，其中一个最小的解也必能使另一个最小。因此异方差形式已知，模型变换法与 WLS 法本质上是一致的。这也间接证明了 WLS 法可以消除异方差性。

除此以外，在经济意义成立的情况下，如果对模型作对数变换也可降低异方差性的影响。如果对式（4-30）中的变量分别用其对数形式替代，即

$$\ln Y_i = \beta_0 + \beta_1 \ln X_i + u_i \qquad (4\text{-}44)$$

与原模型相比，式（4-44）从两个方面降低了异方差性的作用：一是对数变换使得测定变量值的尺度缩小，例如，100 是 10 的 10 倍，而在常用对数下，lg100 = 2 仅是 lg10 = 1 的 2 倍，测度差异明显缩小了；二是经过对数变换后的模型，其残差表示相对误差，而相对误差往往比绝对误差具有较小的差异。

4.3 自相关性

4.3.1 自相关性的含义

如果随机误差项 $u_t (t = 1, 2, \cdots, n)$ 之间存在着相关关系，即

$$\mathrm{Cov}(u_t, u_s) = E(u_t, u_s) \neq 0, \quad t \neq s; t, s = 1, \cdots, n$$

这时，称随机误差项之间存在自相关性（autocorrelation）。

随机误差项的自相关性可以有多种形式，其中最常见的类型是随机误差项之间存在一阶自相关性，即随机误差项只与它的前一期值相关，一阶自相关性可以表示为

$$u_t = \rho u_{t-1} + v_t \qquad (4\text{-}45)$$

式中，ρ 称为一阶自相关系数，取值在 –1 到 1；v_t 为满足假设条件的白噪声误差项。类

似可推 P 阶自相关的形式为

$$u_t = \rho_1 u_{t-1} + \cdots + \rho_p u_{t-p} + \upsilon_t \tag{4-46}$$

此外，自相关的形式可能为移动平均形式或更复杂的移动平均自回归形式等，此处不做讨论。

4.3.2 自相关性对普通最小二乘估计的影响

1. 参数的 OLS 估计量仍然具有无偏性

因为 OLS 估计量的无偏性仅依赖于非随机解释变量假设和零均值假设，自相关性的存在并不会影响到参数 OLS 估计量的无偏性。

2. 参数的 OLS 估计量不再具有有效性

当存在自相关性时，OLS 估计量不再是线性无偏估计量中方差最小的。

以一元线性回归模型为例：

$$Y_t = \beta_0 + \beta_1 X_t + u_t \tag{4-47}$$

当假定条件满足时，其斜率参数 OLS 估计量的方差为

$$\mathrm{Var}(\hat{\beta}_1) = \frac{\sigma^2}{\sum (X_t - \bar{X}_t)^2} \tag{4-48}$$

若随机误差项存在一阶自相关性时，可以证明：

$$\mathrm{Var}(\hat{\beta}_1) = \frac{\sigma^2}{\sum_{t=1}^{n}(X_t - \bar{X}_t)^2} \left[1 + 2\rho \frac{\sum_{t=1}^{n-1}(X_t - \bar{X}_t)(X_{t+1} - \bar{X}_{t+1})}{\sum_{t=1}^{n}(X_t - \bar{X}_t)^2} + 2\rho^2 \frac{\sum_{t=1}^{n-2}(X_t - \bar{X}_t)(X_{t+2} - \bar{X}_{t+2})}{\sum_{t=1}^{n}(X_t - \bar{X}_t)^2} \right.$$

$$\left. + \cdots + 2\rho^{n-1} \frac{(X_1 - \bar{X}_1)(X_n - \bar{X}_n)}{\sum_{t=1}^{n}(X_t - \bar{X}_t)^2} \right] \tag{4-49}$$

当存在正的自相关性时，由于解释变量不同期间往往也是正相关的，式（4-49）会大于式（4-48），此时，自相关性的存在使得 OLS 估计量不再具有最小的方差。

3. 参数显著性检验将会失效

在存在自相关性情形下，$\mathrm{Var}(\hat{\beta}_1) = \frac{\sigma^2}{\sum (X_i - \bar{X}_i)^2}$ 不再是对参数估计量 $\hat{\beta}_1$ 方差的正确估计，用其计算得到的 t 统计量不再服从 t 分布，F 统计量也不再服从 F 分布。因此，一般情况下，存在自相关性将使通常使用的显著性检验方法失去效力。

4.3.3 自相关性的检验

1. 图示检验法

由于无法观察到误差项u_t，只能使用残差项e_t作为u_t的估计值进行判断。一般通过绘制e_t的散点图来判断e_t的相关性。残差e_t的散点图通常有两种绘制方式。

（1）绘制e_t和e_{t-1}的散点图。如果(e_{t-1}, e_t)的散点大部分落在第Ⅰ、Ⅲ象限，表明随机误差项u_t可能存在正自相关性，如图4-4（a）所示。如果大部分落在Ⅱ、Ⅳ象限，则随机误差项u_t可能存在负自相关性，如图4-4（b）所示。

（2）绘制e_t随时间t的变动趋势散点。如果e_t随时间t呈现锯齿形或循环形状的有规律变化，则可推断u_t存在自相关性。如果e_t随着t的逐次变化并不频繁改变符号，而是几个正的e_t后面跟着几个负的，则表明随机误差项u_t存在正自相关性，如图4-4（c）所示。如果e_t随着t的逐次变化不断改变符号，那么u_t可能存在负自相关性，如图4-4（d）所示。

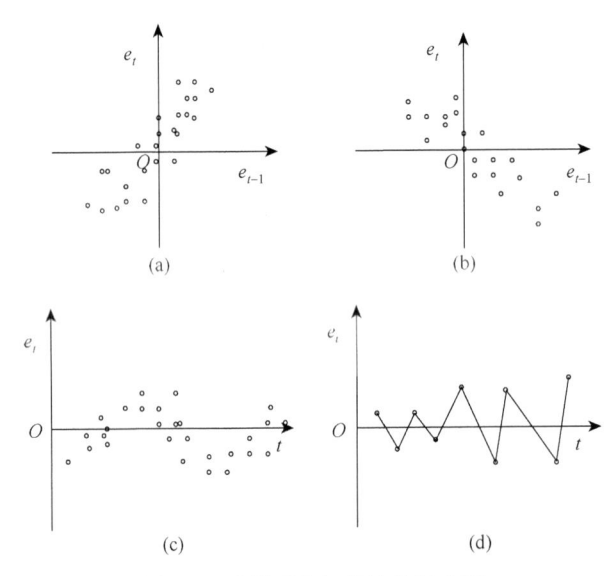

图 4-4 残差项自相关性的示意图

2. DW 检验

DW 检验又称杜宾-瓦特森检验（Durbin-Watson test），是最常用的检验如式（4-45）所示一阶自相关问题的方法。检验步骤如下。

（1）提出原假设和备择假设。

$H_0: \rho = 0$（随机误差项不存在一阶自相关）。

$H_1: \rho \neq 0$（随机误差项存在一阶自相关）。

（2）构造 DW 检验统计量。

为了检验上述假设，首先要计算回归估计式的残差e_t，然后构造 DW 统计量为

$$DW = \frac{\sum_{t=2}^{T}(e_t - e_{t-1})^2}{\sum_{t=1}^{T} e_t^2} \qquad (4\text{-}50)$$

展开可得

$$DW = \frac{\sum_{t=2}^{T} e_t^2 + \sum_{t=2}^{T} e_{t-1}^2 - 2\sum_{t=2}^{T} e_t e_{t-1}}{\sum_{t=1}^{T} e_t^2} \qquad (4\text{-}51)$$

在大样本条件下有

$$\sum_{t=2}^{T} e_t^2 \approx \sum_{t=2}^{T} e_{t-1}^2 \approx \sum_{t=1}^{T} e_t^2 \qquad (4\text{-}52)$$

则可得

$$DW \approx \frac{2\sum_{t=2}^{T} e_t^2 - 2\sum_{t=2}^{T} e_t e_{t-1}}{\sum_{t=2}^{T} e_t^2} = 2\left(1 - \frac{\sum_{t=2}^{T} e_t e_{t-1}}{\sum_{t=2}^{T} e_t^2}\right) = 2(1-\rho) \qquad (4\text{-}53)$$

当 $\rho \to 0$ 时，$DW \to 2$；当 $\rho \to 1$ 时，$DW \to 0$；当 $\rho \to -1$ 时，$DW \to 4$。

（3）DW 检验决策规则。

杜宾和瓦特森根据样本容量 n 和解释变量数目 k，在给定显著性水平下，建立 DW 检验统计量的下临界值 d_L 和上临界值 d_U，并确定了 DW 检验决策规则，如图 4-5 所示。根据样本容量 n 和解释变量数目 k（不含常数项），可通过查 DW 分布表得到具体临界值 d_L 和 d_U。

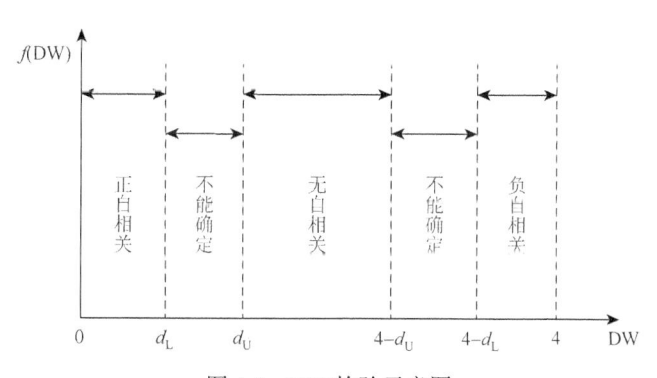

图 4-5 DW 检验示意图

需要注意，DW 检验的方法存在一定局限性：①只适合于检验一阶自相关情形，不适用于高阶自相关性检验；②存在两个不能确定的区域；③当解释变量中含有被解释变量的滞后项时，检验将失效。

3. BG 检验

BG（Breusch-Godfrey，布罗斯-戈弗雷）检验又称 LM（Lagrange multiplier，拉格朗日乘数）检验。与 DW 统计量仅检验随机误差项是否存在一阶自相关不同，该检验方法也可应用于检验回归方程的残差序列是否存在高阶自相关性，而且在方程中存在滞后因变量的情况下，BG 检验仍然有效。

检验步骤如下。

（1）提出原假设和备择假设。

$H_0: \rho_1 = \rho_2 = \cdots = \rho_p = 0$，不存在 P 阶自相关。

$H_1: H_0$ 不成立，存在 P 阶自相关。

（2）做辅助回归，构建 LM 检验统计量。

首先对原模型作 OLS 估计，得到残差序列 $e_t(t=1,\cdots,n)$，建立辅助回归：

$$e_t = \gamma_0 + \gamma_1 X_1 + \cdots + \gamma_k X_k + \alpha_1 e_{t-1} + \cdots + \alpha_p e_{t-p} + \upsilon_t \tag{4-54}$$

式（4-54）是残差项对原始解释变量和直到 P 阶的残差滞后项作回归，对其进行估计所得的决定系数 R^2 和样本容量 n 相乘可作为检验统计量。一般情况下，nR^2 渐近服从于 $\chi^2(p)$。

（3）自相关性的判断准则。

给定显著性水平下，若检验 p 值小于显著性水平，则拒绝原假设，说明存在自相关；否则，不能认为有自相关性的存在。

BG 检验时滞后阶数 P 不能先验确定，实践中可从一阶开始试算，然后依次累加阶数，并结合辅助回归中滞后残差项参数的显著性进行判断。

4.3.4 自相关性下模型的估计方法

当模型存在自相关性时，一般使用广义差分法予以消除。广义差分法的思想是将原模型转化为对应的差分形式，消除序列相关性，然后用 OLS 法进行估计。

1. 广义差分法介绍

1）一阶自相关情形

多元线性回归模型与一元线性回归模型的广义差分法原理相同，因此，仍以一元线性回归模型为例进行介绍。如果一元线性回归模型：

$$Y_t = \beta_0 + \beta_1 X_t + u_t \tag{4-55}$$

存在式（4-45）的一阶自相关：

$$u_t = \rho u_{t-1} + \upsilon_t$$

模型（4-55）取滞后 1 期后，两边乘以 ρ 后再与原模型作差分变换，则有

$$Y_t - \rho Y_{t-1} = \beta_0(1-\rho) + \beta_1(X_t - \rho X_{t-1}) + (u_t - \rho u_{t-1}) \tag{4-56}$$

令 $Y_t^* = Y_t - \rho Y_{t-1}$，$X_t^* = X_t - \rho X_{t-1}$，$\beta_0^* = \beta_0(1-\rho)$，$\varepsilon_t = u_t - \rho u_{t-1}$，模型（4-55）变为

$$Y_t^* = \beta_0^* + \beta_1 X_t^* + \varepsilon_t \tag{4-57}$$

新模型（4-57）不存在自相关性，可以直接使用 OLS 方法进行估计。

2）P 阶自相关情形

如果模型（4-55）存在式（4-46）所示的 P 阶自相关性，同样可以采用广义差分法来消除。对模型（4-55）依次取 1 到 P 阶滞后，然后在第 i 次滞后期上乘以 ρ_i 后和原模型作差分，即作 $Y_t - \rho_1 Y_{t-1} - \cdots - \rho_p Y_{t-p}$ 的变换，可得消除自相关性的新模型（4-58）：

$$Y_t^{**} = \beta_0^{**} + \beta_1 X_t^{**} + \varepsilon_t' \qquad (4\text{-}58)$$

式中，$Y_t^{**} = Y_t - \rho_1 Y_{t-1} - \cdots - \rho_p Y_{t-p}$，$X_t^{**} = X_t - \rho_1 X_{t-1} - \cdots - \rho_p X_{t-p}$，$\beta_0^{**} = \beta_0(1 - \rho_1 - \cdots - \rho_p)$，$\varepsilon_t' = u_t - \rho_1 u_{t-1} - \cdots - \rho_p u_{t-p}$。

模型（4-58）可用 OLS 法直接进行估计。如果含有 k 个解释变量的多元线性回归模型存在自相关性，也可作类似的变换。

2. 自相关系数 ρ 的估计

广义差分法实施的关键问题是计算出自相关系数 ρ 的值。因此，必须采用一些适用的方法对 ρ 进行估计。通常使用的方法有 DW 估计法、科克伦-奥科特迭代法等。

DW 估计法就是利用 DW 统计量给出 ρ 的估计。可以证明在大样本下有

$$\mathrm{DW} \approx 2(1 - \hat{\rho}) \qquad (4\text{-}59)$$

因此得到 ρ 的近似估计：

$$\hat{\rho} \approx 1 - \frac{\mathrm{DW}}{2} \qquad (4\text{-}60)$$

此处重点介绍科克伦-奥科特（Cochrane-Orcutt，CO）迭代法。该方法通过逐次迭代去趋近更满意的 ρ 的估计值，以一元回归模型中存在一阶自相关为例，介绍其计算步骤。

（1）对原模型进行 OLS 估计，得到残差 $\varepsilon_t^{(1)}$。

（2）使用残差作一阶自相关回归：

$$\varepsilon_t^{(1)} = \rho^{(1)} \varepsilon_{t-1}^{(1)} + \upsilon_t \qquad (4\text{-}61)$$

（3）对式（4-54）作 OLS 估计，并利用得到的 $\hat{\rho}^{(1)}$ 对原模型进行广义差分：

$$Y_t - \hat{\rho}^{(1)} Y_{t-1} = \beta_0 (1 - \hat{\rho}^{(1)}) + \beta_1 (X_t - \hat{\rho}^{(1)} X_{t-1}) + (u_t - \hat{\rho}^{(1)} u_{t-1}) \qquad (4\text{-}62)$$

（4）由（3）关于差分后所得系数推算原模型参数，代入原模型计算得到新残差 $\varepsilon_t^{(2)}$。

（5）重复第（2）、（3）、（4）步，直至迭代终止条件满足。迭代终止条件一般是对估计精度或对迭代次数作阈值规定。

4.4 随机解释变量*

假设条件 $\mathrm{Cov}(X_{ij}, u_i) = 0$ 实际上是要求解释变量为确定性变量，或者解释变量虽为随机变量，但是和误差项不相关。但是，当解释变量为随机变量时，可能会不满足 $\mathrm{Cov}(X_{ij}, u_i) = 0$ 的假设，出现内生性问题。本节将讨论解释变量为随机变量时计量模型估计可能面对的问题和解决办法。

4.4.1 随机解释变量问题的概念

对于计量经济模型 $Y = \beta_0 + \beta_1 X_1 + \beta_2 X_2 + \cdots + \beta_k X_k + u$，经典假设认为解释变量 $X_1, X_2, \cdots, X_k$ 是确定性变量，且解释变量与随机误差项不相关。但是现实经济生活中，这个假定不一定成立，原因如下。

（1）许多经济变量不能用控制的方法进行观测，其观测值一般会存在观测误差，所以作为模型中的解释变量其取值就不可能是确定的，而是随机的。

（2）经济变量之间存在的普遍联系性使解释变量在一定程度上依赖于被解释变量，从而在解释变量 X 影响 Y 的同时，Y 反过来还会影响解释变量 X。在自回归模型中，因变量作为被解释变量也必定是随机的。

（3）由于随机误差项中包含了模型中忽略的解释变量，而略去的解释变量若与模型中保留的解释变量存在相关关系，则会导致出现随机解释变量问题。

模型中如果存在一个或多个随机变量作为解释变量，就称模型出现了随机解释变量问题。我们不妨设 X_1 为随机解释变量。根据随机解释变量 X_1 与随机误差项 u 的关系，可将其分为如下三种类型

（1）随机解释变量与随机误差项独立。
$$\text{Cov}(X_1, u) = E(X_1 \cdot u) - E(X_1)E(u) = E(X_1 \cdot u) = E(X_1)E(u) = 0$$

（2）随机解释变量与随机误差项同期无关，但异期有关。
$$\text{Cov}(X_{1t}, u_t) = E(X_{1t} \cdot u_t) = 0, \quad t = 1, 2, \cdots, T$$
$$\text{Cov}(X_{1t}, u_{t-s}) = E(X_{1t} \cdot u_{t-s}) \neq 0, \quad t = 1, 2, \cdots, T$$

（3）随机解释变量与误差项同期相关。
$$\text{Cov}(X_{1t}, u_t) = E(X_{1t} \cdot u_t) \neq 0, \quad t = 1, 2, \cdots, T$$

造成解释变量与随机误差项相关的原因很多，此处列举常见的三类原因。

（a）遗漏变量。

假设真实模型为 $Y = \beta_0 + \beta_1 X_1 + \beta_2 X_2 + u$，如果遗漏了变量 X_2，遗漏变量的影响 $\beta_2 X_2$ 被归入随机误差项。若 X_2 与 X_1 相关，则会造成 X_1 与随机误差项相关。

（b）变量有测量误差。

假设真实模型为 $Y = \beta_0 + \beta_1 X_1 + \beta_2 X_2 + u$，如果其中变量 X_1 未被正确测度，而实际使用变量为 $\tilde{X}_1$，则会导致测量误差 $\beta_1(X_1 - \tilde{X}_1)$ 被归入随机误差项，使得 $\tilde{X}_1$ 与随机误差项相关。

（c）双向因果关系。

假如变量 Y 和 X 存在双向因果关系，则有 $Y = \beta_0 + \beta_1 X + u$ 和 $X = r_0 + r_1 Y + v$，联立得出 $X = \dfrac{r_0 + r_1\beta_0 + r_1 u + v}{1 - r_1\beta_1}$。如果单独估计模型 $Y = \beta_0 + \beta_1 X + u$，不难发现 $\text{Cov}(X, u) \neq 0$。

4.4.2 随机解释变量对普通最小二乘估计的影响

如果解释变量为随机变量，它对模型估计的影响要分三种情况。

（1）随机解释变量与误差项独立，OLS 估计仍然是无偏且一致的。

（2）随机解释变量与误差项同期无关，但异期有关，OLS 估计不再无偏，但仍满足一致性。

（3）随机解释变量与误差项同期相关，OLS 估计量既有偏，也不再满足一致性。

4.4.3 工具变量法

1. 工具变量的选择

模型中出现的随机解释变量与随机误差项相关时，我们称该随机解释变量是内生的，

此时 OLS 估计量是有偏的。若随机解释变量与随机误差项异期相关，则可以通过增大样本容量的办法来得到一致的估计量；但如果是同期相关，那么即使增大样本容量也无济于事。这时，最常用的方法是工具变量（instrument variables，IV）法。

工具变量法的基本思想是：选择一个与随机解释变量高度相关，与随机误差项不相关的变量作为随机解释变量的"替身"，即工具变量。在模型估计过程中用工具变量替代与随机误差项相关的随机解释变量，对相关参数进行估计，可以得到一致的估计结果。

工具变量的选择，必须满足下述四个条件。

（1）与所替代的随机解释变量高度相关。

（2）与随机误差项不相关。

（3）与模型中其他解释变量不相关。

（4）同一模型中需要引入多个工具变量时，这些工具变量之间不相关。

2. 两阶段最小二乘法

工具变量法一般通过两阶段最小二乘（two stage least square，2SLS）法来实现。2SLS 本质上是利用工具变量分两个阶段进行回归，它也因此而得名。第一阶段，内生解释变量对一组工具变量进行回归，得到内生解释变量的拟合值（估计值）；第二阶段，使用内生解释变量拟合值对被解释变量进行回归，即为 2SLS 的回归结果。

进行 2SLS 估计的必要条件是工具变量个数不能少于内生解释变量个数，称为阶条件。根据阶条件是否满足可分为如下三种情况。

（1）不可识别：工具变量个数小于内生解释变量个数。

（2）恰好识别：工具变量个数等于内生解释变量个数。

（3）过度识别：工具变量个数大于内生解释变量个数。

在恰好识别和过度识别情况下，都可以使用 2SLS。

接下来，以包含一个内生解释变量的模型为例来说明 2SLS 的步骤。

模型

$$Y_i = \beta_0 + \beta_1 X_i + \beta_2 Z_{1i} + u_i$$

中，解释变量 X 为内生的，Z_1 为外生的。

按照工具变量的选择条件选择 Z_2、Z_3 为 X 的工具变量，在原模型的参数估计过程中用工具变量替代内生解释变量，可分解成下面两步来进行。

（1）用 OLS 方法进行 X 关于工具变量 Z_2、Z_3 的回归：

$$\hat{X}_i = \hat{\alpha}_0 + \hat{\alpha}_1 Z_{2i} + \hat{\alpha}_2 Z_{3i} \tag{4-63}$$

（2）以第一步得到的 $\hat{X}$ 为解释变量，进行如下 OLS 回归：

$$\hat{Y}_i = \tilde{\beta}_0 + \tilde{\beta}_1 \hat{X}_i + \tilde{\beta}_2 Z_{1i} \tag{4-64}$$

使用工具变量得到的参数估计是有偏的，但是满足一致性。

3. 工具变量有效性检验

工具变量法的关键是选择一组有效的工具变量。由于误差项实际上是不可观测的，要寻找严格意义上与误差项无关而与所替代的内生解释变量高度相关的变量并不容易。

1）弱工具变量的检验

若工具变量与内生变量仅微弱相关，则工具变量包含了极少与内生变量有关的信息，此时工具变量法估计将变得不准确，这样的工具变量称为弱工具变量。

为检验是否存在弱工具变量，可在第一阶段回归中［式（4-63）］，检验所有工具变量的系数是否联合为 0，即检验 $H_0: \hat{\alpha}_1 = \hat{\alpha}_2 = 0$。该检验很难确定明确的检验标准，检验规则是若 F 检验的统计量大于 10，则拒绝"存在弱工具变量"的原假设。

2）工具变量外生性的过度识别检验

工具变量的外生性是保证 2SLS 一致性的重要条件。在恰好识别情况下，无法检验工具变量的外生性，只能进行定性讨论或依赖专家经验。在过度识别情况下，可通过过度识别检验进行判断。

假设有 k 个解释变量 $\{X_1, \cdots, X_k\}$，其中前 $k-r$ 个解释变量 $\{X_1, \cdots, X_{k-r}\}$ 为外生变量，剩余解释变量 $\{X_{x-r+1}, \cdots, X_k\}$ 为内生变量。有

$$Y = \beta_0 + \underbrace{\beta_1 X_1 + \cdots + \beta_{k-r} X_{k-r}}_{\text{外生}} + \underbrace{\beta_{k-r+1} X_{k-r+1} + \cdots + \beta_k X_k}_{\text{内生}} + \varepsilon$$

假设有 m 个方程外的工具变量 $\{Z_1, \cdots, Z_m\}$，其中 $m > r$，则过度识别的原假设为

$$H_0: \text{Cov}(Z_1, \varepsilon) = 0, \cdots, \text{Cov}(Z_m, \varepsilon) = 0$$

可通过 2SLS 估计的残差 e_{IV} 考察工具变量与扰动项的相关性。把 e_{IV} 对所有外生解释变量和所有工具变量进行辅助回归：

$$e_{\text{IV}} = r_0 + r_1 X_1 + \cdots + r_{k-r} X_{k-r} + \delta_1 Z_1 + \cdots + \delta_m Z_m + \mu$$

当 $\delta_1 = \delta_2 = \cdots = \delta_m = 0$ 时，原假设成立。记辅助回归的可决系数为 R^2，构建检验统计量 nR^2，其渐近分布为 $\chi^2(m-r)$。不难发现在恰好识别情形下，$m-r=0$，无法进行检验。

4.4.4 解释变量的内生性检验

使用工具变量的前提是存在内生解释变量。如果找到有效的工具变量，可以借助工具变量来检验解释变量的内生性。

1. 豪斯曼检验

豪斯曼检验可用于检验解释变量是否与误差项相关（是否存在内生性）。当随机解释变量与误差项相关时，该解释变量是内生变量，直接进行 OLS 估计会得到一个不一致估计，若使用工具变量法则可得到一个一致估计。豪斯曼检验通过比较两种方法下估计结果的差异，进而判断解释变量是否存在内生性问题。

若 $Y_i = \beta_0 + \beta_1 X_i + \beta_2 Z_{1i} + u_i$，其中 X 为待判定是否存在内生性的解释变量，Z_1 为外生变量。给出如下假设。

H_0：解释变量 X 为外生变量。

构建检验统计量：

$$W = (\hat{\beta}_{\text{IV}} - \hat{\beta}_{\text{OLS}})' [\text{Var}(\hat{\beta}_{\text{IV}} - \hat{\beta}_{\text{OLS}})]^{-1} (\hat{\beta}_{\text{IV}} - \hat{\beta}_{\text{OLS}})$$

式中，$\hat{\beta}_{\text{IV}}$ 为工具变量法下的系数估计；$\hat{\beta}_{\text{OLS}}$ 为 OLS 法下的系数估计；$\text{Var}(\hat{\beta}_{\text{IV}} - \hat{\beta}_{\text{OLS}})$ 为

($\hat{\beta}_{\text{IV}} - \hat{\beta}_{\text{OLS}}$)的协方差矩阵，该统计量渐近服从卡方分布。当检验 p 值小于给定的显著性水平时，拒绝原假设，认为解释变量 X 是内生的。

2. 杜宾-吴-豪斯曼检验

上述豪斯曼检验要求满足同方差假设，假如存在异方差性问题，则检验会无效。此时可改用杜宾-吴-豪斯曼检验（异方差稳健的 DWH 检验），该检验的基本思想如下。

同样假设 $Y_i = \beta_0 + \beta_1 X_i + \beta_2 Z_{1i} + u_i$，其中，$X$ 为待判定是否存在内生性的解释变量，Z_1 为外生变量。给出如下原假设。

H_0：解释变量 X 为外生变量。

选择另一外生变量 Z_2 作为 X 的工具变量，构建辅助模型 $X_i = \alpha_0 + \alpha_1 Z_{1i} + \alpha_2 Z_{2i} + v_i$，利用 OLS 估计得到 $\hat{v}$，并将其作为解释变量代入原模型 $Y_i = \beta_0 + \beta_1 X_i + \beta_2 Z_{1i} + \delta \hat{v}_i + \varepsilon_i$，对该模型进行估计，若 δ 显著不为 0，则拒绝原假设，认为 X 是内生解释变量。

4.5 案例分析

4.5.1 多重共线性的检验与处理

我们考虑因变量为国内旅游总收入 y，自变量为国内游客人数 x_1、城镇居民国内旅游人均花费 x_2、农村居民国内旅游人均花费 x_3、铁路营业里程 x_4、高速等级路公路里程 x_5。为了研究各影响因素对因变量的影响，设计如下形式的计量经济模型：

$$y_t = \beta_0 + \beta_1 x_{1t} + \beta_2 x_{2t} + \beta_3 x_{3t} + \beta_4 x_{4t} + \beta_5 x_{5t} + u_t \tag{4-65}$$

收集 1995~2019 年的各指标数据，如表 4-1 所示。

表 4-1 1995~2019 年中国旅游业发展相关数据

年份	国内旅游总收入/亿元 y	国内游客人数/百万人次 x_1	城镇居民国内旅游人均花费/元 x_2	农村居民国内旅游人均花费/元 x_3	铁路营业里程/万公里 x_4	高速等级路公路里程/万公里 x_5
1995	1 375.7	629	464	61.5	6.24	0.21
1996	1 638.4	640	534.1	70.5	6.49	0.34
1997	2 112.7	644	599.8	145.7	6.6	0.48
1998	2 391.2	695	607	197	6.64	0.87
1999	2 831.9	719	614.8	249.5	6.74	1.16
2000	3 175.5	744	678.6	226.6	6.87	1.63
2001	3 522.4	784	708.3	212.7	7.01	1.94
2002	3 878.4	878	739.7	209.1	7.19	2.51
2003	3 442.3	870	684.9	200	7.3	2.97
2004	4 710.7	1 102	731.8	210.2	7.44	3.43
2005	5 285.9	1 212	737.1	227.6	7.54	4.1
2006	6 229.7	1 394	766.4	221.9	7.71	4.53
2007	7 770.6	1 610	906.9	222.5	7.8	5.39

续表

年份	国内旅游总收入/亿元 y	国内游客人数/百万人次 x_1	城镇居民国内旅游人均花费/元 x_2	农村居民国内旅游人均花费/元 x_3	铁路营业里程/万公里 x_4	高速等级路公路里程/万公里 x_5
2008	8 749.3	1 712	849.4	275.3	7.97	6.03
2009	10 183.7	1 902	801.1	295.3	8.55	6.51
2010	12 579.8	2 103	883	306	9.12	7.41
2011	19 305.4	2 641	877.8	471.4	9.32	8.49
2012	22 706.2	2 957	914.5	491	9.76	9.62
2013	26 276.1	3 262	946.6	518.9	10.31	10.44
2014	30 311.9	3 611	975.4	540.2	11.18	11.19
2015	34 195.1	3 990	985.5	554.2	12.1	12.35
2016	39 390	4 435	1 009.1	576.4	12.4	13.1
2017	45 660.7	5 001	1 024.6	603.3	12.7	13.64
2018	51 278.3	5 539	1 034	611.9	13.17	14.26
2019	57 250.9	6 006	1 062.6	634.7	13.98	14.96

资料来源：国家统计局网站（http://data.stats.gov.cn/easyquery.htm?cn=C01）

1. 多元线性回归模型的 OLS 估计

使用 OLS 法对式（4-65）参数进行估计，结果如图 4-6 所示。

```
. reg y x1 x2 x3 x4 x5

      Source |       SS           df       MS      Number of obs   =        25
-------------+----------------------------------   F(5, 19)        =   4898.57
       Model |  7.1632e+09         5  1.4326e+09   Prob > F        =    0.0000
    Residual |  5556753.66        19   292460.719  R-squared       =    0.9992
-------------+----------------------------------   Adj R-squared   =    0.9990
       Total |  7.1688e+09        24   298698326   Root MSE        =     540.8

           y |      Coef.   Std. Err.      t    P>|t|     [95% Conf. Interval]
-------------+----------------------------------------------------------------
          x1 |   11.39188   .6104173    18.66   0.000     10.11426    12.6695
          x2 |   .7838689   2.689885     0.29   0.774    -4.846125    6.413863
          x3 |   11.83419   2.468428     4.79   0.000     6.667708    17.00067
          x4 |   2035.905   488.4193     4.17   0.001     1013.632    3058.178
          x5 |  -1889.191   207.6486    -9.10   0.000    -2323.805   -1454.578
       _cons |  -19607.85   3337.048    -5.88   0.000    -26592.37   -12623.33
```

图 4-6 OLS 参数估计输出结果

图 4-6 估计结果显示，F 值很大，但是有些解释变量的 t 检验并未通过，且系数符号与理论分析不符，考虑存在多重共线性。

2. 多重共线性检验

1) VIF 检验

在命令窗口中输入"estat vif"，得到 VIF 检验结果如图 4-7 所示。

各解释变量 VIF 值都远远大于 10，检验结果显示存在严重的多重共线性。

```
. estat vif

    Variable |       VIF       1/VIF
-------------+----------------------
          x4 |    112.43    0.008895
          x1 |     87.28    0.011458
          x5 |     85.36    0.011715
          x2 |     17.04    0.058690
          x3 |     16.45    0.060788
-------------+----------------------
    Mean VIF |     63.71
```

图 4-7 VIF 检验输出结果

2）条件数检验

可以利用 Stata 计算条件数，来判断多重共线性的程度。首先，需要安装"coldiag2"命令。在 Stata 帮助窗口中的"search all"输入要找的命令"coldiag2"，然后点击相应链接下载安装程序文件。也可通过运行"ssc install coldiag2"来安装，安装好后在命令窗口输入"coldiag2 x1 x2 x3 x4 x5"计算条件数，结果如图 4-8 所示。

```
. coldiag2 x1 x2 x3 x4 x5

Condition number using scaled variables =      123.89

Condition Indexes and Variance-Decomposition Proportions

condition
    index   _cons    x1     x2     x3     x4     x5
>
1    1.00    0.00   0.00   0.00   0.00   0.00   0.00
2    4.11    0.00   0.00   0.00   0.00   0.00   0.00
3   19.99    0.00   0.13   0.01   0.33   0.00   0.02
4   24.50    0.00   0.01   0.04   0.64   0.00   0.16
5   64.55    0.08   0.33   0.86   0.02   0.04   0.62
6  123.89    0.91   0.53   0.08   0.01   0.95   0.21
```

图 4-8 解释变量条件数检验结果

条件数为 123.89，远大于限定值 30，故模型存在较强的多重共线性。

3. 利用主成分回归法估计模型参数

使用主成分回归法对模型（4-65）进行估计，具体操作步骤如下。

（1）对各变量进行标准化处理。分别命名为 Ny、Nx1、Nx2、Nx3、Nx4、Nx5。标准化处理可通过代码指令执行完成，如 y 生成 Ny 的命令为

$$egen\ Ny=std(y)$$

（2）解释变量的主成分分析。在命令窗口输入"pca Nx1 Nx2 Nx3 Nx4 Nx5"，对标准化后的解释变量进行主成分分析，输出结果（图 4-9）显示第一主成分的解释能力已达到 96.13%，所以选择一个主成分进行回归，在命令窗口输入代码"predict f1"，提取第一主成分，并命名为 f1，如图 4-10 所示。

（3）建立主成分回归模型，键入命令：

$$regress\ Ny\ f1$$

得到结果如图 4-11 所示。

```
. pca Nx1 Nx2 Nx3 Nx4 Nx5

Principal components/correlation              Number of obs    =        25
                                              Number of comp.  =         5
                                              Trace            =         5
       Rotation: (unrotated = principal)      Rho              =    1.0000
```

Component	Eigenvalue	Difference	Proportion	Cumulative
Comp1	4.8065	4.67936	0.9613	0.9613
Comp2	.127149	.0754615	0.0254	0.9867
Comp3	.0516871	.0425205	0.0103	0.9971
Comp4	.00916657	.00367338	0.0018	0.9989
Comp5	.00549319	.	0.0011	1.0000

Principal components (eigenvectors)

Variable	Comp1	Comp2	Comp3	Comp4	Comp5	Unexplained
Nx1	0.4485	-0.4425	-0.3166	0.3265	0.6294	0
Nx2	0.4355	0.8200	-0.1930	0.3174	0.0045	0
Nx3	0.4466	-0.0649	0.8868	0.0935	0.0337	0
Nx4	0.4510	-0.3515	-0.2399	0.1543	-0.7692	0
Nx5	0.4542	0.0636	-0.1361	-0.8719	0.1049	0

图 4-9 标准化后解释变量的主成分分析结果

Component 为提取得到的主成分；Comp1 为第一主成分，Comp2 为第二主成分，以此类推；Eigenvalue、Difference、Proportion、Cumulative 分别为对应主成分的特征根、方差、方差贡献和累计方差贡献

```
. predict f1
(score assumed)
(4 components skipped)

Scoring coefficients
    sum of squares(column-loading) = 1
```

Variable	Comp1	Comp2	Comp3	Comp4	Comp5
Nx1	0.4485	-0.4425	-0.3166	0.3265	0.6294
Nx2	0.4355	0.8200	-0.1930	0.3174	0.0045
Nx3	0.4466	-0.0649	0.8868	0.0935	0.0337
Nx4	0.4510	-0.3515	-0.2399	0.1543	-0.7692
Nx5	0.4542	0.0636	-0.1361	-0.8719	0.1049

图 4-10 提取主成分结果

```
. regress Ny f1
```

Source	SS	df	MS		
Model	22.5090057	1	22.5090057	Number of obs =	25
Residual	1.49099405	23	.064825828	F(1, 23) =	347.22
				Prob > F =	0.0000
				R-squared =	0.9379
				Adj R-squared =	0.9352
Total	23.9999997	24	.999999988	Root MSE =	.25461

Ny	Coef.	Std. Err.	t	P>|t|	[95% Conf. Interval]
f1	.441731	.0237058	18.63	0.000	.3926919 .4907701
_cons	-4.37e-09	.0509218	-0.00	1.000	-.1053398 .1053398

图 4-11 主成分回归参数估计结果

（4）计算得到标准化回归方程为

$$Ny = 0.1981Nx1 + 0.1924Nx2 + 0.1973Nx3 + 0.1992Nx4 + 0.2006Nx5$$

以 x_1 为例，标准化回归系数的计算为 $0.4446 \times 0.4506041 \approx 0.2003$。

（5）利用式（4-15）和式（4-16）进行标准化逆运算，求解得到原变量回归方程。

$$\hat{y} = -27503.0900 + 2.0267x_1 + 19.6268x_2 + 8.7940x_3 + 1436.7432x_4 + 705.8578x_5$$

该结果与直接进行 OLS 估计相比发生了很大变化，尤其是很多系数符号由负号变为了正号，经济意义更加合理。

4.5.2 异方差性的检验与处理

为了分析居民收入对消费的影响，选择 2017 年我国 31 个省区市城镇居民人均可支配收入为自变量，人均消费支出为因变量（数据如表 4-2 所示），建立一元线性回归模型 $y_i = \beta_0 + \beta_1 x_i + u_i$。

表 4-2 2017 年各地区城镇居民人均可支配收入及人均消费支出数据 单位：元

地区	人均消费支出 y	人均可支配收入 x
北京	40 346.3	62 406.3
天津	30 283.7	40 277.5
河北	20 600.3	30 547.8
山西	18 404	29 131.8
内蒙古	23 637.8	35 670
辽宁	25 379.4	34 993.4
吉林	20 051.2	28 318.8
黑龙江	19 269.8	27 446
上海	42 304.3	62 595.7
江苏	27 726.3	43 621.8
浙江	31 924.2	51 260.7
安徽	20 740.2	31 640.3
福建	25 980.4	39 001.4
江西	19 244.5	31 198.1
山东	23 072.1	36 789.4
河南	19 422.3	29 557.9
湖北	21 275.6	31 889.4
湖南	23 162.6	33 947.9
广东	30 197.9	40 975.1
广西	18 348.6	30 502.1
海南	20 371.9	30 817.4
重庆	22 759.2	32 193.2
四川	21 990.6	30 726.9
贵州	20 347.8	29 079.8
云南	19 559.7	30 995.9
西藏	21 087.5	30 671.1
陕西	20 388.2	30 810.3
甘肃	20 659.4	27 763.4
青海	21 473	29 168.9
宁夏	20 219.5	29 472.3
新疆	22 796.9	30 774.8

资料来源：国家统计局网站（http://data.stats.gov.cn/easyquery.htm?cn=C01）

1. 模型参数的 OLS 估计

建立 Stata 工作文件，并录入数据，利用 OLS 方法估计消费性支出对可支配收入的回归模型。样本回归结果如图 4-12 所示。

```
. reg y x

    Source |       SS       df       MS              Number of obs =      31
-----------+------------------------------           F(  1,    29) =  471.83
     Model |  981159555      1   981159555           Prob > F      =  0.0000
  Residual |  60305330.2    29   2079494.15          R-squared     =  0.9421
-----------+------------------------------           Adj R-squared =  0.9401
     Total |  1.0415e+09    30   34715496.2          Root MSE      =    1442

         y |     Coef.   Std. Err.      t    P>|t|     [95% Conf. Interval]
-----------+----------------------------------------------------------------
         x |  .6337762   .0291773    21.72   0.000     .5741019    .6934505
     _cons |  1479.235   1052.849     1.40   0.171    -674.0826    3632.552
```

图 4-12　模型参数的 OLS 估计输出结果

2. 对模型是否存在异方差性进行检验

1）图示法检验

（1）利用 OLS 估计结果，键入命令"predict e, resid"生成残差序列。然后利用生成命令"gen e2=e^2"建立残差平方序列 e_i^2，记为 e2。

（2）绘制 e_i^2 对 X_i 的散点图。选择变量 x 和 e2，按照代码"scatter e2 x"，就可以得到 x 和 e2 的散点图，如图 4-13 所示。

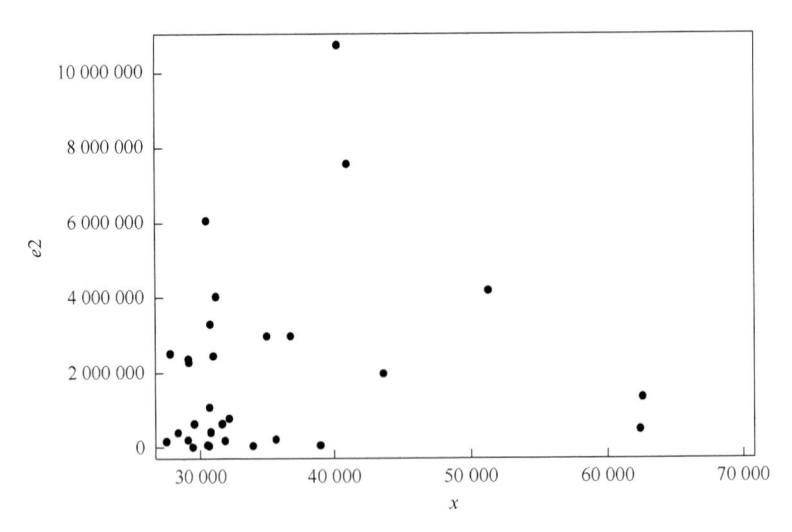

图 4-13　残差序列散点图

由图 4-13 可以看出，残差平方 e_i^2 对解释变量 X_i 散点图主要分布在图形中的下三角区域，大致看出残差平方 e_i^2 随 X_i 的变动呈增大的趋势，因此，模型很可能存在异方差性。但是否确实存在异方差性还需进行更进一步的检验。

2）怀特检验

首先，输入语句 "ssc install whitetst" 安装异方差检验需要的命令；然后使用 Stata 命令 "whitetst" 即可以进行怀特检验，得到如图 4-14 所示的怀特检验结果。

```
. whitetst

White's general test statistic :  6.464739  Chi-sq( 2)  P-value =  .0395
```

图 4-14 怀特异方差检验结果

输出结果显示怀特检验统计量值（White's general test statistic）为 6.464 739，p 值为 0.0395

从图 4-14 可以看出，p 值等于 0.0395，小于 0.05，所以拒绝同方差的原假设，即模型存在异方差性。这个检验结果证实了根据残差图所做的大致判断。

3. 存在异方差性下模型的估计

使用 WLS 方法来估计模型参数。首先，设置权重为 $1/e2$，然后输入命令：

$$\text{reg y x [aw=1/e2]}$$

进行 WLS 估计得到输出结果（图 4-15）。

```
. reg y x [aw=1/e2]
(sum of wgt is   .0004162899544411)

      Source |       SS           df       MS      Number of obs   =        31
-------------+----------------------------------   F(1, 29)        =   2160.85
       Model |  157957008         1    157957008   Prob > F        =    0.0000
    Residual |  2119882.33       29   73099.3907   R-squared       =    0.9868
-------------+----------------------------------   Adj R-squared   =    0.9863
       Total |  160076890        30   5335896.33   Root MSE        =    270.37

-----------------------------------------------------------------------------
           y |      Coef.   Std. Err.      t    P>|t|     [95% Conf. Interval]
-------------+---------------------------------------------------------------
           x |   .6152836   .0132362    46.48   0.000     .5882126    .6423546
       _cons |   2088.444   411.3742     5.08   0.000     1247.089    2929.799
-----------------------------------------------------------------------------
```

图 4-15 WLS 估计结果

此时的回归方程为

$$\hat{y} = 2088.444 + 0.6153x$$
$$(5.08) \quad (46.48)$$
$$R^2 = 0.9868$$

再对回归结果进行怀特检验，输出结果如图 4-16 所示。

```
. whitetst

White's general test statistic :  5.357814  Chi-sq( 2)  P-value =  .0686
```

图 4-16 WLS 结果下的怀特异方差检验

此时，p 值大于 0.05，在 5%水平下不存在显著的异方差性。可以看出，使用 WLS 消除异方差性后，参数 t 检验均显著，拟合优度也明显提高。

4.5.3 自相关性的检验与处理

本例中，建立一元线性回归模型分析农村居民收入对消费水平的影响。选择 1985~2012 年我国人均消费支出（y）和农村人均纯收入（x）数据（表 4-3），设定的理论模型为 $y_i = \beta_0 + \beta_1 x_i + u_i$。

表 4-3　1985~2012 年农村居民收入和消费数据　　　　单位：元

年份	人均消费支出 y	人均纯收入 x
1985	317.4	397.6
1986	357.0	423.8
1987	398.3	462.6
1988	476.7	544.9
1989	535.4	601.5
1990	584.6	686.3
1991	619.8	708.6
1992	659.0	784.0
1993	769.7	921.6
1994	1016.8	1221.0
1995	1310.4	1577.7
1996	1572.1	1926.1
1997	1617.2	2090.1
1998	1590.3	2162.0
1999	1577.4	2210.3
2000	1670.1	2253.4
2001	1741.1	2366.4
2002	1834.3	2475.6
2003	1943.3	2622.2
2004	2184.7	2936.4
2005	2555.4	3254.9
2006	2829.0	3587.0
2007	3223.9	4140.4
2008	3660.7	4760.6
2009	3993.5	5153.2
2010	4381.8	5919.0
2011	5221.1	6977.3
2012	5908.0	7916.6

资料来源：《中国统计年鉴 2013》

1. 参数估计

建立 Stata 工作文件并录入数据，假设代表年份的变量名为 year，输入"`tsset year`"命令设定数据格式，再输入"`reg y x`"进行 OLS 估计，回归结果如图 4-17 所示。

```
. . tsset year
      time variable:  year, 1985 to 2012
              delta:  1 unit

. reg y x

    Source |       SS           df       MS          Number of obs   =        28
-----------+------------------------------            F(1, 26)        =  14773.62
     Model |   62502055            1   62502055      Prob > F         =    0.0000
  Residual |  109996.975          26   4230.65288    R-squared        =    0.9982
-----------+------------------------------            Adj R-squared   =    0.9982
     Total |   62612052           27   2318964.89    Root MSE         =    65.043

         y |      Coef.   Std. Err.      t    P>|t|     [95% Conf. Interval]
         x |    .742616   .0061097   121.55   0.000     .7300573    .7551747
     _cons |   62.96558   19.79042     3.18   0.004     22.2858     103.6454
```

图 4-17 参数的 OLS 估计结果

2. 自相关性检验

1) 图示法检验

利用回归结果输出的残差平方 e^2，绘制残差时序图，如图 4-18 所示。残差时序图显示残差随时间呈现一定的规律性，表明存在正相关。

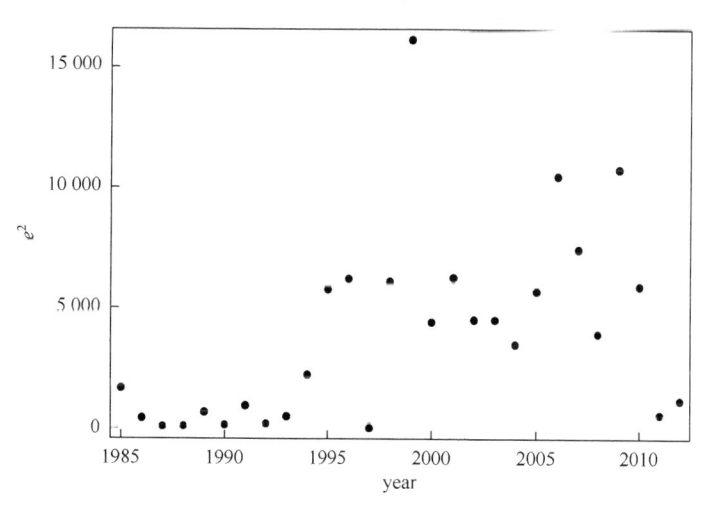

图 4-18 残差时序图

2) DW 检验

输入命令"estat dwatson"即可得到 DW 检验结果，如图 4-19 所示。给定显著性水平 $\alpha = 0.05$，查 DW 表，因为 $T = 28$，解释变量的个数 $k = 1$，得下限临界值 $d_L = 1.33$，上限临界值 $d_U = 1.48$。因为统计量 $0 < \text{DW} = 0.7183 < d_L = 1.33$，表明存在正序列相关。

```
. estat dwatson

Durbin-Watson d-statistic(  2,    28) =  .7182635
```

图 4-19 DW 检验结果

输出结果显示 DW 检验统计量值（Durbin-Watson d-statistic）为 0.718 263 5

3）BG 检验

输入命令"estat bgodfrey",进行 BG 检验,得到检验结果(图 4-20)。检验统计量小于 0.05,表明存在自相关性。

```
. estat bgodfrey

Breusch-Godfrey LM test for autocorrelation

    lags(p)          chi2         df        Prob > chi2
       1            11.254         1           0.0008

                    H0: no serial correlation
```

图 4-20 BG 检验结果

输出结果显示 BG 检验统计量值（chi2）为 11.254，p 值为 0.0008

3. 存在自相关性时模型的估计

由于存在自相关性，OLS 不再是 BLUE，故可以考虑使用可行广义最小二乘（feasible generalized least squares，FGLS）法对模型进行转换、重新估计。使用 CO 估计法，代码为"prais y x, corc"，得到输出结果（图 4-21）。

```
. prais y x, corc

Iteration 0:  rho = 0.0000
Iteration 1:  rho = 0.6347
Iteration 2:  rho = 0.6390
Iteration 3:  rho = 0.6392
Iteration 4:  rho = 0.6392
Iteration 5:  rho = 0.6392

Cochrane-Orcutt AR(1) regression -- iterated estimates

   Source |       SS        df      MS        Number of obs  =      27
----------+--------------------------------   F(1, 25)       = 4533.19
    Model | 11597732.2      1   11597732.2    Prob > F       =  0.0000
 Residual | 63960.1093     25   2558.40437    R-squared      =  0.9945
----------+--------------------------------   Adj R-squared  =  0.9943
    Total | 11661692.3     26   448526.628    Root MSE       =  50.581

        y |    Coef.   Std. Err.      t     P>|t|    [95% Conf. Interval]
----------+------------------------------------------------------------
        x |  .7377192  .0109569    67.33    0.000    .715153    .7602854
    _cons |  80.16359  43.47264     1.84    0.077   -9.369989   169.6972
----------+------------------------------------------------------------
      rho |  .6391719

Durbin-Watson statistic (original)    0.718264
Durbin-Watson statistic (transformed) 1.873690
```

图 4-21 CO 估计法模型估计结果

输出结果前 6 行给出了迭代计算每次使用的自相关系数（rho），如第一次迭代（Iteration 1）中自相关系数（rho）为 0.6347；后面的表格给出最后一次迭代计算的模型结果

最后估计方程为

$$\hat{y}_i = 80.16 + 0.7377 x_i$$
$$(1.84) \quad (67.33)$$
$$R^2 = 0.9945$$

4.5.4 工具变量法的应用

1. 关于工具变量的使用情况

（1）简单回归，一个内生解释变量，一个工具变量，无其他解释变量：直接计算协方差即可。

（2）多元回归，一个内生解释变量，一个工具变量，多个外生解释变量：结构方程联立求解。

（3）模型中只有一个内生解释变量，但是该内生变量有两个或者多个工具变量，无法取舍，并且也想充分利用两个工具变量包含的信息：2SLS 法。

（4）模型中有很多内生解释变量：判断阶条件，即工具变量个数一定要大于内生变量个数（对于每一个内生变量来说），然后与（3）相同，使用 2SLS 法即可。

2. 工具变量法案例分析

（1）本案例选取 Stata 自带数据集 grilic，将使用 2SLS 进行估计。数据集中包括以下变量：lw（工资对数）、s（受教育年限）、age（年龄）、expr（工龄）、tenure（在现单位的工作年数）、iq（智商）、med（母亲的受教育年限）、kww（职业能力测试成绩）、mrt（婚姻虚拟变量，已婚=1）、rns（美国南方虚拟变量，住在南方=1）、smsa（大城市虚拟变量，住在大城市=1）、year（有数据的最早年份，1966~1973 年中的某一年），其中 expr、tenure、rns、smsa 为控制变量。

（2）建立工作文件，输入代码"reg lw s expr tenure rns smsa,r"作为一个参照系，进行 OLS 回归，并使用稳健标准误，得到输出结果（图 4-22）。

```
. reg lw s expr tenure rns smsa,r

Linear regression                               Number of obs  =      758
                                                F(5, 752)      =    84.05
                                                Prob > F       =   0.0000
                                                R-squared      =   0.3521
                                                Root MSE       =  .34641

                          Robust
       lw |      Coef.   Std. Err.      t    P>|t|     [95% Conf. Interval]
        s |   .102643    .0062099    16.53   0.000     .0904523    .1148338
     expr |   .0381189   .0066144     5.76   0.000     .025134     .0511038
   tenure |   .0356146   .0079988     4.45   0.000     .0199118    .0513173
      rns |  -.0840797   .029533     -2.85   0.005    -.1420566   -.0261029
     smsa |   .1396666   .028056      4.98   0.000     .0845000    .194744
    _cons |   4.103675   .0876665    46.81   0.000     3.931575    4.275775
```

图 4-22 OLS 回归模型估计结果

Robust Std. Err. 代表稳健标准误

回归结果显示，教育投资的年回报率（查看变量 s 的系数）为 10.26%，联系实际会发现回归结果中的回报率太高，可能原因是遗漏了"能力"变量，使"能力"对工资的贡献也被纳入教育的贡献，因此高估了教育的回报率。

（3）引入智商（iq）作为"能力"的代理变量，再次进行 OLS 回归，得到输出结果（图 4-23）。

```
. reg lw s iq expr tenure rns smsa,r

Linear regression                                    Number of obs  =      758
                                                     F(6, 751)      =    71.89
                                                     Prob > F       =   0.0000
                                                     R-squared      =   0.3600
                                                     Root MSE       =   .34454

                          Robust
        lw |    Coef.   Std. Err.      t     P>|t|    [95% Conf. Interval]
         s |  .0927874  .0069763    13.30    0.000    .0790921    .1064826
        iq |  .0032792  .0011321     2.90    0.004    .0010567    .0055016
      expr |  .0393443  .0066603     5.91    0.000    .0262692    .0524193
    tenure |  .034209   .0078957     4.33    0.000    .0187088    .0497092
       rns | -.0745325  .0299772    -2.49    0.013   -.1333815   -.0156834
      smsa |  .1367369  .0277712     4.92    0.000    .0822186    .1912553
     _cons |  3.895172  .1159286    33.60    0.000    3.667589    4.122754
```

图 4-23　OLS 回归模型估计结果（引入 iq）

加入变量 iq 后，教育投资的回报率下降为 9.28%，虽然变得稍显合理，但仍然过高。由于 iq 变量使用"智商"作为"能力"的代理变量，会产生一定的"测量误差"，可能导致 iq 与误差项相关，故考虑变量 iq 是内生变量，但还需进行检验。

（4）进行豪斯曼检验，检验 iq 是否为内生解释变量，同时考虑使用变量 med、kww、mrt、age 作为 iq 的工具变量，输入豪斯曼检验相关命令：

```
qui reg lw s iq expr tenure rns smsa
estimates store ols
qui ivregress 2sls lw s expr tenure rns smsa (iq=med kww mrt age)
est sto iv
hausman iv ols,constant sigmamore
```

得到输出结果（图 4-24）。

```
              ---- Coefficients ----
                 (b)         (B)         (b-B)      sqrt(diag(V_b-V_B))
                  iv         ols      Difference          S.E.
        iq | -.0115468    .0032792    -.014826        .0045618
         s |  .1373477    .0927874     .0445604       .0137108
      expr |  .0338041    .0393443    -.0055402       .0017047
    tenure |  .040564     .034209      .0063551       .0019554
       rns | -.1176984   -.0745325    -.0431659       .0132817
      smsa |  .149983     .1367369     .0132461       .0040757
     _cons |  4.837875    3.895172     .9427029       .2900607

              b = consistent under Ho and Ha; obtained from ivregress
              B = inconsistent under Ha, efficient under Ho; obtained from regress

     Test:  Ho:  difference in coefficients not systematic

                  chi2(1) = (b-B)'[(V_b-V_B)^(-1)](b-B)
                          =      10.56
                Prob>chi2 =     0.0012
                (V_b-V_B is not positive definite)
```

图 4-24　豪斯曼检验输出结果

图中给出了豪斯曼检验的计算过程。iv 为工具变量法下的系数估计结果，ols 为普通最小二乘法下的系数估计结果，Difference 为两种方法下系数估计结果的差值，S.E. 为两种方法下系数估计误差的差异值。当 iq 为内生变量时，ols 估计结果不满足一致性，两种方法估计结果的相对差异（由豪斯曼检验统计量表示）较大。本次检验的豪斯曼检验统计量值（chi2）为 10.56，p 值为 0.0012，说明 iq 为内生变量。

输出结果显示，可以在 5%的显著性水平上拒绝"所有解释变量均为外生"的原假设，即认为 iq 为内生变量。由于传统的豪斯曼检验在存在异方差性的情形下不成立，还要进行异方差稳健的 DWH 检验，输入命令"estat endogenous"，输出结果如图 4-25 所示。

```
. estat endogenous

Tests of endogeneity
Ho: variables are exogenous

Durbin (score) chi2(1)          =    10.6611  (p = 0.0011)
Wu-Hausman F(1,750)             =    10.699   (p = 0.0011)
```

图 4-25　DWH 检验结果

DWH 检验分别给出 Durbin（score）[杜宾（值）] 和 Wu-Hausman（吴-豪斯曼）两个统计量结果，分别为 10.6611 和 10.699

由于 DWH 检验中两个检验统计量的 p 值都小于 0.05，故可认为 iq 为内生解释变量。

（5）确定 iq 为内生变量，进行 2SLS 回归：

ivregress 2sls lw s expr tenure rns smsa (iq=med kww mrt age),r

并使用稳健标准误，得到输出结果（图 4-26）。

```
. ivregress 2sls lw s expr tenure rns smsa (iq=med kww mrt age),r

Instrumental variables (2SLS) regression        Number of obs  =      758
                                                Wald chi2(6)   =   355.73
                                                Prob > chi2    =   0.0000
                                                R-squared      =   0.2002
                                                Root MSE       =   .38336

                          Robust
         lw |    Coef.    Std. Err.      z    P>|z|    [95% Conf. Interval]
         iq |  -.0115468   .0056376   -2.05   0.041   -.0225962   -.0004974
          s |   .1373477   .0174989    7.85   0.000    .1030506    .1716449
       expr |   .0338041   .0074844    4.52   0.000    .019135     .0484732
      tenure|   .040564    .0095848    4.23   0.000    .0217781    .05935
        rns |  -.1176984   .0359582   -3.27   0.001   -.1881751   -.0472216
       smsa |   .149983    .0322276    4.65   0.000    .0868182    .2131479
       _cons|   4.837875   .3799432   12.73   0.000    4.0932      5.58255

Instrumented:  iq
Instruments:   s expr tenure rns smsa med kww mrt age
```

图 4-26　2SLS 回归输出结果

instrumented 后面的变量是 iq，作为需要被工具变量替代的内生变量。instruments 后面的变量表示替代内生变量 iq 的工具变量

在此 2SLS 回归中，教育回报率上升到 13.73%，而智商对工资的贡献为负，很大程度上与事实不符。使用工具变量法的前提是工具变量的有效性，为此，要进行工具变量的过度识别检验，考察是否所有工具变量均外生，即与扰动项不相关。输入代码"estat overid"，得到输出结果（图 4-27）。

```
. estat overid

Test of overidentifying restrictions:
Score chi2(3)          =   51.5449  (p = 0.0000)
```

图 4-27　过度识别检验结果

图中 Score chi2（3）给出过度识别检验的统计量值和 p 值

输出结果拒绝了"所有工具变量均外生"的原假设,经定性分析怀疑 mrt、age 不满足外生性。因此,考虑仅使用变量 med、kww 作为 iq 的工具变量,再次进行 2SLS 回归:

```
ivregress 2sls lw s expr tenure rns smsa (iq=med kww),r
```

得到输出结果(图 4-28)。

```
. ivregress 2sls lw s expr tenure rns smsa (iq=med kww),r

Instrumental variables (2SLS) regression    Number of obs  =      758
                                            Wald chi2(6)   =   370.04
                                            Prob > chi2    =   0.0000
                                            R-squared      =   0.2775
                                            Root MSE       =   .36436

------------------------------------------------------------------------------
             |               Robust
          lw |      Coef.   Std. Err.      z    P>|z|     [95% Conf. Interval]
-------------+----------------------------------------------------------------
          iq |   .0139284   .0060393     2.31   0.021     .0020916    .0257653
           s |   .0607803   .0189505     3.21   0.001     .023638     .0979227
        expr |   .0433237   .0074118     5.85   0.000     .0287968    .0578505
      tenure |   .0296442   .008317      3.56   0.000     .0133432    .0459452
         rns |  -.0435271   .0344779    -1.26   0.207    -.1111026    .0240483
        smsa |   .1272224   .0297414     4.28   0.000     .0689303    .1855146
       _cons |   3.218043   .3983683     8.08   0.000     2.437256    3.998831
------------------------------------------------------------------------------
Instrumented: iq
Instruments:  s expr tenure rns smsa med kww
```

图 4-28 改进后 2SLS 回归输出结果

结果显示教育投资回报率降到 6.08%,较为合理;同时 iq 的贡献也变为正,再次进行过度识别检验后也认为 med、kww 外生,至此,模型基本选定完成。

4.6 本章小结

本章介绍了几种违背经典假设情形下模型参数的估计问题,讨论了当模型中存在多重共线性、异方差性、自相关性和随机解释变量等情况时 OLS 估计的不足,并给出常用的检验方法以及适用的修正策略。在实际应用操作中,并没有一种检验方法或修正方法是绝对好的,应该根据具体情况,进行合理的选择。

附录 案例分析的 Stata 实现

1. 多重共线性的检验与处理的 Stata 实现代码——基于 4.5.1 节的案例

```
*==4.5.1 多重共线性的检验与处理
use 4.5.1.dta,clear
regress y x1 x2 x3 x4 x5         //OLS 估计
*计算 VIF
estat vif
*计算条件数
```

```
coldiag2 x1 x2 x3 x4 x5
*对变量进行标准化处理
foreach i in y x1 x2 x3 x4 x5 {
  egen N`i' = std(`i')
}
*主成分回归
pca Nx1-Nx5        //主成分分析
predict f1         //提取一个主成分
regress Ny f1
*将所得系数还原为原变量间的关系系数
matrix coeff=e(b)'
pca Nx1-Nx5
mat A=e(L)
*计算各变量均值
foreach i in y x1 x2 x3 x4 x5 {
  egen m`i' = mean(`i')
}
*计算各变量标准差
foreach i in y x1 x2 x3 x4 x5 {
  egen d`i' = sd(`i')
}
*计算原变量系数
matrix B=(coeff[1,1]*A[1..5,1])
gen b1=B[1,1]*dy/dx1
gen b2=B[2,1]*dy/dx2
gen b3=B[3,1]*dy/dx3
gen b4=B[4,1]*dy/dx4
gen b5=B[5,1]*dy/dx5
gen b0=my-b1*mx1-b2*mx2-b3*mx3-b4*mx4-b5*mx5
```

2. 异方差性的检验与处理的 Stata 实现代码——基于 4.5.2 节的案例

```
*==4.5.2 异方差性的检验与处理
use 4.5.2.dta,clear
regress y x        //OLS 估计
*绘制残差图
predict e1,res
g e2=e1^2
scatter e2 x
```

```stata
*怀特检验
estat imtest,white
*BP 检验
estat hettest,iid        //默认设置为使用拟合值 y~
estat hettest x,iid      //使用解释变量 x
*WLS 估计
reg y x [aw=1/e2]
```

3. 自相关性的检验与处理的 Stata 实现代码——基于 4.5.3 节的案例

```stata
*==4.5.3 自相关性的检验与处理
use 4.5.3.dta,clear
tsset year       //定义时间变量
reg y x          //OLS 估计
*绘制残差时序图
predict e1,res
g e2=e1^2
scatter e2 year
twoway (scatter e1 L.e1)(lfit e1 L.e1)    //L.e1 为滞后一期的残差
ac e1            //绘制残差自相关图
pac e1           //绘制残差偏自相关图
*DW 检验
estat dwatson
*BG 检验
estat bgodfrey
*Q 检验
wntestq e1
*HAC 稳健标准误
newey y x,lag(3)
newey y x,lag(6)
*处理一阶自相关的 FGLS
prais y x,corc      //CO 估计法
```

4. 工具变量法的 Stata 实现代码——基于 4.5.4 节的案例

```stata
*==工具变量法
use grilic.dta,clear
sum                //查看数据统计特征
reg lw s expr tenure rns smsa,r           //建立参照系
reg lw s iq expr tenure rns smsa,r        //引入 iq
```

*豪斯曼检验（检验是否存在内生解释变量）
```
qui reg lw s iq expr tenure rns smsa
estimates store ols
qui ivregress 2sls lw s expr tenure rns smsa (iq=med kww mrt age)
est sto iv
hausman iv ols,constant sigmamore
```
*异方差稳健的 DWH 检验
```
estat endogenous
```
*进行 2SLS 回归
```
ivregress 2sls lw s expr tenure rns smsa (iq=med kww mrt age),r
estat overid         //过度识别检验
```
*筛选工具变量
```
ivregress 2sls lw s expr tenure rns smsa (iq=med kww),r
```

思考题与练习题

4.1 多重共线性的产生与样本容量的个数 n、解释变量的个数 k 是否有关系？

4.2 具有严重多重共线性的回归方程能否用来进行预测？

4.3 什么是异方差性？举例说明经济现象中的异方差性。

4.4 思考可能造成自相关性的原因有哪些？

4.5 简述工具变量法的基本思想。

4.6 根据某城市 1978~1998 年人均储蓄 y 与人均收入 x 的数据资料建立了如下回归模型：

$$\hat{y} = -2187.521 + 1.6843x$$
$$\text{se} = (340.0103) \quad (0.0622)$$
$$R^2 = 0.9748, \quad \text{S.E.} = 1065.425, \quad \text{DW} = 0.2934, \quad F = 733.6066$$

下面取时间段 1978~1985 年和 1991~1998 年，分别建立两个模型（括号内为 t 值）。

模型 1：
$$\hat{y} = -145.4415 + 0.3971x$$
$$(-8.7312) \quad (25.4269) \quad R^2 = 0.9908, \quad \sum e_1^2 = 1372.202$$

模型 2：
$$\hat{y} = -4602.365 + 1.9525x$$
$$(-5.0660) \quad (18.4094) \quad R^2 = 0.9826, \quad \sum e_2^2 = 5811.189$$

利用上述结果，对第一个回归模型进行异方差性检验。

4.7 克莱因与戈德伯格曾用 1921~1950 年（1942~1944 年战争期间略去）美国国内消费 Y 和工资收入 $X1$、非工资-非农业收入 $X2$、农业收入 $X3$ 的时间序列资料，利用 OLS 估计得出了下列回归方程（括号中的数据为相应参数估计量的标准误差）：

$$\hat{Y} = 8.133 + 1.059X1 + 0.452X2 + 0.121X3$$
$$(8.92)\quad (0.17)\quad\quad (0.66)\quad\quad (1.09)\quad R^2 = 0.95,\quad F = 107.37$$

试对上述模型进行评析，指出其中存在的问题。

4.8 设模型：
$$Y_i = \beta_0 + \beta_1 X_{1i} + \beta_2 X_{2i} + u_i$$
$$E(u_i) = 0, \quad \mathrm{Var}(u_i) = \sigma^2 X_{1i}^2$$

其中，σ^2 为常数。

试回答以下问题：

（1）选用适当的变换修正异方差，要求写出变换过程。

（2）写出修正异方差后的参数估计量的表达式。

4.9 根据某地区居民对农产品的消费 y 和居民收入 x 的样本资料，应用最小二乘法估计模型，估计结果如下。

$$\hat{y} = 27.913 + 0.3524x$$
$$(14.9343)\quad (64.0728)\quad R^2 = 0.9966,\quad \sum_{i=1}^{16} e_i^2 = 22.0506,\ \mathrm{DW} = 0.6800,\ F = 4122.531$$

由所给资料回答以下问题。

（1）在 $\sigma^2 = 16, \alpha = 0.05$ 的条件下，试进行 DW 检验，判断模型中是否存在自相关性。

（2）如果模型存在自相关性，求出相关系数 ρ，并利用广义差分变换写出无自相关性的广义差分模型。

> **本章扩展材料**

第5章 平稳时间序列分析

时间序列分析是计量经济学的重要分支。传统计量经济学模型包含了序列的平稳性、正态性的假定。直接将经济变量的时间序列数据用于建模分析，实际上隐含了上述假定。在这些假定成立的条件下，据此而进行的 t 检验、F 检验等才具有较高的可靠度。然而越来越多的经验证据表明，经济分析中所涉及的大多数时间序列是非平稳的。20世纪70年代，Granger（格兰杰）、Newbold（纽博尔德）研究发现，造成"伪回归"的根本原因在于时序序列变量的非平稳性。为解决这类问题才有专门的时间序列分析方法。

根据时间序列的随机过程特性，可分为"平稳序列"与"非平稳序列"两大类，并使用不同的计量方法。本章介绍平稳时间序列，第6章介绍非平稳时间序列。本章首先介绍时间序列分析中的一些基本概念，其次介绍平稳性检验的方法，再次介绍ARMA模型的种类及识别方法，最后是一个案例分析。

5.1 时间序列分析的基本概念

5.1.1 时间序列与随机过程

随机变量组成的一个有序序列称为随机过程，记为 $\{X_t, t \in T\}$，简记为 $\{X_t\}$ 或 X_t。随机过程中的每一个元素 X_t 都是随机变量。随机过程的一次观测结果称为时间序列，用 $\{x_t, t \in T\}$ 表示，并简记为 $\{x_t\}$ 或 x_t。时间序列中的元素称为观测值。

随机过程与时间序列的关系如下。

$$
\begin{aligned}
&\text{随机过程：} &&\{X_1, X_2, \cdots, X_{T-1}, X_T\} \\
&\text{第1次观测：} &&\{x_1^1, x_2^1, \cdots, x_{T-1}^1, x_T^1\} \\
&\text{第2次观测：} &&\{x_1^2, x_2^2, \cdots, x_{T-1}^2, x_T^2\} \\
&&&\quad\vdots \\
&\text{第}n\text{次观测：} &&\{x_1^n, x_2^n, \cdots, x_{T-1}^n, x_T^n\}
\end{aligned}
$$

比如某河流一年的水位值 $\{X_1, X_2, \cdots, X_{T-1}, X_T\}$ 可以看作一个随机过程，每一年的水位记录则是一个时间序列，如 $\{x_1^1, x_2^1, \cdots, x_{T-1}^1, x_T^1\}$。

观察值序列是随机序列的一个实现，我们研究的目的是揭示随机时序的性质，实现的手段则是通过观察值序列的性质来进行推断。

5.1.2 平稳性

根据观测记录对随机过程的结构进行统计推断时，通常须做出某些简化的假设，其中最重要的就是平稳性（stationarity）。平稳性的基本思想是决定过程特性的统计规律不随着时间的变化而改变。如果一个时间序列 x_t 的联合概率分布不随时间而变，即对于任何 n 和 k，$x_1, x_2, \cdots, x_n$ 的联合概率分布与 $x_{1+k}, x_{2+k}, \cdots, x_{n+k}$ 的联合概率分布相同，则称该时间序列是严格平稳的，但是在实践中上述联合概率分布很难确定。

经济时间序列数据不同于横截面数据（存在的重复抽样的情况），它是一个随机事件的唯一记录。如中国 1980~2004 年的进出口总额是唯一的、实际发生的历史记录，从经济的角度看，这个过程是不可重复的。横截面数据中的随机变量可以非常方便地通过其均值、方差或生成数据的概率分布加以描述，但是在时间序列中则明显不同。

由于实践中联合概率分布很难确定，我们用随机变量 $x_t(t=1,2,\cdots)$ 的均值、方差和协方差给出平稳性定义。如果满足下面三个条件，则一个时间序列是"弱平稳"的。

（1）均值 $E(x_t) = \mu (t=1,2,\cdots)$。
（2）方差 $\mathrm{Var}(x_t) = E(x_t - \mu)^2 = \sigma^2 (t=1,2,\cdots)$。
（3）协方差 $\mathrm{Cov}(x_t, x_{t+k}) = E(x_t - \mu)(x_{t+k} - \mu) = \gamma_k (t=1,2,\cdots)$ 且 $k \neq 0$。

我们所说的平稳性一般情况指的就是弱平稳。当一个时间序列 u_t 是弱平稳时，则 u_t 与 u_{t-k} 之间的协方差不依赖于时刻 t 而仅依赖于 k，即仅与两个观测值之间的间隔长度 k 有关。

5.1.3　四种经典的时间序列类型

1. 经典的平稳时间序列——白噪声（white noise）

当序列值之间具有密切的相关关系，即历史数据对未来变动或趋势有一定程度的影响，这样的时间序列才有挖掘历史数据并预测未来的必要。如果序列值之间没有任何相关性，也可以说是"没有记忆"的序列，这样的历史数据对未来没有任何影响，这种序列被称为纯随机序列。从统计分析角度来说，纯随机序列不具备建模分析的基础。

同时，纯随机序列是判断相关信息提取是否充分的一个标准。一旦时间序列中蕴含的相关信息被充分提取，剩下的残差序列就应该呈现出纯随机的性质。

纯随机序列也被称为白噪声序列（white noise series）。通常用 ε_t 表示，满足以下三个条件。

（1）$E(\varepsilon_t)=0$，对所有 t 成立。
（2）$\mathrm{Var}(\varepsilon_t)=\sigma^2$，对所有 t 成立。
（3）$\mathrm{Cov}(\varepsilon_t, \varepsilon_{t+k})=0$，对所有 t 和 $k \neq 0$ 成立。

白噪声序列可表示为

$$\varepsilon_t \sim \mathrm{IID}(0, \sigma^2) \tag{5-1}$$

式中，IID 为 independently identically distributed（独立同分布）的缩写。容易证明，白噪声序列一定是平稳序列，而且是最简单的平稳序列。图 5-1 是对标准正态白噪声序列的模拟。

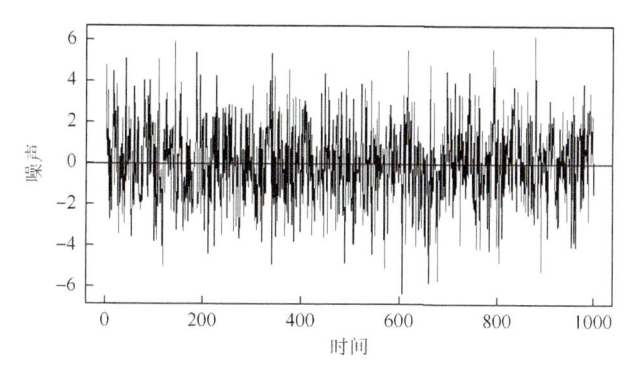

图 5-1 标准正态白噪声序列时序图

2. 经典的非平稳时间序列

1）随机漫步（random walk）

如果一个序列由如下随机过程生成：

$$x_t = x_{t-1} + u_t \qquad u_t \sim N(0, \sigma^2) \tag{5-2}$$

式中，u_t 是一个白噪声，则该序列被称为随机漫步。容易证明 $E(x_t) = E(x_{t-1})$，$\text{Var}(x_t) = t\sigma^2$，$x_t$ 的方差与时间 t 有关而非常数，因此随机漫步序列是非平稳序列。

随机漫步序列可以通过差分变换后得到：$\Delta x_t = u_t$。由于 u_t 是白噪声，所以 Δx_t 是平稳序列，说明随机漫步可以通过差分变换为平稳序列。

随机漫步过程是最简单的非平稳过程，它是 $x_t = \rho x_{t-1} + u_t$ 的特例，此式通常被称为一阶自回归过程（简记为 AR(1)），可以证明该过程在 $-1 < \rho < 1$ 时是平稳的，其他情况下，则为不平稳过程。

2）带漂移项的随机漫步（random walk with drift）

考虑如下随机过程：

$$x_t = \alpha + \beta t + \rho x_{t-1} + u_t^{①} \tag{5-3}$$

式中，u_t 为白噪声；t 为时间趋势。如果 $\rho=1$、$\beta=0$，则式（5-3）为带漂移项的随机漫步过程。

假如

$$x_t = \alpha + x_{t-1} + u_t \tag{5-4}$$

根据 α 的正负，x_t 表现出明显的上升或下降趋势，这种趋势称为随机性趋势（stochastic trend）。对于式（5-4）我们同样可通过差分的方法使其变为平稳的序列，因此式（5-4）也被称为差分平稳过程（difference stationary process）。

3）趋势平稳过程（trend stationary process）

考虑如下随机过程：

$$x_t = \alpha + \beta t + u_t \tag{5-5}$$

根据 β 的正负，x_t 会表现出明显的上升或下降趋势，这种趋势称为确定性趋势

---

① 式（5-3）中 x_t 既包含确定性趋势又包含随机性趋势，我们称其所表示的序列为确定性趋势非平稳过程（non-stationary process with deterministic trend）。

（deterministic trend）。对于确定性趋势，我们无法通过差分的方法消除，而只能通过除去趋势项来消除，使该序列变为平稳，这样的序列我们称为趋势平稳过程。

5.2 平稳性检验

平稳性是某些时间序列具有的一种统计特征。平稳性检验的方法可分为两类：一类是根据时序图和自相关图显示的特征做出判断的图形检验法；另一类是通过构造检验统计量进行定量检验的单位根检验（unit root test）法。

5.2.1 图形检验法

1. 时间序列图检验

时间序列图横轴表示时间，纵轴表示序列的取值。通过时间序列图可以直观地查看时间序列的一些基本分布特征。根据平稳时间序列均值、方差为常数的特点可知，平稳序列的时间序列图应围绕其均值随机波动，且波动范围是有界的。如果所考察的时间序列具有明显的趋势性或周期性，那么通常认为该序列是不平稳的。对于很多非平稳序列，均可以通过其时序图对其进行平稳性检验。

在图5-2中，GDP序列有明显的递增趋势，可以认为1995～2014年GDP序列是非平稳的。

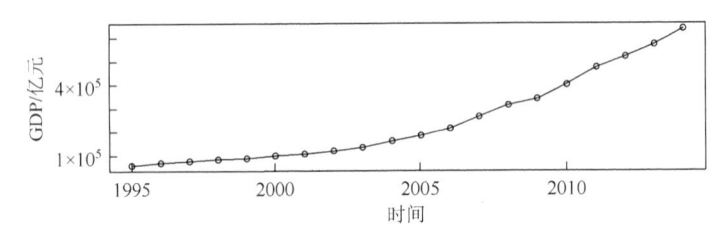

图5-2 1995～2014年GDP的时序图

在图5-3中，平均每头奶牛月产奶量以年为周期呈现出规则的周期性，同时还有明显的逐年递增趋势，具有明显的趋势性，可以认为该序列是非平稳的。

2. 序列自相关图检验

对于一个时间序列来讲，其样本自相关函数（autocorrelation function，ACF）可表示为

$$\rho_k = \frac{\sum_{t=1}^{n-k}(x_t - \bar{x})(x_{t+k} - \bar{x})}{\sum_{t=1}^{n}(x_t - \bar{x})^2}, \quad k = 1, 2, \cdots \quad (5\text{-}6)$$

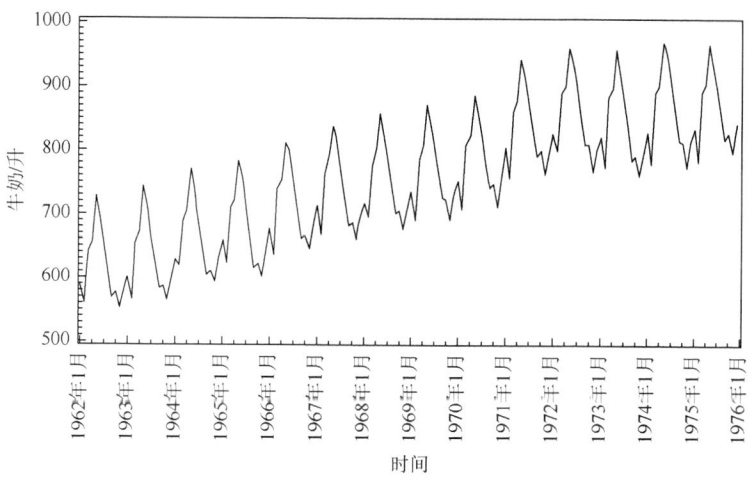

图 5-3 平均每头奶牛月产奶量的时序图

根据自相关函数的表达式,可以计算出不同滞后阶下的样本自相关函数。平稳序列通常具有短期相关性。理论上,对于平稳序列来说,其自相关系数一般会随着滞后期 k 的增加而快速趋向于 0;相反,非平稳序列的自相关系数值通常随着 k 的增加趋向于 0 的速度会比较慢,这就是我们利用自相关函数图进行平稳性判断的标准。

自相关函数图的横坐标表示滞后时期,纵坐标表示自相关系数。图 5-4 为 GDP 序列的自相关函数图,随着滞后期的增加,GDP 的自相关系数趋向于 0 的速度是比较慢的,在很长的滞后时期里,自相关系数一直为正,而后一直为负,在自相关函数图上显示出明显的三角对称性,这是具有单调趋势的非平稳序列的一个典型形式,与该序列时序图(图 5-2)显示的单调递增性是一致的,再次印证 1995~2014 年 GDP 序列是非平稳的。

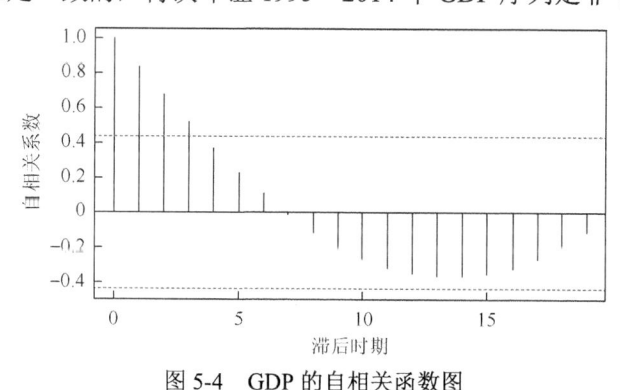

图 5-4 GDP 的自相关函数图

5.2.2 单位根检验法

在实际应用中,对于平稳性的判断,更常用的还是定量的检验方法——单位根检验法,即检验序列中是否存在单位根,存在单位根就是非平稳时间序列。

1. DF 检验

因为用 DF(Dickey-Fuller,迪基-富勒)统计量做单位根检验,此检验称作 DF 检验。DF 检验采用的是 OLS 估计方法。

第一步：首先进行 OLS 回归

$$\Delta x_t = \delta x_{t-1} + \varepsilon_t \tag{5-7}$$

得到常规 t_δ 的值。其中 Δx_t 和 x_{t-1} 的下标分别为 t 和 $t-1$。

第二步：检验假设。

$$H_0: \delta = 0$$
$$H_1: \delta < 0$$

根据原假设和备择假设，DF 检验是左单端检验。原假设 H_0 的含义为：序列至少存在一个单位根（为非平稳序列）。备选假设 H_1 的含义为：序列不存在单位根（为平稳序列）。

用第一步得到的 t_δ 值与临界值 τ[①] 相比较，如果 $t_\delta > \tau$，则接受原假设 H_0，X_t 存在单位根，即为非平稳序列；若 $t_\delta < \tau$，则拒绝原假设 H_0，X_t 不存在单位根，即为平稳序列（图 5-5）。

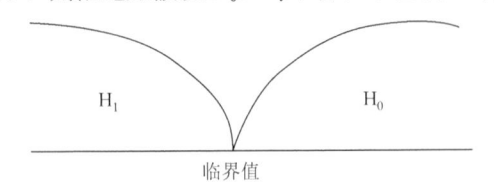

图 5-5 DF 检验的接受域和拒绝域

Dickey 和 Fuller 注意到 τ 临界值依赖于回归方程的类型。因此他们同时还编制了与另外两种类型方程相对应的 τ 统计表，这两类方程分别是：包括截距项的式（5-8）和既包括截距项又包括趋势项的式（5-9）。

$$\Delta x_t = \alpha + \delta x_{t-1} + \varepsilon_t \tag{5-8}$$

$$\Delta x_t = \alpha + \beta t + \delta x_{t-1} + \varepsilon_t \tag{5-9}$$

二者的 τ 临界值分别记为 τ_U 和 τ_T。尽管三种方程的形式有所不同，但有关时间序列平稳性的检验依赖的都是 x_{t-1} 的系数 δ，而与 α、β 无关。

在实际检验中，若 H_0 不能被拒绝，则说明 x_t 是单位根序列（起码为一阶非平稳序列）。接下来应该继续检验 Δx_t 序列是否含有单位根，即作如下 DF 检验：

$$\Delta^2 x_t = \rho \Delta x_{t-1} + v_t \tag{5-10}$$

直至检验结论为平稳为止。从而获知 x_t 为几阶单整序列。

DF 检验只有当序列为 AR(1)时才有效。如果序列存在高阶滞后相关，就违背了扰动项是独立同分布的假设。这种情况下，Dickey 和 Fuller 提出了使用增广的 DF（augmented Dickey-Fuller，ADF）检验方法来检验含有高阶序列相关的序列的单位根。

2. ADF 检验

在 DF 检验中，实际上是假定时间序列是由具有白噪声随机误差项的一阶自回归过程 AR(1)生成的。但在实际检验中，时间序列可能由更高阶的自回归过程生成，或者随机误差项并非白噪声的，为了保证 DF 检验中随机误差项的白噪声特性，Dickey 和 Fuller 对 DF 检验进行了扩充，形成了 ADF 检验。

[①] Dickey 和 Fuller 以蒙特卡罗模拟为基础，编制了 t_δ 的统计量的临界值表，表中所列的非传统 t 统计值，他们称之为 τ 统计量。利用软件进行检验时，软件会自动给出相应的临界值。

ADF 检验的模型 1：

$$\Delta x_t = \delta x_{t-1} + \sum_{i=1}^{p} \theta_i \Delta x_{t-i} + \varepsilon_t \quad (5\text{-}11)$$

ADF 检验的模型 2：

$$\Delta x_t = \alpha + \delta x_{t-1} + \sum_{i=1}^{p} \theta_i \Delta x_{t-i} + \varepsilon_t \quad (5\text{-}12)$$

ADF 检验的模型 3：

$$\Delta x_t = \alpha + \beta t + \delta x_{t-1} + \sum_{i=1}^{p} \theta_i \Delta x_{t-i} + \varepsilon_t \quad (5\text{-}13)$$

式（5-11）～式（5-13）中三个模型检验的原假设和备择假设都是 $H_0: \delta = 0$ 和 $H_1: \delta < 0$。只要上述三个模型中有一个能拒绝原假设，则说明原序列是平稳的；若三个模型都接受了原假设，则说明原序列是非平稳的，进而需要对其一阶差分序列再进行平稳性检验。ADF 检验的原理与 DF 检验相同，只是对模型进行检验时，各自的临界值由 ADF 分布表给出，比较计算得到的统计量与临界值的大小即可对 H_0 进行判断。

时间序列模型的滞后项个数 p 的选择准则是：首先要充分大，以消除自相关；其次应尽量小，以保持检验式具有更大的自由度。实际中以检验式 DW 值合格为标准，也有文献主张用 AIC（Akaike information criterion，赤池信息量准则）、SC（Schwarz criterion，施瓦兹准则）决定时间序列模型的滞后项个数。在实际应用中，还需要兼顾系统的稳定性、模型的拟合优度等因素。

实际的经济时间序列通常不是一个简单的 AR(1)序列，往往表现为 AR(p)序列，所以 ADF 检验是最常用的单位根检验方法。

如果在检验时拒绝原假设，则序列不存在单位根，为平稳序列；如果序列是不平稳的，还需对其差分后进一步检验，直到拒绝原假设，来确定序列的单整阶数。

3. PP 检验

Phillips 和 Perron 于 1988 年对 ADF 检验进行了非参数修正，提出了 PP（Phillips-Perron）检验统计量，该统计量不仅考虑到 ε_t 的异方差性，同时也考虑到自相关误差所产生的影响，并且与 τ 统计量具有相同的分布，可以使用 τ 统计量的临界值表（DF 分布表）来进行判断。

需要注意的是，PP 检验除了构造的统计量不同于 ADF 检验，同 ADF 检验类似的是也有三个检验模型。对于三个检验模型的选择方法同 ADF 检验中所介绍的选择方法类似，既可以画图观察也可以通过软件的输出结果进行直接判断。

4. 单位根检验的详细步骤

单位根检验中，不仅存在三个检验模型，而且滞后项一般可以取 0～5 个，所以如果不按顺序全部检验的话，一个序列至少需要检验 18 个方程。同时如果序列不平稳，可能还会对差分序列再次重复以上过程。因此，这里介绍单位根检验的详细步骤。

1）进行既包括截距项又包括趋势项的 DF 检验

对于一个待检验序列，应该使用哪一个检验式检验单位根呢？因为既包括截距项又包括趋势项的式（5-9）对应的 DF 分布处于 3 个 DF 分布的最左侧且方差最小，并能嵌套住数据生成过程中含有常数项和趋势项的情形，所以建议从附带确定性项（时间趋势项和常数项）多的检验式（5-9）开始检验单位根；其次检验只包括截距项的式（5-8）；最后用检验不包含截距项和时间趋势项的情况。

同时结合对实际序列特征的分析。比如一个国家的失业率序列、利息率序列，一般是不会存在 2 次时间趋势的，所以在做单位根检验时就不必一定要从式（5-9）开始，而从式（5-8）开始即可。若检验一个明显带时间趋势的序列，甚至是有 2 次时间趋势的序列，则最好是从式（5-9）开始检验。对于取对数的宏观经济序列，其若有趋势，一般是线性的，因此进行单位根检验时，可以从式（5-8）开始。

当按照既包括截距项又包括趋势项的式（5-9）进行 DF 检验时，如果拒绝原假设，则序列不存在单位根，为平稳序列，检验结束；如果接受原假设，则序列存在单位根，为非平稳序列，继续以下检验过程。

2）根据 DW 统计量选择 DF 检验或 ADF 检验[①]

每一个检验模型中，均可查出 DW 统计量的取值，从而判断滞后项个数。根据样本容量 n 和解释变量数目 k，在给定的显著性水平下，建立 DW 检验统计量的下临界值 d_L 和上临界值 d_U，确定误差序列中是否存在自相关，如图 4-5 所示。当 DW 统计量位于 d_U 和 $(4-d_U)$ 之间时，说明误差序列中不存在自相关，所以不必在该检验式中加入滞后项；当 DW 统计量小于 d_L 或大于 $(4-d_L)$ 时，说明误差序列中存在自相关，需要在该检验式中加入滞后项。如果加入一个滞后项，误差序列中不存在自相关，就不需要再加入滞后项；如果误差序列中仍然存在自相关，就依次增加滞后项个数。

3）进行只包括截距项的单位根检验

使用既包括截距项又包括趋势项的式（5-9）进行单位根检验，并判断得出序列为非平稳序列后，要继续按照只包括截距项的式（5-8）进行单位根检验。如果拒绝原假设，则序列不存在单位根，为平稳序列，检验结束；如果接受原假设，则序列存在单位根，为非平稳序列，继续以下检验过程。

4）进行既不包括截距项又不包括趋势项的单位根检验

使用既包括截距项又包括趋势项的式（5-9）和只包括截距项的式（5-8）进行单位根检验，并均判断得出序列为非平稳序列后，进行既不包括截距项又不包括趋势项的单位根检验。如果拒绝原假设，则序列不存在单位根，为平稳序列，检验结束；如果接受原假设，则序列存在单位根，为非平稳序列，可以得到最终的单位根检验结果：该序列为非平稳序列。

通过查看检验式中 DW 统计量的取值，确定误差序列中是否存在自相关，以此判断是否需要在该检验式中加入滞后项。

5）根据结果，对差分序列进行单位根检验

只要上述三个检验模型中有一个能拒绝原假设，则说明原序列是平稳的；若三个检

[①] 本书认为单位根应以检验式 DW 值合格为主要标准。实践中也用 AIC、SC 准则决定时间序列模型的滞后项个数，从而判断序列的平稳性。

验模型都接受了原假设,则说明原序列是非平稳的,进而需要对其一阶差分序列再进行平稳性检验。

总结以上检验步骤。首先从既包括截距项又包括趋势项的检验模型开始。若检验结果为拒绝原假设,则序列不存在单位根,为平稳序列,检验结束;若不能拒绝原假设,且趋势项和漂移项为零,则逐步剔除趋势项和截距项继续检验单位根,直至最终拒绝原假设为止。每个检验模型中,还需要确定误差序列中是否存在自相关,以此判断是否需要在该检验式中加入滞后项。若一直不能拒绝原假设,则说明原序列是非平稳序列,使用差分序列再次重复以上过程。

5.3 ARMA 模型的种类

在现实中很多时间序列数据,如利率波动、收益率变化及汇率变化等通常是一个平稳序列,或者通过差分等变换可以化成一个平稳序列。本节介绍的 ARMA(autoregressive moving average,自回归平均移动)模型可以用来研究这些经济变量的变化规律,这样的建模方式属于时间序列分析的研究范畴。

ARMA 模型全称为自回归移动平均模型,是目前最常用的拟合平稳序列的模型,包括 AR 模型、MA 模型和 ARMA 模型。

1. AR(p) 模型

AR(p) 模型为 p 阶自回归模型,可以表述为

$$x_t = \phi_0 + \phi_1 x_{t-1} + \phi_2 x_{t-2} + \cdots + \phi_p x_{t-p} + \varepsilon_t \tag{5-14}$$

式中, $\phi_0, \phi_1, \cdots, \phi_p$ 为模型的待估参数; p 为自回归模型的阶数; ε_t 为白噪声。

使用 AR(p) 模型有如下三个限制条件。

(1) $\phi_p \neq 0$。这个限制条件保证了模型的最高阶数为 p。

(2) $E(\varepsilon_t) = 0$, $\text{Var}(\varepsilon_t) = \sigma_\varepsilon^2$, $E(\varepsilon_t \varepsilon_s) = 0$, $s \neq t$。这个限制条件要求随机干扰序列 ε_t 为白噪声序列。

(3) $E(x_s \varepsilon_t) = 0$, $\forall s < t$。这个限制条件说明当期随机干扰 ε_t 与过去的序列值 x_s 无关。

当 $\phi_0 = 0$ 时,自回归模型被称为中心化 AR(p) 模型。当 $p=1$ 时,称为一阶自回归模型,简记为 AR(1)。

$$x_t = \phi_1 x_{t-1} + \varepsilon_t \tag{5-15}$$

AR 模型是常用的平稳序列拟合模型之一,但并非所有的 AR 模型都是平稳的。AR(1) 模型平稳的充要条件是

$$|\phi_1| < 1$$

所以,AR(1) 模型的平稳域就是 $\{\phi_1 \mid -1 < \phi_1 < 1\}$。

AR(p) 模型平稳的充要条件是它的 p 个特征根都在单位圆内。

2. MA(q) 模型

MA(q) 为 q 阶移动平均模型，可以表述为

$$x_t = \mu + \varepsilon_t - \theta_1 \varepsilon_{t-1} - \theta_2 \varepsilon_{t-2} - \cdots - \theta_q \varepsilon_{t-q} \tag{5-16}$$

式中，q 为移动平均模型的阶数；$\theta_1, \theta_2, \cdots, \theta_q$ 为移动平均模型的待估参数；ε_t 为白噪声。尤其要注意的是，ε_t 的系数为 1，并且待估参数 $\theta_1, \theta_2, \cdots, \theta_q$ 前的符号为负。

使用 MA(q) 模型有如下两个限制条件。

（1）$\theta_q \neq 0$。这个限制条件保证了模型的最高阶数为 q。

（2）$E(\varepsilon_t) = 0$，$\text{Var}(\varepsilon_t) = \sigma_\varepsilon^2$，$E(\varepsilon_t \varepsilon_s) = 0$，$s \neq t$。这个条件保证了随机干扰序列 ε_t 为白噪声序列。

当 $\mu = 0$ 时，移动平均模型被称为中心化 MA(q) 模型。当 $q=1$ 时，称为一阶移动平均模型，简记为 MA(1)。

$$x_t = \varepsilon_t - \theta_1 \varepsilon_{t-1} \tag{5-17}$$

MA(q) 模型的系数多项式的根都在单位圆外。这个条件也称为 MA(q) 模型的可逆性条件。其中，MA(1) 模型可逆的条件是 $-1 < \theta_1 < 1$；MA(2) 模型可逆的条件是：$|\theta_2| < 1$ 且 $\theta_2 \pm \theta_1 < 1$。

3. ARMA(p,q) 模型

ARMA(p,q) 模型可以表述为

$$x_t = \phi_0 + \phi_1 x_{t-1} + \cdots + \phi_p x_{t-p} + \varepsilon_t - \theta_1 \varepsilon_{t-1} - \cdots - \theta_q \varepsilon_{t-q} \tag{5-18}$$

显然 ARMA(p,q) 是 AR(p) 和 MA(q) 的组合形式，当 $p=0$ 时，ARMA(p,q) = MA(q)；当 $q=0$ 时，ARMA(p,q) = AR(p)。

5.4 ARMA 模型的识别

ARMA 模型不同于经济计量模型的两个主要特点是：第一，这种建模方法不以经济理论为依据，而是依据变量自身的变化规律，利用外推机制描述时间序列的变化；第二，明确考虑时间序列的平稳性，如果时间序列非平稳，建立模型之前应先通过差分把它变换成平稳的时间序列，再考虑建模问题。

5.4.1 基本概念

所谓 ARMA(p,q) 模型的识别，就是针对一个平稳的随机时间序列，找出生成它的合适的随机过程或模型，进而判断模型的滞后阶数 p 和 q。样本自相关系数（autocorrelation coefficient，AC）及样本偏自相关系数（partial autocorrelation coefficient，PAC）是识别模型类型的主要工具。

1. 自相关系数

在给出自相关系数定义之前我们先介绍自协方差函数概念。相隔 k 期的两个随机变量 x_t 与 x_{t+k} 的协方差,即滞后 k 期的自协方差,定义为

$$\gamma_k = \mathrm{Cov}(x_t, x_{t-k}) = E[(x_t - \mu)(x_{t-k} - \mu)] \tag{5-19}$$

自协方差序列 $\gamma_k(k=0,1,\cdots,k)$ 称为自协方差函数,是 k 的函数。自协方差 γ_k 是有量纲的,与变量的测量单位有关,为消除量纲,给出更为方便的自相关系数定义,时间序列 x_t 滞后 k 阶的样本自相关系数为

$$\begin{aligned}\hat{\rho}_k &= \frac{\mathrm{Cov}(x_t, x_{t-k})}{\sqrt{\mathrm{Var}(x_t)}\sqrt{\mathrm{Var}(x_{t-k})}} = \frac{E[(x_t-\mu)(x_{t-k}-\mu)]}{\sqrt{E[(x_t-\mu)^2]\cdot E[(x_{t-k}-\mu)^2]}} \\ &= \frac{\sum_{t=k+1}^{T}(x_t - \overline{x})(x_{t-k}-\overline{x})}{\sum_{t=1}^{n}(x_t - \overline{x})^2}, \quad k=1,2,\cdots,T\end{aligned} \tag{5-20}$$

2. 偏自相关系数

偏自相关系数是描述随机过程结构特征的另一种方法。用 ϕ_{kj} 表示 k 阶自回归式中第 j 个回归系数,则 k 阶自回归模型表示为

$$x_t = \phi_{k1}x_{t-1} + \phi_{k2}x_{t-2} + \cdots + \phi_{kk}x_{t-k} + \varepsilon_t \tag{5-21}$$

式中,ϕ_{kk} 为最后一个自回归系数,若把 ϕ_{kk} 看作滞后期 k 的函数,则称 $\phi_{kk}(k=1,2,\cdots)$ 为偏自相关函数。

滞后 k 期的情况下样本偏自相关系数的计算公式为

$$\hat{\phi}_{k,k} = \begin{cases} \hat{p}_1, & k=1 \\ \dfrac{\hat{\rho}_k - \sum_{j=1}^{k-1}\hat{\phi}_{k-1,j}\hat{\rho}_{k-j}}{1 - \sum_{j=1}^{k-1}\hat{\phi}_{k-1,j}\hat{p}_j}, & k>1 \end{cases} \tag{5-22}$$

5.4.2 AR(p)模型的识别

可以证明,平稳 AR(p) 模型的自相关系数有两个显著的性质:一是拖尾性;二是呈指数衰减。

平稳 AR(p) 模型的自相关函数为拖尾序列。自相关系数有非零取值,不会在 k 大于某个常数之后就恒等于零,这个性质就是拖尾性。AR(p) 模型的表达式为 $x_t = \phi_0 + \phi_1 x_{t-1} + \phi_2 x_{t-2} + \cdots + \phi_p x_{t-p} + \varepsilon_t$,虽然它的表达式显示 x_t 只受当期随机误差 ε_t 和最近 p 期的序列值 $x_{t-1},\cdots,x_{t-p}$ 的影响,但是由于 x_{t-1} 的值又依赖于 x_{t-1-p},所以实际上 x_{t-1-p} 对 x_{t-1} 也有影响,

以此类推，x_t 之前的每一个序列值 $x_{t-1},\cdots,x_{t-k},\cdots$ 都会对 x_t 产生影响，体现出平稳 AR(p) 模型自相关系数的拖尾性。

平稳 AR(p) 模型自相关系数的指数衰减性质就是利用自相关图判断平稳序列时所说的"短期相关"性，是平稳序列的一个重要特征。这个特征表明对平稳序列而言，通常只有近期的序列值对现时值的影响比较明显，间隔越远的过去值对现时值的影响越小。

平稳 AR(p) 模型的偏自相关系数具有 p 阶截尾性，即当滞后期 $k>p$ 时有 PAC=0 的现象。

因此，自相关系数拖尾性和偏自相关系数的 p 阶截尾性是 AR(p) 模型重要的识别依据。若随机序列的自相关函数是拖尾的，而其偏自相关函数以 p 阶截尾，则此序列可以识别为 AR(p) 序列。

结合实例，考察 $x_t = 0.8x_{t-1} + \varepsilon_t$ 的平稳 AR 模型的自相关图和偏自相关图。

在图 5-6 中，纵轴为样本自相关系数，横轴为延迟阶数，$x_t = 0.8x_{t-1} + \varepsilon_t$ 这个平稳 AR 模型的自关系数都呈现出拖尾性和呈指数衰减到零值附近的性质。当然，不同平稳 AR 模型的自相关系数衰减的方式也不一样：有的自相关系数是按负指数单调收敛到零（图 5-6），有的呈现正负相间的衰减，还有自回归系数呈现出类似于周期性的余弦衰减（具有"伪周期"特征）。

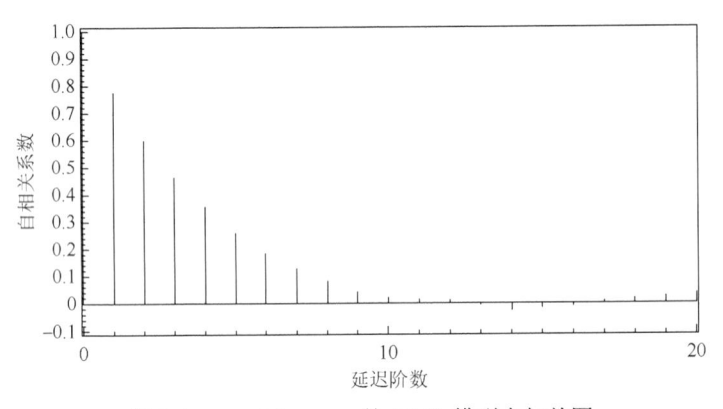

图 5-6 $x_t = 0.8x_{t-1} + \varepsilon_t$ 的 AR(1) 模型自相关图

在图 5-7 中，纵轴为样本偏自相关系数，横轴为延迟阶数。由于样本的随机性，偏自相关系数不会和理论偏自相关系数一样严格截尾，但可以看出 AR(1) 模型的偏自相关系数一阶显著不为零，一阶之后都近似为零，通过样本偏自相关图可以直观地验证 AR 模型偏自相关系数的截尾性。

5.4.3 MA(q)模型的识别

MA(q) 模型的自相关系数 q 阶截尾，即当滞后期 $k>q$ 时，ACF=0。MA(q) 的偏自相关系数为拖尾序列，即无论滞后期 k 取值多大，偏自相关系数的计算值均与其 1 到 p 阶滞后的自相关函数有关。所以，若随机序列的自相关函数以 q 阶截尾，而偏自相关函数拖尾，则此序列可以识别为移动平均 MA(q) 序列。

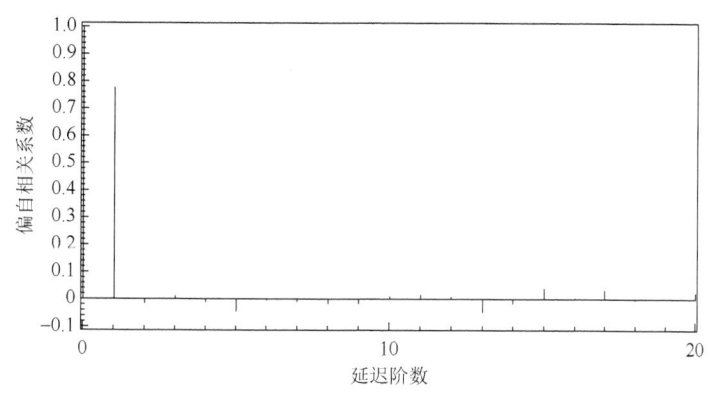

图 5-7 $x_t = 0.8x_{t-1} + \varepsilon_t$ 的 AR(1) 模型偏自相关图

结合实例，考察 $x_t = \varepsilon_t - 2\varepsilon_{t-1}$ 的 MA(1) 模型的自相关图和偏自相关图。

在图 5-8 中，考察自相关系数的特征，纵轴为样本自相关系数，横轴为延迟阶数。排除样本随机性的影响，样本自相关图清晰显示出 $x_t = \varepsilon_t - 2\varepsilon_{t-1}$ 的 MA(1) 模型自相关系数一阶截尾。

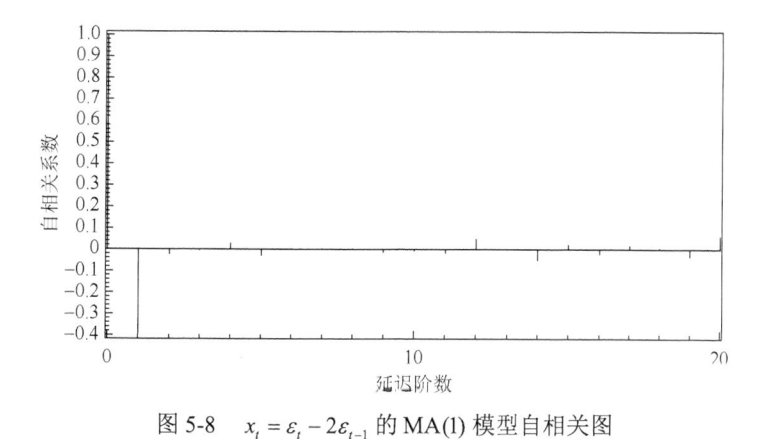

图 5-8 $x_t = \varepsilon_t - 2\varepsilon_{t-1}$ 的 MA(1) 模型自相关图

在图 5-9 中，考察偏自相关系数的特征，纵轴为样本偏自相关系数，横轴为延迟阶数。MA(q) 模型具有偏自相关系数拖尾性。

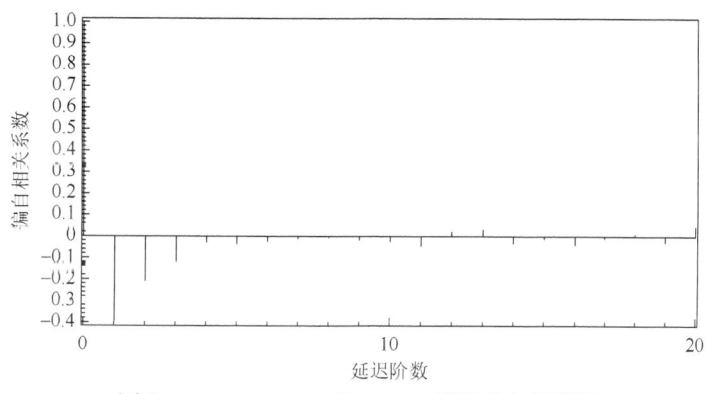

图 5-9 $x_t = \varepsilon_t - 2\varepsilon_{t-1}$ 的 MA(1) 模型偏自相关图

5.4.4 ARMA(p,q)模型的识别

ARMA(p,q)模型的自相关函数，可以看成是 MA(q)的自相关函数和 AR(p)的自相关函数的混合物。当 p=0 时，它具有截尾性；当 q=0 时，它具有拖尾性；当 p 和 q 都不为 0 时，它具有拖尾性质。ARMA(p,q)模型的偏自相关函数也可以看成是 MA(q)和 AR(p)的偏自相关函数的混合。当 p=0 时，它具有拖尾性；当 q=0 时，它具有截尾性；当 p 和 q 都不为 0 时，它具有拖尾性质。

结合实例，考察 $x_t - 0.5x_{t-1} = \varepsilon_t - 0.8\varepsilon_{t-1}$ 的 ARMA(1,1) 模型。

在图 5-10 中，$x_t - 0.5x_{t-1} = \varepsilon_t - 0.8\varepsilon_{t-1}$ 的 ARMA(1,1) 模型的自相关系数具有拖尾性。

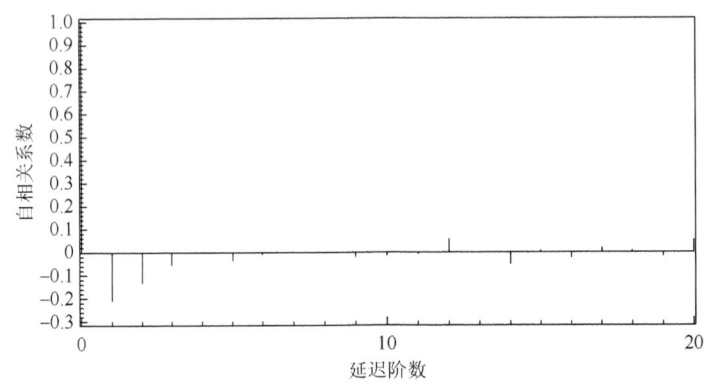

图 5-10　$x_t - 0.5x_{t-1} = \varepsilon_t - 0.8\varepsilon_{t-1}$ 的 ARMA(1,1) 模型自相关图

在图 5-11 中，$x_t - 0.5x_{t-1} = \varepsilon_t - 0.8\varepsilon_{t-1}$ 的 ARMA(1,1) 模型的偏自相关系数也具有拖尾性。

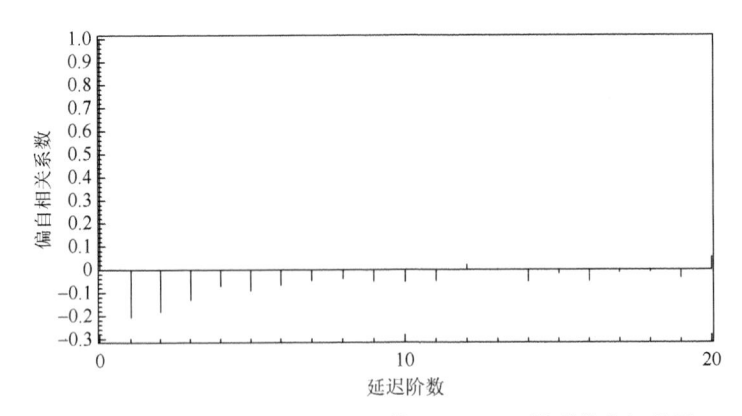

图 5-11　$x_t - 0.5x_{t-1} = \varepsilon_t - 0.8\varepsilon_{t-1}$ 的 ARMA(1,1) 模型偏自相关图

综上所述，几种典型 ARMA 模型的自相关与偏自相关系数的特征如表 5-1 所示。

表 5-1　几种典型 ARMA 模型的自相关与偏自相关系数的特征

模型	自相关系数特征	偏自相关系数特征
AR(1)：$x_t = \phi_1 x_{t-1} + \varepsilon_t$	若 $\phi_1 > 0$，平滑式指数衰减；若 $\phi_1 < 0$，正负交替式指数衰减	$\phi_1 > 0$，$k=1$ 时有正峰值然后截尾；$\phi_1 < 0$，$k=1$ 时有负峰值然后截尾
MA(1)：$x_t = \varepsilon_t - \theta_1 \varepsilon_{t-1}$	$\theta_1 > 0$，$k=1$ 时有正峰值然后截尾；$\theta_1 < 0$，$k=1$ 时有负峰值然后截尾	若 $\theta_1 > 0$，交替式指数衰减；若 $\theta_1 < 0$，负的平滑式指数衰减
AR(2)：$x_t = \phi_1 x_{t-1} + \phi_2 x_{t-2} + \varepsilon_t$	指数或正弦衰减	$k=1,2$ 时有两个峰值然后截尾
MA(2)：$x_t = \varepsilon_t - \theta_1 \varepsilon_{t-1} - \theta_2 \varepsilon_{t-2}$	$k=1,2$ 时有两个峰值然后截尾	指数或正弦衰减
ARMA(1,1)：$x_t = \phi_1 x_{t-1} + \varepsilon_t - \theta_1 \varepsilon_{t-1}$	$k=1$ 时有峰值然后按指数衰减	$k=1$ 时有峰值然后按指数衰减
ARMA(2,1)	$k=1$ 时有峰值然后按指数或正弦衰减	$k=1,2$ 时有两个峰值然后按指数衰减
ARMA(1,2)	$k=1,2$ 时有两个峰值然后按指数衰减	$k=1$ 时有峰值然后按指数或正弦衰减
ARMA(2,2)	$k=1,2$ 时有两个峰值然后按指数或正弦衰减	$k=1,2$ 时有两个峰值然后按指数或正弦衰减

为了便于记忆，我们将 AR(p) 模型、MA(q) 模型和 ARMA(p,q) 模型自相关系数和偏自相关系数的性质简化为如表 5-2 所示的规律。

表 5-2　ARMA 模型自相关与偏自相关系数特征的简化表述

模型	自相关系数	偏自相关系数
AR(p)	拖尾	p 阶截尾
MA(q)	q 阶截尾	拖尾
ARMA(p,q)	拖尾	拖尾

ARMA(p,q) 模型的建模步骤具体可以概括如下。

第一步，对原序列进行平稳性检验，如果不满足平稳性条件，可以通过差分变换或者其他变换（如先取对数然后再差分）将该序列变为平稳序列。

第二步，对平稳序列计算自相关系数和偏自相关系数，初步确定 ARMA 模型的阶数 p 和 q，并在初始估计中尽可能选取较少的参数。

第三步，估计 ARMA 模型的参数，借助 t 统计量初步判断参数的显著性，尽可能剔除不显著的参数，保证模型的结构精练。

第四步，对估计的 ARMA 模型的扰动项进行检验，看其是否是白噪声序列。

第五步，当有几个较为相近的 ARMA 模型可供选择时，可以通过 AIC 或 BIC 等标准来选择最优模型。

5.5　案例分析

我们使用 1995～2014 年全社会固定资产投资与 GDP 数据（表 5-3）来对其进行平稳性检验。

表 5-3　1995～2014 年全社会固定资产投资与 GDP 数据　　单位：亿元

年份	全社会固定资产投资（TFAI）	GDP	年份	全社会固定资产投资（TFAI）	GDP
1995	20 019.3	60 793.7	2005	88 773.6	184 937.4
1996	22 913.5	71 176.6	2006	109 998.2	216 314.4
1997	24 941.1	78 973.0	2007	137 323.9	265 810.3
1998	28 406.2	84 402.3	2008	172 828.4	314 045.4
1999	29 854.7	89 677.1	2009	224 598.8	340 902.8
2000	32 917.7	99 214.6	2010	251 683.8	401 512.8
2001	37 213.5	109 655.2	2011	311 485.1	473 104.0
2002	43 499.9	120 332.7	2012	374 694.7	519 470.1
2003	55 566.6	135 822.8	2013	446 294.1	568 845.2
2004	70 477.4	159 878.3	2014	512 020.7	636 138.7

首先，我们分别做全社会固定资产投资与 GDP 的时间序列图。

[软件操作]

依次点击 File（文件）→Change working directory（更改工作目录），设置读取数据的默认路径。

输入以下命令并运行：

```
.use 固定资产投资.dta, clear
.brow
.tsset 年份//设置变量为时间序列
.tsline TFAI GDP, lpattern("-" "_") //使用 tsline 生成时序图
```

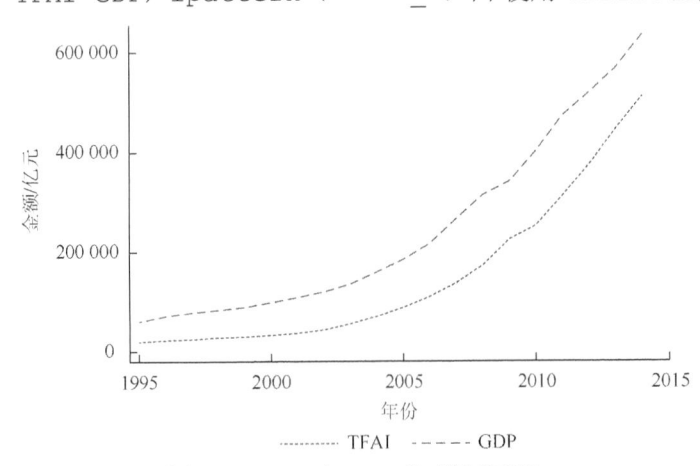

图 5-12　TFAI 与 GDP 的时间序列图

[结果分析]

由图 5-12 可以看出，所考察的 TFAI 与 GDP 的时间序列图具有明显的趋势性，我们认为这两个序列都是不平稳的。

其次，分别对 TFAI 和 GDP 进行单位根检验。

[命令解释]

ADF 检验的 Stata 命令为

dfuller y, lags(p) regress noconstant drift trend

其中，选择项"lags(p)"表示包含 p 阶滞后差分项，默认为"lags(0)"，对应于 DF 检验。选择项"regress"表示显示回归结果。选择项"noconstant drift trend"三者最多选一项，不能并用。"noconstant"对应的是既不包括截距项又不包括趋势项的公式（5-7），"drift"对应的是只包括截距项的公式（5-8），"trend"对应的是既包括截距项又包括趋势项的公式（5-9）。

1. 对 GDP 序列进行既包括截距项又包括趋势项的单位根检验

[软件操作]

输入以下命令并运行：

.dfuller GDP, lags(0) regress trend

[结果分析]

按照既包括截距项又包括趋势项的公式（5-9）进行 DF 检验时，由表 5-4 可知，DF 统计量为 0.544，大于软件给出的 1%、5%和 10%三个水平的临界值，检验伴随概率为 0.9969，接受原假设，则 GDP 序列存在单位根，为非平稳序列，继续检验过程。

表 5-4 既包括截距项又包括趋势项的 DF 检验

	检验统计量	1%临界值	5%临界值	10%临界值
$Z(t)$	0.544	−4.380	−3.600	−3.240

注：检验伴随概率为 0.9969

由于 DF 检验中的扰动项可能存在自相关，故要考虑更高阶的 ADF 检验。

[软件操作]

输入以下命令并运行：

.dfuller GDP, lags(1) regress trend
.dfuller GDP, lags(2) regress trend
.dfuller GDP, lags(3) regress trend
.dfuller GDP, lags(4) regress trend
.dfuller GDP, lags(5) regress trend

以上结果均显示，接受原假设，则 GDP 序列存在单位根，为非平稳序列。

2. 对 GDP 序列进行只包括截距项的单位根检验

[软件操作]

输入以下命令并运行：

.dfuller GDP, lags(0) regress drift

[结果分析]

按照只包括截距项的公式（5-8）进行 DF 检验时，由表 5-5 可知，接受原假设，则序列存在单位根，为非平稳序列，继续检验过程。

表 5-5　只包括截距项的 DF 检验

	检验统计量	1%临界值	5%临界值	10%临界值
$Z(t)$	7.227	−2.567	−1.740	−1.333

注：检验伴随概率为 1

[软件操作]

输入以下命令并运行：

```
.dfuller GDP, lags(1) regress drift
.dfuller GDP, lags(2) regress drift
.dfuller GDP, lags(3) regress drift
.dfuller GDP, lags(4) regress drift
.dfuller GDP, lags(5) regress drift
```

以上结果均显示，接受原假设，则 GDP 序列存在单位根，为非平稳序列。

3. 对 GDP 序列进行既不包括截距项又不包括趋势项的单位根检验

[软件操作]

输入以下命令并运行：

```
.dfuller GDP, lags(0) regress nocon
```

[结果分析]

按照既不包括截距项又不包括趋势项的公式（5-7）进行 DF 检验时，由表 5-6 可知，接受原假设，则序列存在单位根，为非平稳序列，继续检验过程。

表 5-6　既不包括截距项又不包括趋势项的 DF 检验

	检验统计量	1%临界值	5%临界值	10%临界值
$Z(t)$	13.789	−2.660	−1.950	−1.600

[软件操作]

输入以下命令并运行：

```
.dfuller GDP, lags(1) regress nocon
.dfuller GDP, lags(2) regress nocon
.dfuller GDP, lags(3) regress nocon
.dfuller GDP, lags(4) regress nocon
.dfuller GDP, lags(5) regress nocon
```

以上结果均显示，接受原假设，则 GDP 序列存在单位根，为非平稳序列。

4. 对GDP的差分序列进行单位根检验

三个检验模型都接受了原假设，说明序列是非平稳的，进而需要对其一阶差分序列再进行平稳性检验。

[软件操作]

输入以下命令并运行：

.generate d_GDP=d.GDP

.brow

.dfuller d_GDP, lags(0) regress trend

[结果分析]

从表5-7可以看出，按照既包括截距项又包括趋势项的公式（5-9）进行 DF 检验时，DF 统计量为–3.856，在5%和10%的显著性水平下，拒绝原假设，则 GDP 的差分序列不存在单位根，为平稳序列。

表 5-7 GDP 序列的 DF 检验

	检验统计量	1%临界值	5%临界值	10%临界值
$Z(t)$	–3.856	–4.380	–3.600	–3.240

[软件操作]

输入以下命令并运行：

.dfuller GDP, lags(1) regress trend

结果显示，在1%、5%和10%的显著性水平下，均拒绝原假设，则 GDP 的差分序列不存在单位根，为平稳序列。这时可终止检验过程。

综上所述，GDP 序列为非平稳序列，GDP 的差分序列为平稳序列。

5. 对TFAI序列及其差分序列进行单位根检验

首先依照上述步骤，依次根据三个检验模型对 TFAI 序列进行单位根检验：在5%的显著性水平下，接受原假设，则序列存在单位根，为非平稳序列。

然后根据三个检验模型进行单位根检验。

输入以下命令并运行：

.generate d_TFAI=d.TFAI

.brow

.dfuller d_TFAI, lags(0) regress trend

从表5-8中可以看出，对于既包括截距项又包括趋势项的单位根检验，DF 统计量为–3.294，检验伴随概率为0.0672，在10%的显著性水平下，拒绝原假设，则 TFAI 的差分序列不存在单位根，为平稳序列。

表 5-8　TFAI 差分序列的 DF 检验

	检验统计量	1%临界值	5%临界值	10%临界值
$Z(t)$	−3.294	−4.380	−3.600	−3.240

注：检验伴随概率为 0.0672

[软件操作]

输入以下命令并运行：

.dfuller d_TFAI, lags (1) regress trend
.dfuller d_TFAI, lags (2) regress trend
.dfuller d_TFAI, lags (3) regress trend
.dfuller d_TFAI, lags (4) regress trend
.dfuller d_TFAI, lags (5) regress trend

当滞后项增加至 5 个时，在 5%和 10%的显著性水平下，拒绝原假设，则 TFAI 的差分序列不存在单位根，为平稳序列。

综上所述，TFAI 序列为非平稳序列，TFAI 的差分序列为平稳序列。

5.6　本章小结

本章首先介绍了时间分析涉及的几个重要的基本概念；其次讲授平稳性检验的方法，并对 ARMA 模型的不同类型及其识别问题进行了详细的阐述；最后是一个案例分析。

附录　案例分析的 R 实现

1. 标准正态白噪声序列时序图

```
ut<-rnorm (1000, 0, 2)
plot (ut, type="l", xlab="time", ylab="noise"); abline (h=0)
```

2. 绘制时间序列图

```
GDP<-read.csv ("timeseries.csv", header=T)
Y<-ts (GDP, start=1995, end=2014, frequency=1) ###建立时间序列
par (mfrow=c (2, 1)) ##分割图形
plot (Y, type="o", main="TFAI 与 GDP 的时间序列图")
```

3. 单位根检验

```
x=Y[, 1]
y=Y[, 2]
summary (ur.df (x, type="trend", selectlags="AIC"))
```

```
library（fUnitRoots）###加载单位根检验包
urdfTest（x）###对 x 做单位根检验
urdfTest（y）###对 y 做单位根检验
```

4. 自相关与偏自相关函数

```
par（mfrow=c（2，2））###分割图形
acf（x）；pacf（x）；acf（y）；pacf（y）###默认滞后 12 期
```
通过 acf（x，lag=20）可以把滞后期修改为 20。

5. 协整检验

```
a<-lm（y~x，data=Y）###进行协整回归
urdfTest（a$residual）###对残差进行单位根检验
```

思考题与练习题

5.1 简述识别 AR、MA 和 ARMA 模型阶数的方法。

5.2 如何判断一个变量是否平稳？

5.3 自行从《中国统计年鉴》中查找城镇居民人均可支配收入数据，然后：

（1）检验其是否平稳。

（2）根据自相关和偏自相关函数图判定其适合的 ARMA(p,q)模型。

5.4 表 5-9 是某地固定厂房设备投资与销售量的数据，试判断其是否平稳。

表 5-9 某地固定厂房设备投资与销售量的数据   单位：亿元

年份	固定厂房设备投资	销售量	年份	固定厂房设备投资	销售量
1970	36.99	52.805	1981	128.68	168.129
1971	33.6	55.906	1982	123.97	163.351
1972	35.42	63.027	1983	117.35	172.547
1973	42.35	72.027	1984	139.61	190.682
1974	52.48	84.79	1985	182.88	194.538
1975	53.66	86.589	1986	137.95	194.657
1976	58.53	98.797	1987	141.06	206.326
1977	67.48	113.201	1988	163.43	223.541
1978	78.13	126.905	1989	183.8	232.724
1979	95.13	143.936	1990	192.61	239.459
1980	112.6	154.39	1991	182.81	235.142

5.5 请介绍单位根检验的步骤。

5.6 请分析白噪声的时间序列特征。

5.7 请比较随机漫步与带漂移项的随机漫步的时间序列特征。

5.8 请分析趋势平稳过程的时间序列特征。

5.9 自行从《中国统计年鉴》中查找一组时间序列数据，按照 Stata 的软件操作步骤，检验其是否为平稳序列。

5.10 什么是非平稳？为什么随机游走过程是非平稳的？

> **本章扩展材料**

第6章 非平稳时间序列分析

经典计量经济学建模过程中，通常将时间序列数据直接用于回归分析。事实上隐含着时间序列平稳的假定。在这些假定成立的条件下，进行 t、F、χ^2 等检验才具有高度的可靠性。但是，经济分析中大多数时间序列是非平稳的，导致线性回归系数的最小二乘估计量的所有渐近特性都不存在。如果将非平稳的时间序列当作平稳时间序列来进行分析，会带来伪回归（spurious regression）问题。本章在第 5 章的基础上主要介绍非平稳时间序列的相关方法。6.1 节介绍差分与过差分；6.2 节介绍 ARIMA 模型；6.3 节介绍协整与误差修正模型；6.4 节介绍向量自回归模型；6.5 节和 6.6 节介绍因素分解法与指数平滑法；6.7 节是一个综合案例分析。

6.1 差分与过差分

6.1.1 差分运算

拿到观察值序列之后，首先要通过有效的手段提取序列中所蕴含的确定性信息。确定性信息的提取方法非常多，大量的案例分析证明差分方法是一种非常简便、有效的确定性信息提取方法。

对序列 $\{x_t\}$ 展开一阶差分，有

$$\nabla x_t = x_t - x_{t-1} \tag{6-1}$$

等价于

$$x_t = x_{t-1} + \nabla x \tag{6-2}$$

这意味着一阶差分实质上就是一个自回归过程，它是用延迟一期的历史数据 $\{x_{t-1}\}$ 作为自变量来解释当期序列值 $\{x_t\}$ 的变动状况，差分序列 $\{\nabla x_t\}$ 度量的是 $\{x_t\}$ 一阶自回归过程中产生的随机误差的大小，而展开任意一个 d 阶差分，实质就是一个 d 阶自回归过程。这意味着差分运算的实质是使用自回归的方式提取确定性信息。

从图 6-1 可以看出，1964～1999 年中国纱年产量序列蕴含一个近似线性的递增趋势，为非平稳序列。

现对该序列进行一阶差分运算，考察差分运算对该序列线性趋势信息的提取作用。从图 6-2 可以看出，一阶差分运算已经非常成功地从原序列中提取出了线性趋势，差分后序列呈现出非常平稳的随机波动。

6.1.2 避免过差分

如果序列蕴含显著的线性趋势，一般一阶差分就可以实现趋势平稳；如果序列蕴含曲线趋势，一般二阶或三阶差分才能提取出曲线趋势的影响；如果序列蕴含固定周期，则以步长为周期长度的差分运算通常才能提取出周期信息。

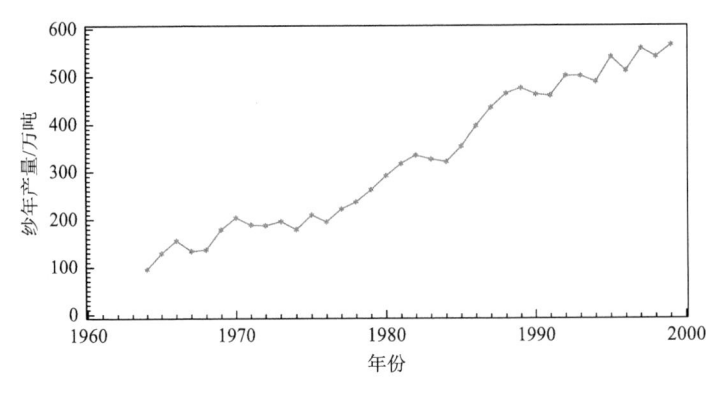

图 6-1　1964～1999 年中国纱年产量序列的时序图

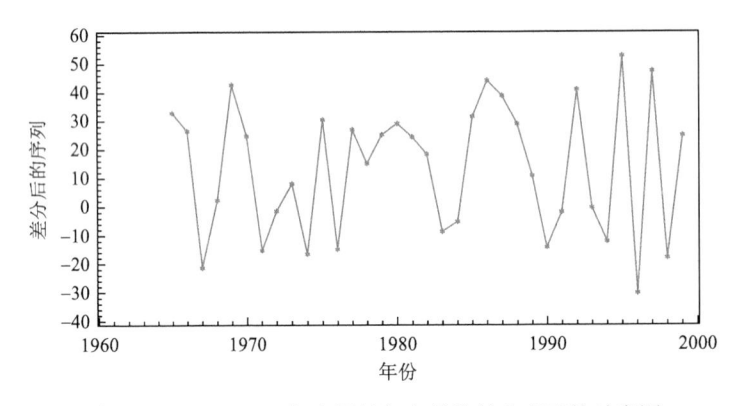

图 6-2　1964～1999 年中国纱年产量的差分序列的时序图

从理论上讲，足够多次的差分运算可以充分地提取原序列中的非平稳确定性信息。但应当注意的是，差分运算并不是越多越好。因为差分运算是一种对信息的提取、加工过程，每次差分都会有信息的损失，所以在实际应用中差分运算的阶数要适当，应当避免出现过度差分（简称过差分）的现象。过差分实质上是因为过多次数的差分导致有效信息的无谓浪费而降低了估计的精度。

6.2　ARIMA 模型

差分运算具有强大的确定性信息提取能力，许多非平稳序列差分后会显示出平稳序列的性质，这时我们称这个非平稳序列为差分平稳序列。对差分平稳序列，可以使用 ARIMA 模型进行拟合。ARIMA 模型（autoregressive integrated moving average model，整合移动平均自回归模型），也称为 Box-Jenkins 模型，简称为 BJ 模型。它是单变量时间序列在同方差情况下进行线性建模的最常用的方法。ARIMA 模型实质上是差分运算与 ARMA 模型的组合。

6.2.1　ARIMA 模型的形式

对于非平稳序列 x_t，如果经过 d 次差分能够变为平稳序列，即 x_t 是 d 阶单整的，$x_t \sim I(d)$，则有如下变换：

$$z_t = \Delta^d x_t = (1-L)^d x_t \qquad (6\text{-}3)$$

显然，z_t 为 x_t 的 d 阶差分后序列，$z_t \sim I(0)$，于是对 z_t 建立 ARMA(p,q) 模型：

$$z_t = \phi_1 z_{t-1} + \phi_2 z_{t-2} + \cdots + \phi_p z_{t-p} + \varepsilon_t + \theta_1 \varepsilon_{t-1} + \theta_2 \varepsilon_{t-2} + \cdots + \theta_q \varepsilon_{t-q} \qquad (6\text{-}4)$$

可以看出，ARIMA 模型的实质就是差分运算与 ARMA 模型的组合。这一关系意义重大。这说明任何非平稳序列，如果能通过适当阶数的差分实现差分后平稳，就可以对差分后的序列进行 ARMA 模型拟合，利用 ARMA 模型的分析方法来完成差分平稳序列的分析。

掌握了 ARIMA(p,d,q) 模型的形式之后，对于 ARIMA(p,d,q) 的识别和估计将变得非常简单，对于非平稳的序列 x_t 先通过单位根检验确定 d 值，然后对差分后平稳的序列 z_t 进行样本自相关函数和样本偏自相关函数的计算，进而判断 p 和 q 的值，然后对相应的 ARMA(p,q) 进行估计，求得 ARMA(p,q) 的参数之后，利用上式将关于 z_t 的 ARMA(p,q) 还原为关于 x_t 的 ARIMA(p,d,q) 模型。

6.2.2 ARIMA 模型的建模步骤

ARIMA(p,d,q) 模型的建模步骤具体可以概括如下。

第一步，对原序列进行平稳性检验，如果不满足平稳性条件，可以通过差分变换或者其他变换（如先取对数然后再差分）将该序列变为平稳序列。

第二步，对平稳序列计算自相关系数和偏自相关系数，初步确定 ARMA 模型的阶数 p 和 q，并在初始估计中尽可能选取较少的参数。

第三步，估计 ARMA 模型的参数，借助 t 统计量初步判断参数的显著性，尽可能剔除不显著的参数，保证模型的结构精练。

第四步，对估计的 ARMA 模型的扰动项进行检验，看其是否是白噪声序列。

第五步，对估计的 ARMA 模型的平稳性进行检验，主要看其特征根的倒数（inverted ARMA roots）是否在单位圆之内，不在就意味着 ARMA 模型不平稳，从而需要重新进行构造。

第六步，当有几个较为相近的 ARMA 模型可供选择时，可以通过 AIC 或 BIC 等标准来选择最优模型。

6.3 协整与误差修正模型

6.3.1 单整

如果一个时间序列经过一次差分后能够变成平稳序列，就称原序列是一阶单整（integrated of 1）序列，记为 $I(1)$。如果一个时间序列经过 d 次差分后变成平稳序列，则称原序列是 d 阶单整序列，记为 $I(d)$。如果一个序列不管差分多少次，也不能变为平稳序列，则该序列为非单整序列。显然，$I(0)$ 代表平稳时间序列。

在现实经济生活中，只有少数经济指标是平稳的，如利率等；大多数经济指标的时间序列是非平稳的，如一些价格指数、人均 GDP 等均是非平稳的。大多数非平稳序列一般都能通过一次或多次差分的形式变为平稳,但也有一些序列,无论经过多少次差分,都不能变为平稳的,这种序列就是非单整序列。

6.3.2 协整

经济分析通常假定所研究的经济理论中涉及的变量之间存在着长期均衡关系。按照这一假定,在估计这些长期关系时,计量经济分析假定所涉及的变量是平稳的。然而,在大多数情况下,宏观经济的实证研究中所使用的变量通常是非平稳的趋势变量,比如收入、消费、货币需求、价格水平、贸易流量等。因此,以这种假定为基础的估计方法所给出的经典 t 检验和 F 检验,会得出产生误导作用的结果。这种现象被 Granger 和 Newbold 称为伪回归[①]。

考虑到经济问题中大多数时间序列是非平稳序列,则我们得到伪回归结果是常见的事。从前,人们认为处理此类趋势变量的恰当方法是使用差分或者其他变换将它们化为平稳变量。然而,最近越来越多的研究表明有更适合的方法来研究趋势变量。

如果两个变量的漂移趋势之间存在某种联系,如果 X_t 与 Y_t 都是一阶单整的,是否存在 β 使得 $Y_t - \beta X_t$ 为平稳的,如果存在,那么说明这两个变量就是协整的,这样就可以区分两者的长期关系和短期关系,长期关系是两个变量一起漂移的关系,短期关系则是两个变量相对于各自长期趋势的偏离之间的关系。

1. 协整的概念

如果 $X_t=\{x_{1t},x_{2t},\cdots,x_{kt}\}$ 都是 d 阶单整的,存在向量 $\alpha=(\alpha_1,\alpha_2,\cdots,\alpha_k)$,使得 $Z_t=\alpha X^{\mathrm{T}} \sim I(d-b)$ ($d \geqslant b \geqslant 0$),则认为序列 $\{x_{1t},x_{2t},\cdots,x_{kt}\}$ 是 (d,b) 阶协整的,记为 $X_t \sim \mathrm{CI}(d,b)$,其中 CI 是协整的符号,构成诸变量线性组合的系数向量 α 称为协整向量(cointegrated vector)。需要注意的是,在协整的定义中,协整向量是不唯一的,并且各个变量 x_{kt} 必须都是同阶单整的。

下面给出两个特例。

(1) Y_t, $X_t \sim \mathrm{CI}(d,d)$。

在这种情况下,$d=b$,使得 $a_1 Y_t + a_2 X_t \sim I(0)$,这意味着两时间序列的线性组合是平稳的,因而 Y_t, $X_t \sim \mathrm{CI}(d,d)$。

(2) Y_t, $X_t \sim \mathrm{CI}(1,1)$。

在这种情况下,$d=b=1$,同样有 $a_1 Y_t + a_2 X_t \sim I(0)$,即两时间序列是平稳的,因而 Y_t, $X_t \sim \mathrm{CI}(1,1)$。

2. 协整的检验

两变量[②]协整关系检验的 Engle-Granger 法由 Engle 和 Granger 于 1987 年提出,简称 EG 检验。下面主要介绍 EG 检验的具体步骤。

[①] Granger 和 Newbold 提出了一种简单的判断方法,如果 $R^2=\mathrm{DW}$,则很可能存在伪回归现象,也就是说变量之间实际上可能不存在任何有意义的关系。

[②] 对于多变量之间的协整检验,1988 年 Johansen 以及 1990 年 Juselius 提出了一种用向量自回归模型进行检验的方法,通常称为 Johansen 检验或 JJ 检验。

第一步：用前面介绍的单位根方法求出两变量的单整阶数，若两变量的单整阶数相同，则进入第二步；如果单整阶数不同，则两变量不是协整的；若两变量是平稳的，则检验过程停止，可直接采用前面章节介绍的线性回归方法等进行处理。

第二步：若两变量同阶单整，如 $I(1)$，则用 OLS 法估计长期均衡方程（协整回归）

$$y_t = \beta_0 + \beta_1 x_t + \varepsilon_t \tag{6-5}$$

式中，残差 ε_t 为均衡误差的估计值。

第三步：用 ADF 检验 ε_t 是否平稳。如果为平稳序列，则认为 y_t、x_t 为 $(1,1)$ 阶协整的。这里有两点需要注意：第一，由于残差 ε_t 的均值为 0，所以在进行 ADF 检验时，应该选择没有截距项的模型进行检验；第二，对残差 ε_t 平稳性检验的 ADF 临界值通常比正常的 ADF 检验的临界值要小，可以采用给定 ADF 临界值进行判断。

6.3.3 误差修正模型

1. 误差修正模型的概念

协整分析中最重要的结果可能是所谓的"格兰杰表述定理"（Granger representation theorem）。按照此定理，如果两变量 y_t 和 x_t 是协整的，则它们之间存在长期均衡关系。当然，在短期内，这些变量间的关系可以是不均衡的。

两变量间这种短期不均衡关系的动态结构可以由误差修正模型（error correction model，ECM）来描述，"误差修正"由 Sargan 于 1964 年首先提出，而 ECM 的主要形式是由 Davidson、Hendry、Srba 和 Yeo 于 1978 年提出的，因而也称为 DHSY 模型。

将两变量的短期和长期行为联系起来，则误差修正模型可由式（6-6）给出：

$$\Delta y_t = \text{lagged}(\Delta y_t, \Delta x_t) - \lambda \varepsilon_{t-1} + v_t, \quad 0 < \lambda < 1 \tag{6-6}$$

式中，$y_t \sim I(1)$，$x_t \sim I(1)$；$y_t, x_t \sim CI(1,1)$；$\varepsilon_t = y_t - \beta_0 - \beta_1 x_t \sim I(0)$；$v_t$ 为白噪声；λ 为短期调整系数，反映 $t-1$ 期末偏差的调整速度；lagged 为 Δy_t 与 Δx_t 的滞后项，其中包括 Δx_t 本期。不难看出，在式（6-6）中，所有变量都是平稳的。是否可用 OLS 估计？事实上不行，因为均衡误差 ε_t 不是可观测变量，因而在估计该式之前，要先得到这一误差的值。

2. 误差修正模型的两步法估计

对于式（6-5）的估计，Engle 和 Granger 建议采用下述两步法。

第一步，估计协整回归方程 $y_t = \alpha + \beta x_t \Delta u_t$，得到协整向量的一致估计值，并得出均衡误差 u_t 的估计值 $e_t = y_t - \hat{\alpha} - \hat{\beta} x_t$。

第二步，计算 y_t 和 x_t 的一阶差分值，然后选择合适的滞后阶，用 OLS 法估计方程 $\Delta y_t = \text{lagged}(\Delta y_t, \Delta x_t) - \lambda e_{t-1} + v_t$。注意，这里滞后阶的选择可以通过对 v_t 的自相关性的检验来进行判断和筛选，直到找出合适的滞后阶使得 v_t 满足基本假设为止。

6.4 向量自回归模型

传统的计量经济方法是以经济理论为基础来描述变量的关系的，但对于变量之间的动态联系，经济理论通常很难给出一个较好的说明。Sims 于 1980 年提出了向量自回归（vector autoregressive，VAR）模型。向量自回归模型不以经济理论为基础，采用多方程联立的形式，在模型的每一个方程中，内生变量对模型的全部内生变量的滞后值进行回归，进而估计全部内生变量的动态关系。向量自回归模型常用于预测相互联系的时间序列系统，也常用于分析随机扰动对变量系统的动态冲击，进而解释各种经济冲击对经济变量形成的影响。

6.4.1 向量自回归模型的概念

向量自回归模型可以表述如下：

$$y_t = A_1 y_{t-1} + \cdots + A_p y_{t-p} + \varepsilon_t, \quad t = 1, 2, \cdots, T \tag{6-7}$$

式中，y_t 为 k 维内生变量；$A_1, \cdots, A_p$ 为 $k \times k$ 待估计的系数矩阵；$\varepsilon_t \sim \text{IID}(0, \Sigma)$（其中 Σ 为 k 维向量 ε_t 的方差协方差矩阵）；ε_t 可以同期相关，但通常不与自己的滞后值相关，也不与等式右边的变量相关；p 为滞后阶。

对于向量自回归模型的理解和特点，我们在这里给出一些简单解释。

首先，向量自回归模型不以经济理论为依据，在建模过程中只需要把那些相互有关的变量包括进向量自回归模型，同时确定滞后阶 p 即可。

其次，向量自回归模型对待估参数不施加零约束，即参数估计值不管显著与否，都保留在模型中。

最后，向量自回归模型的解释变量中不包括任何当期变量，预测是向量自回归模型的重要应用之一。

向量自回归模型方法有以下几个明显的优点。

第一，它非常简单，模型工作者无须为某个变量是内生还是外生操心。

第二，模型估计也很简单，模型中每个方程都可以用 OLS 法单独估计。

第三，在大多数情况下，向量自回归模型的预测比那些复杂得多的传统联立方程模型要更准确。

向量自回归模型也在如下几个方面受到批评。

第一，它们没有根基，不以任何经济理论为基础。

第二，模型需要估计的参数较多，带来自由度的消耗。

第三，很难解释得到的向量自回归模型系数，是因为这类模型缺乏理论背景。

6.4.2 向量自回归模型的滞后阶确定

向量自回归模型通常采用 OLS 法或极大似然法进行估计，但是在估计前需要确定模型的滞后阶 p。如果 p 太小，则误差项的自相关可能会比较严重，并导致参数估计值的非一致性，所以通常会适当加大 p 值，消除误差项中存在的自相关性，但 p 值不宜过大，否则又会导致待估的参数过多，进而直接影响模型参数估计量的有效性，这里给出两种 p 值的选择方法。

第一种方法是用似然比（likelihood ratio，LR）统计量[①]来确定 p 值。构造如下 LR 统计量：

$$LR = -2(\log L(p) - \log L(p+1)) \sim \chi^2_{(k^2)}$$

式中，$\log L(p)$ 和 $\log L(p+1)$ 分别为 VAR(p) 和 VAR($p+1$) 模型的极大似然估计值；p 为向量自回归模型中滞后变量的最大滞后期。原假设为最佳滞后期为 p，若 LR 值大，则拒绝原假设。

第二种方法是利用 AIC 和 SC 来确定 p 值。选择 p 值的原则是在增加 p 值的过程中使 AIC 或 SC 达到最小。

除了 p 值的确定之外，在向量自回归模型估计之后还需要检验向量自回归模型的稳定性。向量自回归模型的稳定性是指当把一个脉动冲击施加在向量自回归模型中某一个方程的随机扰动项时，随着时间推移，如果这个冲击会逐渐消失，那么我们说系统是稳定的，即向量自回归模型是稳定的。向量自回归模型稳定的条件是要求式（6-7）的滞后多项式 $A(L)$ 对应的特征方程的特征根都落在单位圆之外。

6.4.3 脉冲响应函数

脉冲响应函数（impulse response function，IRF）描述了一个内生变量对误差冲击的反应，具体来说就是当随机误差项发生变化，或者说模型受到某种冲击时，给内生变量的当期值和未来值所带来的影响。这里我们以 2 个变量 VAR(2) 模型为例来分析脉冲响应函数的基本思想。2 个变量 VAR(2) 模型表述为

$$x_t = a_1 x_{t-1} + a_2 x_{t-2} + b_1 z_{t-1} + b_2 z_{t-2} + \varepsilon_{1t}$$
$$z_t = c_1 x_{t-1} + c_2 x_{t-2} + d_1 z_{t-1} + d_2 z_{t-2} + \varepsilon_{2t}, \quad t = 1, 2, \cdots, T \tag{6-8}$$

令随机项 $\varepsilon_t = (\varepsilon_{1t}, \varepsilon_{2t})'$，且假定

$$E(\varepsilon_{it}) = 0(i=1,2), \quad \text{Var}(\varepsilon_t) = E(\varepsilon_t \varepsilon_t') = \Sigma, \quad E(\varepsilon_{it} \varepsilon_{is}) = 0(t \neq s)$$

再假定式（6-8）的 VAR(2) 模型所反映的系统从第 0 期开始活动，其中假定 $x_{-1} = x_{-2} = z_{-1} = z_{-2} = 0$。第 0 期给定扰动项 $\varepsilon_{10} = 1, \varepsilon_{20} = 0$，其后两扰动项均为 0（这种情况称为第 0 期给 x 以脉冲），则当 $t=0$ 时，$x_0 = 1, z_0 = 0$；当 $t=1$ 时，$x_1 = a_1, z_1 = c_1 \cdots$

这样计算下去，求得的结果 $x_0, x_1, x_2, \cdots$ 称为由 x 的脉冲引起的响应函数。

对于脉冲响应函数的理解，我们在这里做几点补充说明。

第一，脉冲响应函数始终描述的是一个内生变量对误差的反应，也就是在扰动项上加一个标准差大小的冲击，给内生变量的当期值和未来值所带来的影响。

第二，随机扰动项的变动可以理解为该扰动项所在方程左边变量的变动。

第三，脉冲响应函数的解释有时候会比较困难，因为各随机误差项可能相关，在它们相关时，它们会有一个共同的组成部分将不能被任何特定的变量所识别。

第四，对每一个误差项，内生变量都对应一个脉冲响应函数，如含 4 个内生变量的向量自回归模型将有 16 个脉冲响应函数。

[①] 似然比检验的基本思路是：如果约束条件成立，则相应约束模型与非约束模型的对数似然函数极大值应该是近似相等的。

6.5 因素分解法

6.5.1 因素分解法的概念

因素分解法是一种常用的时间序列分析方法，主要研究非平稳时间序列。统计学家在进行确定性时序分析时，假定序列会受到这四个因素中的全部或部分因素的影响，导致序列呈现出不同的波动特征。也就是说，任何一个时间序列都可以用这四个因素的某个函数进行拟合。

（1）趋势波动（trend，T）。序列呈现出明显的长期递增或递减的变化趋势。

（2）循环波动（circle，C）。序列呈现出从低到高再由高至低的反复循环波动。循环周期可长可短，不一定是固定的。

（3）季节波动（season，S）。序列呈现出和季节变化相关的稳定的周期波动。

（4）随机波动（irregular，I）。除了长期趋势、循环波动和季节波动之外，其他不能用确定性因素解释的序列波动，都属于随机波动。

其中，趋势波动主要关注时间序列的总体变化；循环波动关注周期为数年的变化，比如经济周期；季节波动关注一年内的季节变化；随机波动一般是不规则变化。一般来说，因素分解法通常需要利用连续 3～5 年的月度数据或季度数据。

最常用的两个函数是加法函数和乘法函数，相应的因素分解模型称为加法模型和乘法模型。

加法模型：
$$x_t = T_t + C_t + S_t + I_t$$

乘法模型：
$$x_t = T_t \times C_t \times S_t \times I_t$$

乘法模型适用于趋势波动、循环波动和季节波动三者相关的情况，比如随着趋势上升，季节波动的幅度也呈上升态势；加法模型适用于趋势波动、循环波动和季节波动相互独立的情况。

季节调整一般通过估计季节因子（seasonal factor）来进行。季节因子反映序列随时间变化过程中受季节因素影响的程度，即模型中的季节波动（S）。在乘法模型中，季节因子以季节指数（seasonal index）形式出现，是一组在 100% 上下波动的相对数；在加法模型中，季节因子以季节变差（seasonal variation）形式出现，是一组在 0 上下波动的绝对数。

6.5.2 利用因素分解法进行季节调整

序列里存在季节波动通常会妨碍对实际变动情况的识别。只有进行季节调整，观察季节调整后的序列，才能更直观分析序列的总体趋势。

在季节调整过程中，使用移动平均法（moving average method）测定趋势波动（T）；在乘法模型中，根据剔除趋势部分的数据，计算季节指数；在加法模型中，根据剔除趋势部分的数据，计算季节变差。

可以将时间序列的各个波动因素分解开,清楚观察各部分波动的具体情况。一般来说,首先对季节调整后的序列进行分析与预测,然后再与季节因子合并,最终利用季节调整得到更加贴近现实的序列预测值。

6.6 指数平滑法

对于比较有规律的时间序列数据,尤其是有季节波动的数据,可以使用因素分析法来进行分解。在实际问题中,有些数据并没有明显的季节波动,仍然可以使用指数平滑法对时间序列进行预测。根据序列是否具有趋势波动与季节波动,一次指数平滑模型主要适用于既没有趋势波动,又没有季节波动的序列;二次指数平滑模型适用于只有趋势波动,没有季节波动的序列;多参数指数平滑模型适用于季节波动的序列,该序列既可以有趋势波动,也可以没有趋势波动,见表 6-1。

表 6-1 指数平滑模型的适用范围

指数平滑模型	趋势波动	季节波动
一次指数平滑模型	无	无
二次指数平滑模型	有	无
多参数指数平滑模型	有/无	有

6.6.1 一次指数平滑模型

一次指数平滑(single exponential smoothing)模型,主要应用于既无长期趋势又无季节效应的水平平稳序列。在该模型中,假定在一个较短的时间间隔内序列数值是比较稳定的序列值,而数值的差异性主要是由随机波动造成的。其模型为

$$\hat{y}_t = \alpha y_t + (1-\alpha)\hat{y}_{t-1} \tag{6-9}$$

式中,y_t 为序列的真实值;$\hat{y}_t$ 为序列的平滑值(smoothed series);$\hat{y}_{t-1}$ 为上期平滑值;α 为平滑系数(smoothing parameter),取值范围为 $0 < \alpha < 1$。因为

$$\hat{y}_{t-1} = \alpha y_{t-1} + (1-\alpha)\hat{y}_{t-2} \tag{6-10}$$

将公式(6-10)代入公式(6-9),可以得到:

$$\hat{y}_t = \alpha y_t + \alpha(1-\alpha)y_{t-1} + (1-\alpha)^2 \hat{y}_{t-2} \tag{6-11}$$

依次推导,$\hat{y}_t$ 为序列历史数据的加权平均数,权数呈指数衰减,表明近期的结果对现在的影响较大,远期的结果对现在的影响较小。指数平滑模型考虑时间间隔对事件发展的影响,很好地反映时间所起的作用,各期权重随时间间隔的增大而呈指数衰减。通常使用 $\hat{y}_1 = y_1$ 来确定平滑序列 $\hat{y}_1$ 的初始值。

一次指数平滑模型的预测效果取决于平滑系数 α 的值。可以按照预测误差平方和最小原则确定最佳平滑系数值;也可以自行设置平滑系数,可以取较小的 α 值预测变化缓慢的序列,比如 0.05 和 0.1 等,可以取较大的 α 值预测变化迅速的序列,比如 0.3 和 0.5 等。

在一次指数平滑模型中，平滑系数一般不会大于0.5，因为这时序列有很强的趋势，一次指数平滑模型难以准确预测。

同时，一次指数平滑模型的预测值为常数，不适合中长期预测，若序列存在趋势波动、循环波动、季节波动等，则不能使用该模型；另外，因为预测值为历史数据的加权平均数，因此往往伴随预测滞后的现象。

6.6.2 二次指数平滑模型

二次指数平滑（double exponential smoothing）模型，适用于含有线性趋势的序列。假定序列有一个比较固定的线性趋势——每期都递增 r 或递减 r，那么第 t 期的估计值就应该等于第 $t-1$ 期的观察值加上每期固定的趋势变动值，即

$$\hat{y}_t = \alpha y_{t-1} + (1-\alpha)(y_{t-2} + r_{t-2}) \tag{6-12}$$

$$\hat{r}_t = \beta(\hat{y}_{t+1} - \hat{y}_t) + (1-\beta)r_{t-1} \tag{6-13}$$

式中，α 和 β 为二次指数平滑模型的两个平滑系数，取值范围为 $0<\alpha<1$，$0<\beta<1$。通常使用 $\hat{y}_1 = y_1$ 来确定平滑序列的初始值 $\hat{y}_1$；使用一段长度为 n 的区间的平均趋势 $r_0 = \dfrac{y_{n-1} - y_1}{n}$ 来确定趋势序列的初始值 r_0。

在二次指数平滑模型中，对于平滑系数的选择可以根据预测误差平方和最小原则确定，也可以自行设置平滑系数。

6.6.3 多参数指数平滑模型

1. Holter-Winter 非季节模型

Holter-Winter（霍尔特–温特）非季节（Holter-Winter no seasonal）模型的预测模型为

$$\hat{y}_t = a_t + b_t k \tag{6-14}$$

式中，a_t 为截距；b_t 为斜率。

$$a_t = \alpha y_t + (1-\alpha)(a_{t-1} - b_{t-1}) \tag{6-15}$$

$$b_t = \beta(a_t - a_{t-1}) + (1-\beta)b_{t-1} \tag{6-16}$$

该模型与二次指数平滑模型类似，有两个平滑系数 α 和 β，主要适用于含有线性趋势的序列。

2. Holter-Winter 季节乘积模型

当序列既有线性的趋势波动，又存在季节波动时，主要应用 Holter-Winter 季节乘积（Holter-Winter multiplicative）模型和 Holter-Winter 季节加法（Holter-Winter additive）模型。

Holter-Winter 季节乘积模型的预测模型为

$$\hat{y}_{t+1} = \alpha(y_t - s_{t-\pi}) + (1-\alpha)(y_{t-1} + r_{t-1}) \tag{6-17}$$

式中，r_t 为该序列的趋势波动部分；s_t 为该序列的季节波动部分；季节周期长度为 π，即月度数据的周期为12个月（$\pi = 12$），季度数据的周期为4个季节（$\pi = 4$）。

$$\hat{r}_t = \beta(\hat{y}_{t+1} - \hat{y}_{t-\pi}) + (1-\beta)r_{t-1} \tag{6-18}$$

$$\hat{s}_t = \gamma(y_t - \hat{y}_{t+1}) + (1-\gamma)s_{t-\pi} \tag{6-19}$$

3. Holter-Winter 季节加法模型

Holter-Winter 季节加法模型也可以预测既有线性趋势波动，又有季节波动的序列。Holter-Winter 季节加法模型的预测模型为

$$\hat{y}_{t+1} = \alpha(y_t / s_{t-\pi}) + (1-\alpha)(y_{t-1} + r_{t-1}) \tag{6-20}$$

式中，r_t 为该序列的趋势波动部分；s_t 为该序列的季节波动部分；季节周期长度为 π。

$$\hat{r}_t = \beta(\hat{y}_{t+1} - \hat{y}_{t-\pi}) + (1-\beta)r_{t-1} \tag{6-21}$$
$$\hat{s}_t = \gamma(y_t / \hat{y}_{t+1}) + (1-\gamma)s_{t-\pi} \tag{6-22}$$

6.7 案例分析

6.7.1 协整分析

我们仍然使用 1995～2014 年全社会固定资产投资与 GDP 数据，对其进行如下操作。

由于 TFAI 与 GDP 序列均为 $I(1)$，两变量同阶单整，存在协整的可能性，则我们用 OLS 法估计长期均衡方程（协整回归）$\text{GDP}_t = \beta_0 + \beta_1 \text{TFAI}_t + \varepsilon_t$，然后将残差 e_t 作为均衡误差 ε_t 的估计值。

[软件操作]

首先，依次点击 File→Change working directory，设置读取数据的默认路径。接着，我们用 ADF 检验 e_t 是否平稳。

输入以下命令并运行：

```
.reg GDP TFAI
.predict et, resid
.dfuller et, lags(0) regress trend
.dfuller et, lags(1) regress trend
.dfuller et, lags(2) regress trend
.dfuller et, lags(3) regress trend
.dfuller et, lags(4) regress trend
.dfuller et, lags(5) regress trend
.dfuller et, lags(0) regress drift
.dfuller et, lags(1) regress drift
.dfuller et, lags(2) regress drift
.dfuller et, lags(3) regress drift
.dfuller et, lags(4) regress drift
.dfuller et, lags(5) regress drift
.dfuller et, lags(0) regress nocon
.dfuller et, lags(1) regress nocon
.dfuller et, lags(2) regress nocon
```

```
.dfuller et, lags (3) regress nocon
.dfuller et, lags (4) regress nocon
.dfuller et, lags (5) regress nocon
```
[结果分析]

按照既不包括截距项又不包括趋势项的公式进行 DF 检验时，大于 1%水平的临界值，接受原假设，则序列存在单位根，为非平稳序列。

结果表明，残差序列非平稳，因此不能认为 y_t, x_t 是(1,1)阶协整的。如果二者之间存在协整关系，可以尝试估计误差修正模型。大家可以找寻其他宏观经济时间序列数据进行验证操作。

6.7.2 向量自回归模型

建立向量自回归模型，分析我国 1952～1988 年工业部门（$y1$）、交通运输部门（$y2$）和商业部门（$y3$）的产出指数序列。

为降低数据的波动性，对序列进行对数化处理。

[软件操作]

输入以下命令并运行：

```
.set more off
.use var.dta, clear
.brow
.tsset 年份
.tsline y1 y2 y3, lpattern ("-" "_")
.generate ly1=log (y1)
.generate ly2=log (y2)
.generate ly3=log (y3)
.tsline ly1 ly2 ly3, lpattern ("-" "_")
```

[结果分析]

对数处理后，各序列的线性趋势更加明显，并有类似的发展趋势，如图 6-3 所示。

软件操作如下。

```
varsoc ly1 ly2 ly3, maxlag (3)
var ly1 ly2 ly3, lags (1/3)
```

[命令解释]

`varsoc x y z, maxlags (#)`

此命令用来计算不同滞后期的信息准则。其中"soc"表示"selection-order criteria"（信息准则选择）；选择项"maxlags (#)"表示最大滞后期，默认值为 4，可以增加最大滞后期数。

`var x y z, lags (#) dfk small exog (w1 w2)`

此命令用来估计向量自回归模型。其中，"lags (#)"表示滞后阶数，默认为"lags

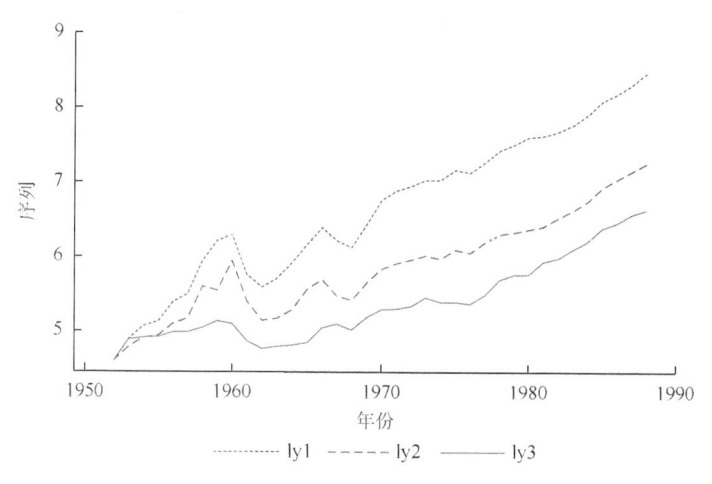

图 6-3 中国对数产出指数序列

(1 2)"，即滞后二阶；如果样本容量较小，可使用选择项"dfk"进行自由度调整；选择项"small"表示显示小样本的 t 统计量或 F 统计量，而非大样本的标准正态统计量或卡方统计量；选择项"exog(w1 w2)"表示在向量自回归模型中引入外生变量 $w1$ 和 $w2$。

[结果分析]

表 6-2 给出了从 0 阶至 3 阶的向量自回归模型的 FPE、AIC 的值等，并使用"*"标出了相应准则选择出来的滞后阶数。其中，LL 表示对数似然函数；LR 表示似然比检验，即对最后一阶系数的联合显著性进行似然比检验；df 和 p 分别表示似然比统计量的自由度与 p 值；FPE 度量向前一期预测的均方误差（MSE of one-step ahead forecast）。从表 6-2 中可以看出，LR、FPE、AIC 和 HQIC 均选择 3 阶滞后，因此将向量自回归模型的滞后阶数定为 3 阶。

表 6-2　向量自回归模型的滞后阶数判断

滞后期	LL	LR	df	p	FPE	AIC	HQIC	SBIC
0	−1.328 06				0.000 259	0.254 592	0.300 521	0.389 271
1	107.214	217.08	9	0.000	7.4×10^{-7}	−5.600 81	−5.417 09	−5.062 09
2	115.228	16.029	9	0.066	8.0×10^{-7}	−5.542 84	−5.221 33	−4.600 09
3	129.968	29.479*	9	0.001	5.9×10^{-7}*	−5.880 45*	−5.421 15*	−4.533 66

根据输出结果，将参数估计结果写出：

$$\text{ly1}_t = 1.97 \text{ly1}_{t-1} - 1.14 \text{ly1}_{t-2} + 0.66 \text{ly1}_{t-3} - 0.93 \text{ly2}_{t-1} + 0.22 \text{ly2}_{t-2} \\ - 0.60 \text{ly2}_{t-3} - 0.20 \text{ly3}_{t-1} + 0.55 \text{ly3}_{t-2} + 0.37 \text{ly3}_{t-3} + 0.72 \tag{6-23}$$

$$\text{ly2}_t = 1.30 \text{ly1}_{t-1} - 0.56 \text{ly1}_{t-2} - 0.22 \text{ly1}_{t-3} - 0.63 \text{ly2}_{t-1} + 0.29 \text{ly2}_{t-2} \\ - 0.004 \text{ly2}_{t-3} - 0.07 \text{ly3}_{t-1} + 0.24 \text{ly3}_{t-2} + 0.63 \text{ly3}_{t-3} + 0.24 \tag{6-24}$$

$$\text{ly3}_t = 0.28 \text{ly1}_{t-1} - 0.52 \text{ly1}_{t-2} + 0.53 \text{ly1}_{t-3} - 0.13 \text{ly2}_{t-1} + 0.03 \text{ly2}_{t-2} \\ - 0.47 \text{ly2}_{t-3} + 0.89 \text{ly3}_{t-1} + 0.23 \text{ly3}_{t-2} + 0.08 \text{ly3}_{t-3} + 0.37 \tag{6-25}$$

[软件操作]

输入以下命令并运行：

.varwle//各阶系数的联合显著性检验

.varlmar//检验残差是否为白噪声

.varstable，graph//检验系统的平稳性

.varnorm//检验残差的正态性

.vargranger//格兰杰因果检验

[命令解释]

"varwle"命令对每个方程以及所有方程的各阶系数的联合显著性进行 Wald 检验，其中"wle"表示 Wald lag-exclusion statistics（Wald 滞后排除统计）。

"varlmar"命令对残差是否存在自相关进行 LM 检验。

"varstable，graph"命令通过特征值检验该 VAR 系统是否为平稳过程。如果所有特征值都在单位圆内部，则为平稳过程。其中，选择项"graph"表示画出特征值的几何分布图。

"varnorm"命令检验残差是否服从正态分布。

"vargranger"命令进行格兰杰因果检验。

[结果分析]

表 6-3 中，显示了每个方程以及所有方程的各阶系数的联合显著性检验结果。可以看出，虽然单个方程的某些阶系数不显著，但作为三个方程的整体，各阶系数均高度显著。

表 6-3 各阶系数的联合显著性检验结果（一）

滞后期	chi2	df	Prob>chi2
Equation：ly1			
1	79.343 54	3	0.000
2	14.509 47	3	0.002
3	11.366 94	3	0.010
Equation：ly2			
1	39.171 55	3	0.000
2	1.864 147	3	0.601
3	3.890 77	3	0.274
Equation：ly3			
1	59.120 4	3	0.000
2	11.873 19	3	0.008
3	11.107 82	3	0.011
Equation：ALL			
1	124.598 3	9	0.000
2	37.266 04	9	0.000
3	41.972 6	9	0.000

根据表 6-4 可知，接受残差"无自相关"的原假设，残差不存在自相关，即认为扰动项为白噪声。

表 6-4　各阶系数的联合显著性检验结果（二）

滞后期	chi2	df	Prob>chi2
1	8.858 8	9	0.450 41
2	11.281 1	9	0.256 93

根据图 6-4 可知，所有特征值均在单位圆之内，故此向量自回归模型是稳定的；但有两个根十分接近单位圆，这意味着有些冲击有较强的持续性。

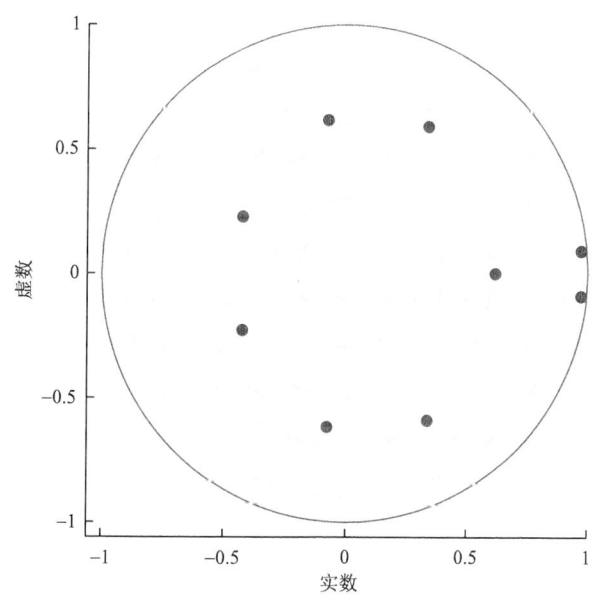

图 6-4　向量自回归模型稳定性的判别图

从表 6-5 可以看出，在 5%的显著性水平上，接受三个变量的扰动项服从正态分布的原假设。

表 6-5　向量自回归模型残差的正态性检验结果

Jarque-Bera 检验

Equation	chi2	df	Prob>chi2
ly1	0.250	2	0.882 59
ly2	1.224	2	0.542 30
ly3	1.098	2	0.577 54
ALL	2.572	6	0.860 37

续表

Skewness 检验

Equation	Skewness	chi2	df	Prob＞chi2
ly1	0.045 29	0.012	1	0.914 14
ly2	0.357 48	0.724	1	0.394 79
ly3	0.425 72	1.027	1	0.310 86
ALL		1.763	3	0.623 07

Kurtosis 检验

Equation	Kurtosis	chi2	df	Prob＞chi2
ly1	3.41	0.238	1	0.625 53
ly2	3.593 9	0.500	1	0.479 62
ly3	2.776 2	0.071	1	0.789 95
ALL		0.847	3	0.847 35

从表 6-6 可以看出，在以 ly1 为因变量的方程中，检验变量 ly2 系数的联合显著性，其卡方统计量为 26.286，在 1%的显著性水平下拒绝原假设，可以认为 ly2 是 ly1 的格兰杰原因；检验变量 ly3 系数的联合显著性，其卡方统计量为 19.905，在 1%的显著性水平下拒绝原假设，可以认为 ly3 是 ly1 的格兰杰原因；同时检验变量 ly2 和 ly3 系数的联合显著性，其卡方统计量为 30.826，在 1%的显著性水平下拒绝原假设，可以认为 ly2 和 ly3 均为 ly1 的格兰杰原因。

表 6-6 格兰杰因果检验结果

Equation	Excluded	chi2	df	Prob＞chi2
ly1	ly2	26.286	3	0.000
ly1	ly3	19.905	3	0.000
ly1	ALL	30.826	6	0.000
ly2	ly1	33.695	3	0.000
ly2	ly3	23.409	3	0.000
ly2	ALL	58.401	6	0.000
ly3	ly1	16.813	3	0.001
ly3	ly2	11.299	3	0.010
ly3	ALL	18.802	6	0.005

在以 ly2 为因变量的方程中，ly1、ly3 以及 ly1 和 ly3 均为 ly2 的格兰杰原因；在以 ly3 为因变量的方程中，ly1、ly2 以及 ly1 和 ly2 均为 ly3 的格兰杰原因。

6.8 本 章 小 结

本章首先介绍非平稳时间分析涉及的几个重要基本概念。从单变量的角度，对 ARIMA 模型的不同类型及其识别问题进行了详细的介绍；从多变量的角度，介绍了协整检验、误差修正模型和向量自回归模型。其次，介绍了常用到的因素分解法和指数平滑法。最后，针对平稳性检验、协整检验和向量自回归模型进行了详细的案例分析。

思考题与练习题

6.1 怎样判断变量之间是否存在协整关系？

6.2 表 6-7 是某地固定厂房设备投资与销售量的数据，判断两个变量之间是否存在协整关系。

表 6-7　某地固定厂房设备投资与销售量的数据　　单位：亿元

年份	固定厂房设备投资	销售量	年份	固定厂房设备投资	销售量
1970	36.99	52.805	1981	128.68	168.129
1971	33.6	55.906	1982	123.97	163.351
1972	35.42	63.027	1983	117.35	172.547
1973	42.35	72.027	1984	139.61	190.682
1974	52.48	84.79	1985	182.88	194.538
1975	53.66	86.589	1986	137.95	194.657
1976	58.53	98.797	1987	141.06	206.326
1977	67.48	113.201	1988	163.45	223.541
1978	78.13	126.905	1989	183.8	232.724
1979	95.13	143.936	1990	192.61	239.459
1980	112.6	154.39	1991	182.81	235.142

6.3 自行从《中国统计年鉴》中查找城镇居民人均可支配收入与城镇居民人均消费支出数据，然后分析二者之间是否存在协整关系；如果存在，试着建立一个合适的误差修正模型。

6.4 请分析差分运算的作用与意义。

6.5 请结合实际的时间序列数据，分析其是否为单整序列。

6.6 请介绍向量自回归模型滞后阶的确定步骤。

6.7 请介绍因素分解法的思路与过程。

6.8 请分析一次指数平滑模型、二次指数平滑模型和多参数指数平滑模型的区别与联系。

> 本章扩展材料

第7章 联立方程模型

到目前为止,讨论的都是单一方程计量经济模型,可是很多经济理论是建立在一组经济关系上的,其数学模型为一个方程组,需要使用联立方程模型(simultaneous equations model)。联立方程模型是相对于单一方程而言的。联立方程模型是由多个相互联系的单一方程组成的方程组。它以经济系统为研究对象,揭示的是经济系统中各部分、各因素之间的数量关系和系统运动的数量特征,能够较为全面地反映经济系统的运行规律。本章主要介绍联立方程模型的概念及偏倚、联立方程模型的识别问题、联立方程的估计方法等。

7.1 联立方程模型及其偏倚

7.1.1 联立方程模型的基本概念

单一方程模型中只有一个被解释变量,而有一个或多个解释变量,这类模型最主要的特征是被解释变量与解释变量间为一种单向的因果关系。但是,经济现象是错综复杂的,许多情况下所研究的问题是一个由多变量构成的经济系统。在经济系统中多个经济变量之间可能存在着双向的或多向的因果关系。

例如,对某种商品的需求量 Q 的研究中,商品需求量 Q 受到商品价格 P 的影响,同时商品价格 P 又受到商品需求量 Q 的影响,这时需求量 Q 与价格 P 相互影响,存在着双向的因果关系。在这种情况下,只用单一方程已经不能正确反映经济系统中诸多因素间的复杂关系,而需要采用能够表现互为因果关系的联立方程模型。

所谓联立方程模型,是指用若干个相互关联的单一方程,同时去表示一个经济系统中经济变量相互联立依存性的模型,即用一个联立方程组去表现多个变量间互为因果的联立关系。

例如,商品需求与价格的模型,根据经济理论,商品的需求量 Q 受商品的价格 P 和消费者的收入 X 等因素的影响,可建立需求模型:

$$Q_t = \alpha_0 + \alpha_1 P_t + \alpha_2 X_t + u_t \tag{7-1}$$

同时,该商品价格 P 也受商品需求量 Q 和其他替代商品价格 P^* 的影响,又可建立价格模型:

$$P_t = \beta_0 + \beta_1 Q_t + \beta_2 P_t^* + v_t \tag{7-2}$$

式(7-1)和式(7-2)中的商品需求量 Q 与商品价格 P 存在双向因果关系,不能只用单一方程模型去描述这种联立依存性,而需要把两个单一方程组成一个联立方程组,同时去研究商品的需求量 Q 和商品价格 P 的数量关系和变化规律,从而形成如下联立方程模型:

$$\begin{cases} Q_t = \alpha_0 + \alpha_1 P_t + \alpha_2 X_t + u_t \\ P_t = \beta_0 + \beta_1 Q_t + \beta_2 P_t^* + v_t \end{cases} \tag{7-3}$$

又如，凯恩斯宏观经济模型，设变量有国民总收入 Y、消费 C、投资 I、政府支出 G。收入 Y 既是决定消费 C 和投资 I 的解释变量，同时又被消费 C、投资 I 和政府支出 G 决定。用联立方程组模型可清晰地描述它们之间的关系：

$$\begin{cases} Y_t = C_t + I_t + G_t \\ C_t = \alpha_0 + \alpha_1 Y_t + u_{1t} \\ I_t = \beta_0 + \beta_1 Y_t + \beta_2 Y_{t-1} + u_{2t} \end{cases} \tag{7-4}$$

式中，Y_{t-1} 为收入 Y_t 的滞后一期数值。

7.1.2 联立方程模型的变量类型

在单一方程模型中，被解释变量与解释变量的区分十分清晰，解释变量是变动的原因，被解释变量是变动的结果。在联立方程模型中，多个变量可能互为因果，同一变量可能作为被解释变量，同时又可能作为解释变量，显然只是将变量区分为解释变量与被解释变量的意义已经不大，而需要将变量区分为内生变量（endogenous variable）和外生变量（exogenous variable）。

1. 内生变量

在联立方程模型中，一些变量是由模型体现的经济系统本身决定的，称为内生变量，内生变量的取值是模型求解的结果，由于受模型中随机扰动项的影响，内生变量是随机变量。例如，式（7-3）中的需求量 Q 和商品价格 P，它们的取值由模型决定。同样，式（7-4）模型中的收入 Y、消费 C 和投资 I 也都是取值由模型决定的内生变量。

2. 外生变量

在联立方程模型中，一些变量是在模型体现的经济系统之外给定的，在模型中是非随机的，称为外生变量。例如，式（7-3）中的消费者收入 X 和其他替代商品价格 P^*，它们的取值是由模型之外的因素决定的。同理，式（7-4）中的政府支出 G 和收入的滞后值 Y_{t-1} 也都是由模型之外的因素决定的外生变量。

3. 前定变量

外生变量和滞后变量（滞后内生变量或滞后外生变量）统称为前定变量（predetermined variable），前定变量在模型中只作为解释变量。前定变量影响模型中其他的现期变量，而不受它们的影响，前定变量在模型中只作为解释变量。例如，在式（7-4）中，收入 Y 是内生变量，而模型中收入滞后值 Y_{t-1} 却不能由模型决定。像这样代表内生变量滞后值的变量称为滞后内生变量。在模型中滞后内生变量或更大范围的内生变量的作用视同于外生变量，并与外生变量一起称为前定变量。

7.1.3 联立方程模型的偏倚性

联立方程偏倚：联立方程模型中内生变量作为解释变量与随机干扰项相关，违反了

OLS 基本假定，若仍用 OLS 法去估计参数，估计式是有偏的，而且是不一致的，这称为联立方程偏倚。

下面以宏观经济模型为例，来说明联立方程模型出现的问题，设宏观经济模型为

$$\begin{cases} Y_t = C_t + I_t + G_t \\ C_t = \alpha_0 + \alpha_1 Y_t + u_{1t} \\ I_t = \beta_0 + \beta_1 Y_t + \beta_2 Y_{t-1} + u_{2t} \end{cases} \quad (7\text{-}5)$$

由式（7-5）第 1 个方程和第 2 个方程可以看出，因为变量 Y 与变量 C 有联系，并且变量 C 与随机误差项 u_1 相关，所以变量 Y 与 u_1 相关，而变量 Y 在第 2 个方程作解释变量，这就违背了解释变量与随机误差项不相关的假定。将第 2 个方程和第 3 个方程代入第 1 个方程，得

$$Y_t = \alpha_0 + \alpha_1 Y_t + u_{1t} + \beta_0 + \beta_1 Y_t + \beta_2 Y_{t-1} + u_{2t} + G_t \quad (7\text{-}6)$$

整理后得到如下结果：

$$Y_t = \frac{\alpha_0 + \beta_0}{1 - \alpha_1 - \beta_1} + \frac{\beta_2}{1 - \alpha_1 - \beta_1} Y_{t-1} + \frac{1}{1 - \alpha_1 - \beta_1} G_t + \frac{1}{1 - \alpha_1 - \beta_1} (u_{1t} + u_{2t}) \quad (7\text{-}7)$$

由式（7-7）看出，变量 Y 与 $(u_{1t} + u_{2t})$ 相关，但在第 3 个方程里 Y 作为解释变量来说明对投资的影响，这又违背了解释变量与随机误差项不相关的假定。所以 OLS 方法一般不适合于估计联立方程模型。

7.1.4 联立方程模型的种类

为了方便模型的识别和估计，联立方程模型以变量间的联系形式分类，通常可分为结构式模型（structural form model）、简化式模型（reduced form model）和递归式模型（recursive model）。

1. 结构式模型

结构式模型是直接根据经济理论建立的模型，是联立方程模型的一种常用类型。其中的方程称为结构方程，结构方程的参数称为结构参数。结构方程把内生变量表示为其他内生变量、前定变量和随机误差的函数。

例如，联立方程模型式（7-3）就是一个结构式模型。

结构式模型的标准形式为

$$\begin{cases} \beta_{11} Y_{1t} + \beta_{12} Y_{2t} + \cdots + \beta_{1M} Y_{Mt} + \gamma_{11} X_{1t} + \gamma_{12} X_{2t} + \cdots + \gamma_{1k} X_{kt} = u_{1t} \\ \beta_{21} Y_{1t} + \beta_{22} Y_{2t} + \cdots + \beta_{2M} Y_{Mt} + \gamma_{21} X_{1t} + \gamma_{22} X_{2t} + \cdots + \gamma_{2k} X_{kt} = u_{2t} \\ \quad\quad\quad\quad\quad\quad\quad\quad\quad \vdots \\ \beta_{M1} Y_{1t} + \beta_{M2} Y_{2t} + \cdots + \beta_{MM} Y_{Mt} + \gamma_{M1} X_{1t} + \gamma_{M2} X_{Mt} + \cdots + \gamma_{Mk} X_{kt} = u_{Mt} \end{cases} \quad (7\text{-}8)$$

式中，$Y_1, Y_2, \cdots, Y_M$ 为内生变量；$X_1, X_2, \cdots, X_k$ 为前定变量（当 $X_1 = 1$ 时表明存在截距项）；$u_1, u_2, \cdots, u_M$ 为随机误差项；β_{ij}（$i = 1, 2, \cdots, M$；$j = 1, 2, \cdots, M$）为内生变量的参数；γ_{ij}（$i = 1, 2, \cdots, M$；$j = 1, 2, \cdots, k$）为前定变量的参数。β_{ij} 和 γ_{ij} 也统称为结构参数。结构式模型标准形式可以用矩阵表示为

$$\boldsymbol{BY} + \boldsymbol{\Gamma X} = \boldsymbol{u} \quad (7\text{-}9)$$

式中，Y 为内生变量 Y_{it} 的向量；X 为前定变量 X_{it} 的向量；u 为随机扰动项 u_{it} 向量；B 为内生变量参数 β_{ij} 的矩阵；Γ 为前定变量参数 γ_{ij} 的矩阵。

结构式模型具有如下特点。

（1）模型直观地描述了经济变量之间的关系结构，模型的经济意义明确。

（2）模型只反映了各变量之间的直接影响，却无法直观地反映各变量之间的间接影响和总影响。

（3）无法直接运用结构式模型进行预测。

下面给出结构式模型的一个例子，设一个简化的凯恩斯宏观经济模型为

$$C_t = \beta_1 + \beta_2 Y_t + u_t \tag{7-10}$$

$$Y_t = C_t + I_t \tag{7-11}$$

式中，C 为消费，Y 为收入，它们是内生变量；I 是作为外生变量的投资；u 为随机误差项。将上述结构式方程组表示成标准形式：

$$C_t - \beta_2 Y_t - \beta_1 + 0 I_t = u_t \tag{7-12}$$

$$-C_t + Y_t + 0 - I_t = 0 \tag{7-13}$$

可用矩阵表示为

$$\begin{bmatrix} 1 & -\beta_2 \\ -1 & 1 \end{bmatrix} \begin{bmatrix} C_t \\ Y_t \end{bmatrix} + \begin{bmatrix} -\beta_1 & 0 \\ 0 & -1 \end{bmatrix} \begin{bmatrix} 1 \\ I_t \end{bmatrix} = \begin{bmatrix} u_t \\ 0 \end{bmatrix} \tag{7-14}$$

记矩阵为

$$\boldsymbol{B} = \begin{bmatrix} 1 & -\beta_2 \\ -1 & 1 \end{bmatrix} \qquad \boldsymbol{\Gamma} = \begin{bmatrix} -\beta_1 & 0 \\ 0 & -1 \end{bmatrix}$$

$$\boldsymbol{Y} = \begin{bmatrix} C_t \\ Y_t \end{bmatrix} \qquad \boldsymbol{X} = \begin{bmatrix} 1 \\ I_t \end{bmatrix} \qquad \boldsymbol{U} = \begin{bmatrix} u_t \\ 0 \end{bmatrix}$$

结构式模型的矩阵形式可简记为

$$\boldsymbol{BY} + \boldsymbol{\Gamma X} = \boldsymbol{U} \tag{7-15}$$

2. 简化式模型

结构式模型虽然可以描述经济变量之间关系的结构，但结构式模型的正规形式不利于作估计。这是由于联立方程模型中，内生变量作为解释变量与随机误差项相关，从而对结构方程直接采用 OLS 法作估计时，估计量既不是无偏的，也不是一致的。为了解决这个问题，可以设法把全部内生变量表示为前定变量与随机误差项的函数，这就是简约式（或简化式）模型。

所谓简化式模型，就是每个内生变量都只被表示为前定变量和随机扰动项的函数的联立方程模型。简化式模型中每个方程称为简化式方程，方程的参数称为简化式参数。

直观地看，在简化式模型中的每一个方程的右端不再出现内生变量。简化式模型的建立有两个实现的途径：一是直接写出模型的简化形式，在已知模型所包含的全部前定变量的条件下，将每个内生变量直接表示为前定变量和随机误差项的函数；二是通过结构式模型导出简化式模型，从结构式模型出发，经过代数运算，求解出内生变量，从而将每个内

生变量用前定变量和随机误差项的函数来表示。

根据式（7-9）的结构式模型，若 $|\boldsymbol{B}| \neq 0$，由矩阵知识可知，内生变量结构式参数矩阵 $\boldsymbol{B}$ 的逆矩阵 $\boldsymbol{B}^{-1}$ 一定存在，对式（7-9）两端同时左乘 $\boldsymbol{B}^{-1}$，得

$$\boldsymbol{Y} + \boldsymbol{B}^{-1}\boldsymbol{\Gamma}\boldsymbol{X} = \boldsymbol{B}^{-1}\boldsymbol{u} \tag{7-16}$$

移项得

$$\boldsymbol{Y} = -\boldsymbol{B}^{-1}\boldsymbol{\Gamma}\boldsymbol{X} + \boldsymbol{B}^{-1}\boldsymbol{u} \tag{7-17}$$

分别令

$$\boldsymbol{\Pi} = -\boldsymbol{B}^{-1}\boldsymbol{\Gamma} \tag{7-18}$$

$$\boldsymbol{V} = \boldsymbol{B}^{-1}\boldsymbol{u} \tag{7-19}$$

则简化式模型的一般形式为

$$\boldsymbol{Y} = \boldsymbol{\Pi}\boldsymbol{X} + \boldsymbol{V} \tag{7-20}$$

式中，$\boldsymbol{\Pi}$ 为简化式模型的参数矩阵；$\boldsymbol{V}$ 为简化式模型的随机误差项向量。由式（7-18）可以看出，简化式模型的参数 $\boldsymbol{\Pi}$ 是结构式模型参数 $\boldsymbol{B}$ 和 $\boldsymbol{\Gamma}$ 的函数。

事实上可以通过代数变换，将结构式模型转化为简化式模型。例如，式（7-10）和式（7-11）的结构式联立方程模型，将式（7-11）代入式（7-10）中，得

$$C_t = \beta_1 + \beta_2(C_t + I_t) + u_t$$

即

$$C_t = \frac{\beta_1}{1-\beta_2} + \frac{\beta_2}{1-\beta_2}I_t + \frac{1}{1-\beta_2}u_t$$

由式（7-11），有 $C_t = Y_t - I_t$，代入式（7-12），得

$$Y_t - I_t = \beta_1 + \beta_2 Y_t + u_t$$

即

$$Y_t = \frac{\beta_1}{1-\beta_2} + \frac{1}{1-\beta_2}I_t + \frac{1}{1-\beta_2}u_t$$

因此，由式（7-10）和式（7-11）的结构式联立方程模型导出的简化式模型为

$$C_t = \frac{\beta_1}{1-\beta_2} + \frac{\beta_2}{1-\beta_2}I_t + \frac{1}{1-\beta_2}u_t \tag{7-21}$$

$$Y_t = \frac{\beta_1}{1-\beta_2} + \frac{1}{1-\beta_2}I_t + \frac{1}{1-\beta_2}u_t \tag{7-22}$$

容易验证，用代数形式导出的简化式模型式（7-21）和式（7-22）与用式（7-18）～式（7-20）矩阵导出的结果是一致的。

简化式模型有以下特点。

（1）简化式方程的解释变量都是与随机误差项不相关的前定变量。

（2）简化式参数反映了前定变量对内生变量的总影响，包括直接影响和间接影响。

（3）利用简化式模型可以直接进行预测。

（4）简化式模型没有客观地描述经济系统内各个变量之间的内在联系，模型的经济含义不明确。

结构式模型和简化式模型的区别与联系如下。

（1）结构式模型直观地描述了经济变量之间的关系结构，模型有十分明确的经济含义，而简化式模型并不反映经济变量这种直接关系，并没有明确的经济含义。但简化式模型却反映了前定变量对内生变量的总影响，所以便于直接进行经济预测等定量分析，而结构式模型却不便于进行经济预测、政策评价等定量分析。

（2）结构式模型中的解释变量可能是前定变量也可能是内生变量；简化式模型中的解释变量均为前定变量。

（3）简化式模型可以用最小二乘法来估计参数，但结构式模型不能直接用最小二乘法来估计参数。

（4）简化式模型是通过变量的连续线性替换从结构式模型中导出的。

3. 递归式模型

所谓递归式模型，是指在该模型中，第一个方程的内生变量 Y_1 仅由前定变量表示，而无其他内生变量；第二个方程的内生变量 Y_2 表示成前定变量和一个内生变量 Y_1 的函数；第三个方程的内生变量 Y_3 表示成前定变量和两个内生变量 Y_1 与 Y_2 的函数；按此规律下去，最后一个方程的内生变量 Y_m 可表示成前定变量和 $m-1$ 个内生变量 $Y_1, Y_2, \cdots, Y_{m-1}$ 的函数。

例如，以三个内生变量 Y_1, Y_2, Y_3 和三个前定变量 X_1, X_2, X_3 为例，构造一个递归型联立方程模型：

$$\begin{cases} Y_1 = \qquad\qquad\quad \beta_{11}X_1 + \beta_{12}X_2 + \beta_{13}X_3 + u_1 \\ Y_2 = \alpha_{21}Y_1 + \qquad \beta_{21}X_1 + \beta_{22}X_2 + \beta_{23}X_3 + u_2 \\ Y_3 = \alpha_{31}Y_1 + \alpha_{32}Y_2 + \beta_{31}X_1 + \beta_{32}X_2 + \beta_{33}X_3 + u_3 \end{cases} \tag{7-23}$$

将式（7-23）转化为标准形式：

$$\begin{cases} Y_1 - \beta_{11}X_1 - \beta_{12}X_2 - \beta_{13}X_3 = u_1 \\ Y_2 - \alpha_{21}Y_1 - \beta_{21}X_1 - \beta_{22}X_2 - \beta_{23}X_3 = u_2 \\ Y_3 - \alpha_{31}Y_1 - \alpha_{32}Y_2 - \beta_{31}X_1 - \beta_{32}X_2 - \beta_{33}X_3 = u_3 \end{cases} \tag{7-24}$$

式（7-24）的矩阵形式为

$$\boldsymbol{BY} + \boldsymbol{\Gamma X} = \boldsymbol{u} \tag{7-25}$$

在式（7-25）中

$$\boldsymbol{B} = \begin{bmatrix} 1 & 0 & 0 \\ -\alpha_{21} & 1 & 0 \\ -\alpha_{31} & -\alpha_{32} & 1 \end{bmatrix} \tag{7-26}$$

$$\boldsymbol{\Gamma} = -\begin{bmatrix} \beta_{11} & \beta_{12} & \beta_{13} \\ \beta_{21} & \beta_{22} & \beta_{23} \\ \beta_{31} & \beta_{32} & \beta_{33} \end{bmatrix} \tag{7-27}$$

由此，看到内生变量参数矩阵 $\boldsymbol{B}$ 是一个下三角阵，而前定变量的参数矩阵 $\boldsymbol{\Gamma}$ 只在原结构式模型中前定变量参数前多了一个负号。

递归式模型是联立方程组模型中一种特殊的形式。它的特点是可以直接运用 OLS 方法对模型中的方程依次进行估计,而不会产生联立方程组的偏倚性问题。虽然满足内生变量递归特点的递归式模型确实存在,但在建模中并不多见。而且应指出,递归式模型中事实上没有变量间互为因果的特征,所以它并不是真正意义上的联立方程模型。

7.2 联立方程模型的识别问题

7.2.1 模型识别问题

若能够断定某个结构参数的估计值正是该参数的估计值,而不是其他参数的估计值,则说该参数是可识别的。模型识别问题(model identification problem)是一个与联立方程有关的数学问题,从根本上说识别问题是模型的设定问题。

例如,设农产品供需均衡模型为

$$Q_d = \alpha_0 + \alpha_1 p + u_1 \tag{7-28}$$

$$Q_s = \beta_0 + \beta_1 p + u_2 \tag{7-29}$$

$$Q_d = Q_s \tag{7-30}$$

对于方程(7-28)和方程(7-29),由于在均衡条件下,农产品的供给与需求是一致的,模型中两个方程具有完全相同的统计形式。这时用 OLS 法估计其参数,就无法区分估计出的参数究竟是需求方程的还是供给方程的,这就是联立方程组模型的识别问题。

又如,设宏观经济模型为

$$Y_t = C_t + I_t \tag{7-31}$$

$$C_t = \alpha_0 + \alpha_1 Y_t + u_{1t} \tag{7-32}$$

$$I_t = \beta_0 + \beta_1 Y_t + u_{2t} \tag{7-33}$$

式中,Y 为国民总收入;C 为消费;I 为投资。

式(7-32)与式(7-33)中消费函数与投资函数的参数,在经济意义上应该是唯一的,但经过一定的数学变换,可以发现事实并非如此。由式(7-31)移项得

$$I_t = Y_t - C_t \tag{7-34}$$

将式(7-34)代入投资函数式(7-33)得

$$Y_t - C_t = \beta_0 + \beta_1 Y_t + u_{2t}$$

则有

$$C_t = -\beta_0 + (1-\beta_1)Y_t - u_{2t} \tag{7-35}$$

比较消费函数式(7-32)与投资函数式(7-35),可以看出两个方程具有相同的统计形式。现在的问题是,通过样本数据 C_t 和 I_t 所估计的参数究竟是消费函数的参数还是投资函数的参数呢?显然这时联立方程模型有无法识别的问题。

7.2.2 联立方程模型识别的类型

在计量经济学中,把联立方程模型中某一方程的识别状态分为两种:一种类型不可识别(un-identified);另一种类型能够识别,或称为可识别。对于可识别的方程,又有两种情况:一是恰好识别(just-identified);二是过度识别(over-identified)。

1. 不可识别

若结构式模型中某个方程参数的估计值不能够由简化式模型参数估计值求解出,则称该方程不可识别。

例如,商品需求与供给的结构式模型为

$$Q_t^d = \alpha_1 + \alpha_2 P_t + u_{1t} \tag{7-36}$$

$$Q_t^s = \beta_1 + \beta_2 P_t + u_{2t} \tag{7-37}$$

$$Q_t^d = Q_t^s \tag{7-38}$$

由均衡条件式(7-38),可导出内生变量 P 与 Q 的简化式模型为

$$P_t = \pi_1 + v_{1t} \tag{7-39}$$

$$Q_t = \pi_2 + v_{2t} \tag{7-40}$$

式中,$\pi_1 = \dfrac{\beta_1 - \alpha_1}{\alpha_2 - \beta_2}$;$\pi_2 = \dfrac{\alpha_2 \beta_1 - \alpha_1 \beta_2}{\alpha_2 - \beta_2}$;$v_{1t} = \dfrac{u_{2t} - u_{1t}}{\alpha_2 - \beta_2}$;$v_{2t} = \dfrac{\alpha_2 u_{2t} - \beta_2 u_{1t}}{\alpha_2 - \beta_2}$。

在上述简化式模型与结构式模型参数的关系式中,由估计的两个简化式参数 $\hat{\pi}_1$ 与 $\hat{\pi}_2$,无法求解出结构式模型的 4 个参数 $\alpha_1, \alpha_2, \beta_1, \beta_2$。因此,方程式(7-36)和式(7-37)为不可识别,从而该联立方程组模型不可识别。直观地理解,这是因为供给方程和需求方程的结构形式一致,没有提供分别估计各个结构参数的足够信息,或者说对从模型的设定上方程没有施加足够的约束。

2. 恰好识别

若结构式模型中某个方程的参数能够由简化式模型参数估计值唯一地解出,则称该方程恰好识别。

例如,对上述需求与供给结构式模型补充一些信息,在供给函数中引入前定变量价格的滞后值,即上一期的价格 P_{t-1},这时需求与供给模型为

$$\begin{cases} Q_t^d = \alpha_1 + \alpha_2 P_t + u_{1t} \\ Q_t^s = \beta_1 + \beta_2 P_t + \beta_3 P_{t-1} + u_{2t} \\ Q_t^d = Q_t^s \end{cases} \tag{7-41}$$

需求供给的简化式模型为

$$\begin{cases} P_t = \pi_{11} + \pi_{12} P_{t-1} + v_{1t} \\ Q_t = \pi_{21} + \pi_{22} P_{t-1} + v_{2t} \end{cases} \tag{7-42}$$

式中

$$\pi_{11} = \frac{\beta_1 - \alpha_1}{\alpha_2 - \beta_2} \qquad \pi_{12} = \frac{\beta_3}{\alpha_2 - \beta_2}$$

$$\pi_{21} = \frac{\alpha_2\beta_1 - \alpha_1\beta_2}{\alpha_2 - \beta_2} \qquad \pi_{22} = \frac{\alpha_2\beta_3}{\alpha_2 - \beta_2}$$

$$v_{1t} = \frac{u_{2t} - u_{1t}}{\alpha_2 - \beta_2} \qquad v_{2t} = \frac{\alpha_2 u_{2t} - \beta_2 u_{1t}}{\alpha_2 - \beta_2}$$

从简化式模型与结构式模型参数的关系可以看到，这时简化式模型的参数个数为 4 个，结构式模型的参数个数为 5 个，因此也不能在已知简化式模型参数估计值的条件下，唯一地解出结构式模型的所有参数。但可以看出，需求方程的参数 α_1 和 α_2 是可以被唯一求解出，即

$$\alpha_1 = \pi_{21} - \alpha_2 \pi_{11}, \qquad \alpha_2 = \frac{\pi_{22}}{\pi_{12}}$$

此时需求方程是恰好识别的；而供给方程的参数估计值不能被解出，故供给方程不可识别。

上述例子给出一个启示，模型中引入新的前定变量 P_{t-1} 后，能使不可识别的模型向可以识别转变，这为改进模型的识别状态提供了重要线索。很自然，如果继续对模型补充信息，再引入前定变量，模型的识别状况会进一步变好吗？

例如，在需求方程中再引入一个新的前定变量收入 I_t，这时模型为

$$\begin{cases} Q_t^d = \alpha_1 + \alpha_2 P_t + \alpha_3 I_t + u_{1t} \\ Q_t^s = \beta_1 + \beta_2 P_t + \beta_3 P_{t-1} + u_{2t} \\ Q_t^d = Q_t^s \end{cases} \qquad (7\text{-}43)$$

由该结构式模型导出简化式模型：

$$\begin{cases} P_t = \pi_{11} + \pi_{12} I_t + \pi_{13} P_{t-1} + v_{1t} \\ Q_t = \pi_{21} + \pi_{22} I_t + \pi_{23} P_{t-1} + v_{2t} \end{cases} \qquad (7\text{-}44)$$

式中

$$\pi_{11} = \frac{\beta_1 - \alpha_1}{\alpha_2 - \beta_2} \qquad \pi_{12} = \frac{-\alpha_3}{\alpha_2 - \beta_2} \qquad \pi_{13} = \frac{\beta_3}{\alpha_2 - \beta_2}$$

$$\pi_{21} = \frac{\alpha_2\beta_1 - \alpha_1\beta_2}{\alpha_2 - \beta_2} \qquad \pi_{22} = \frac{\alpha_3\beta_1}{\alpha_2 - \beta_2} \qquad \pi_{23} = \frac{\alpha_2\beta_3}{\alpha_2 - \beta_2}$$

$$v_{1t} = \frac{u_{2t} - u_{1t}}{\alpha_2 - \beta_2} \qquad v_{2t} = \frac{\alpha_2 u_{2t} - \beta_2 u_{1t}}{\alpha_2 - \beta_2}$$

由上述简化式模型与结构式模型参数的关系可以看出，简化式模型的参数是 6 个，结构式模型的参数也是 6 个，所以由简化式模型的参数估计值可以唯一地求解出结构式模型的参数，即

$$\alpha_1 = \pi_{21} - \alpha_2 \pi_{11} \qquad \alpha_2 = \frac{\pi_{23}}{\pi_{13}} \qquad \alpha_3 = \alpha_2 \pi_{12} - \pi_{22}$$

$$\beta_1 = \pi_{21} - \beta_2 \pi_{11} \qquad \beta_2 = \frac{\pi_{22}}{\pi_{12}} \qquad \beta_3 = \pi_{23} - \beta_2 \pi_{13}$$

这表明该联立方程模型中的每一个方程都是恰好识别的,所以联立方程模型是恰好识别的。

3. 过度识别

若结构式模型中某个方程的参数能够由简化式模型参数估计值解出,但求解出的值不唯一,则称该方程过度识别。

例如,在需求方程中再继续引入一个前定变量消费者拥有的财富 R_t,这时模型为

$$\begin{cases} Q_t^d = \alpha_1 + \alpha_2 P_t + \alpha_3 I_t + \alpha_4 R_t + u_{1t} \\ Q_t^s = \beta_1 + \beta_2 P_t + \beta_3 P_{t-1} + u_{2t} \\ Q_t^d = Q_t^s \end{cases} \quad (7\text{-}45)$$

由该结构式模型求出简化式模型为

$$\begin{cases} P_t = \pi_{11} + \pi_{12} I_t + \pi_{13} R_t + \pi_{14} P_{t-1} + v_{1t} \\ Q_t = \pi_{21} + \pi_{22} I_t + \pi_{23} R_t + \pi_{24} P_{t-1} + v_{2t} \end{cases} \quad (7\text{-}46)$$

式中

$$\pi_{11} = \frac{\beta_1 - \alpha_1}{\alpha_2 - \beta_2} \quad \pi_{12} = \frac{-\alpha_3}{\alpha_2 - \beta_2} \quad \pi_{13} = \frac{-\alpha_4}{\alpha_2 - \beta_2} \quad \pi_{14} = \frac{\beta_3}{\alpha_2 - \beta_2}$$

$$\pi_{21} = \frac{\alpha_2 \beta_1 - \alpha_1 \beta_2}{\alpha_2 - \beta_2} \quad \pi_{22} = \frac{-\alpha_3 \beta_2}{\alpha_2 - \beta_2} \quad \pi_{23} = \frac{-\alpha_4 \beta_2}{\alpha_2 - \beta_2} \quad \pi_{24} = \frac{-\alpha_2 \beta_3}{\alpha_2 - \beta_2}$$

$$v_{1t} = \frac{u_{2t} - u_{1t}}{\alpha_2 - \beta_2} \quad v_{2t} = \frac{\alpha_2 u_{2t} - \beta_2 u_{1t}}{\alpha_2 - \beta_2}$$

从简化式模型与结构式模型参数的关系看出,简化式模型的参数为 8 个,而这时结构式模型的参数为 7 个。虽然可以从参数的关系式求解出结构式模型的参数,但解并不唯一。例如,该结构式联立方程模型的供给方程中价格 P_t 的系数 β_2,就可由上述关系式导出两个表达式,即 $\beta_2 = \pi_{22}/\pi_{12}$ 和 $\beta_2 = \pi_{23}/\pi_{13}$,产生这样问题的原因,是为需求方程提供了过多的信息,或者说为供给方程施加了过多的约束,即供给方程不仅排除了收入变量,而且还排除了财产变量,因而供给方程是过度识别的。

7.2.3 联立方程模型识别的方法

由上述商品需求与供给联立方程模型的例子可以看出,从简化式模型与结构式模型参数的关系去判断模型的可识别性,实际上是非常麻烦的,特别是联立方程模型规模很大的时候。因此,需要寻求更为规范的方法对联立方程模型的识别性进行判断。这类规范的识别方法主要是模型识别的阶条件(order condition)和秩条件(rank condition)。

1. 模型识别的阶条件

模型识别的阶条件的基本思想是,一个结构型方程的识别取决于不包含在这个方程中,而包含在模型其他方程中变量的个数,可从这类变量的个数去判断方程的识别性质。

模型中方程可识别的必要条件:该方程所不包含的模型中变量的数目大于等于模型中方程个数减 1,即

$$K-M \geqslant G-1$$

式中，K 为模型中变量的总数（内生变量+前定变量）；M 为该方程中所包含的变量数目；G 为模型中方程个数（即内生变量个数）。

尽管识别的阶条件只是一个必要条件，即模型中任何可识别方程必定满足 $K-M \geqslant G-1$，但满足该条件的方程未必是可识别方程。在实际应用中，为方便起见，人们往往用它来判别一个方程是否可识别，就像用一阶导数是否等于零来判断极值是否存在一样。经验表明，在绝大多数情况下，这种方法不会有多大问题，但应当注意，毕竟存在该条件满足而方程不可识别的情况。实践中应用阶条件进行判别的准则如下。

（1）若 $K-M < G-1$，则不可识别。
（2）若 $K-M > G-1$，则过度识别。
（3）若 $K-M = G-1$，则恰好识别。

仍以商品需求与供给均衡模型为例：

$$Q_t^d = \alpha_1 + \alpha_2 P_t + u_{1t} \tag{7-47}$$

$$Q_t^s = \beta_1 + \beta_2 P_t + u_{2t} \tag{7-48}$$

$$Q_t^d = Q_t^s \tag{7-49}$$

对于方程（7-47）和方程（7-48）均有 $K=3$，$M_1=M_2=2$，$G=3$，$K-M=1<G-1=2$，两方程都不可识别。

例如，设定的联立方程组模型为

$$Y_t = C_t + I_t + G_t \tag{7-50}$$

$$C_t = \alpha_1 + \alpha_2 Y_t - \alpha_3 T_t + u_{1t} \tag{7-51}$$

$$I_t = \beta_1 + \beta_2 Y_t - \beta_3 Y_{t-1} + u_{2t} \tag{7-52}$$

$$T_t = \gamma_1 + \gamma_2 Y_t + u_{3t} \tag{7-53}$$

方程（7-51）有 $K=6$，$M=3$，$G=4$，这时 $K-M=G-1=3$，所以，该方程可能是恰好识别。

方程（7-52）有 $K=6$，$M=3$，$G=4$，这时 $K-M=G-1=3$，所以，该方程可能是恰好识别。

方程（7-53）有 $K=6$，$M=2$，$G=4$，则 $K-M > G-1$，所以，该方程可能是过度识别。

由于方程（7-50）为定义方程式，故不需判断其识别性。综合上述判断，该模型有可能是可识别的。

2. 模型识别的秩条件

模型识别的阶条件还不是识别的充分条件，即方程不满足识别的阶条件时，方程是不可识别的；但方程满足识别的阶条件时，并非一定是可识别的。

联立方程模型识别的秩条件可以表述为：在有 M 个内生变量、M 个方程的完整联立方程模型中，当且仅当一个方程中不包含但在其他方程包含的变量（不论是内生变量还是外生变量）的结构参数，至少能够构成一个非零的 $M-1$ 阶行列式时，该方程是可以识别的。或者表述为，当且仅当一个方程所排斥（不包含）的变量的参数矩阵的秩等于 $M-1$ 时，该方程可以识别。

设结构式模型为

$$BY + \Gamma X = U$$

式中，B 为内生变量的系数矩阵；Γ 为前定变量的系数矩阵，记矩阵 (B_0, Γ_0) 为该方程组中第 i 个方程中没有包含的内生变量和前定变量系数所构成的矩阵，如果当 (B_0, Γ_0) 的秩为 $M-1$ 时，即当至少有一个 $M-1$ 阶非零行列式时，该方程才是可识别的。

类似阶条件有三种情况，秩条件也有三种情况：当只有一个 $M-1$ 阶非零行列式时，该方程是恰好识别的；当不止一个 $M-1$ 阶非零行列式时，该方程是过度识别的；当不存在 $M-1$ 阶非零行列式时，该方程是不可识别的。

运用秩条件判别模型的识别性，步骤如下。

（1）将结构式模型转变为结构式模型的标准形式，并将全部参数列成完整的参数表（方程中不出现变量的参数以 0 表示）。

（2）考察第 i 个方程的识别问题：划去该方程的那一行，并划去该方程出现的变量的系数（该行中非 0 系数）所在列，余下该方程不包含的变量在其他方程中的系数的矩阵 (B_0, Γ_0)。

（3）计算 $\text{Rank}(B_0, \Gamma_0)$，检验所余系数矩阵 (B_0, Γ_0) 的秩，看是否等于 $M-1$，或检验所余系数是否能构成非零 $M-1$ 阶行列式。

（4）判断：如果 $\text{Rank}(B_0, \Gamma_0) = M-1$，则该方程为可识别；根据非零行列式个数判别是恰好识别，还是过度识别。

例如，设定的联立方程模型为

$$C_t = \alpha_1 + \alpha_2 Y_t - \alpha_3 T_t + u_{1t} \tag{7-54}$$

$$I_t = \beta_1 + \beta_2 Y_t - \beta_3 Y_{t-1} + u_{2t} \tag{7-55}$$

$$T_t = \gamma_1 + \gamma_2 Y_t + u_{3t} \tag{7-56}$$

$$Y_t = C_t + I_t + G_t \tag{7-57}$$

式中，$M=4$ 个内生变量；C_t、I_t、T_t、Y_t 分别为消费、投资、税收、收入；前定变量 G_t 和 Y_{t-1} 分别是政府支出和上年收入。

由给定方程组模型写出其结构模型的标准形式：

$$-\alpha_1 + C_t + 0I_t - \alpha_2 Y_t + \alpha_3 T_t + 0G_t + 0Y_{t-1} = u_{1t} \tag{7-58}$$

$$-\beta_1 + 0C_t + I_t - \beta_2 Y_t + 0T_t + 0G_t + \beta_3 Y_{t-1} = u_{2t} \tag{7-59}$$

$$-\gamma_1 + 0C_t + 0I_t - \gamma_2 Y_t + T_t + 0G_t + 0Y_{t-1} = u_{3t} \tag{7-60}$$

$$0 - C_t - I_t + Y_t + 0T_t - G_t - 0Y_{t-1} = 0 \tag{7-61}$$

由结构式模型的标准形式写出其系数矩阵 (B, Γ)，即

$$(B, \Gamma) = \begin{bmatrix} -\alpha_1 & 1 & 0 & -\alpha_2 & \alpha_3 & 0 & 0 \\ -\beta_1 & 0 & 1 & -\beta_2 & 0 & 0 & \beta_3 \\ -\gamma_1 & 0 & 0 & -\gamma_2 & 1 & 0 & 0 \\ 0 & -1 & -1 & 1 & 0 & -1 & 0 \end{bmatrix}$$

或者将以上一般形式的结构参数列于表7-1。

表7-1 联立方程模型结构参数数据表

变量	截距项	C	I	Y	T	G	Y_{t-1}
方程（7-54）	$-\alpha_1$	1	0	$-\alpha_2$	α_3	0	0
方程（7-55）	$-\beta_1$	0	1	$-\beta_2$	0	0	β_3
方程（7-56）	$-\gamma_1$	0	0	$-\gamma_2$	1	0	0
方程（7-57）	0	-1	-1	1	0	-1	0

注：灰色部分表示方程（7-54）识别过程中划掉的行和列

下面利用秩条件判断该模型的识别性。

（1）分析消费函数方程（7-54）的识别问题，划去方程（7-54）的那一行，并划去该行中非0系数所在列（即C、Y、T和截距项对应的列），余下方程（7-54）不包含的变量在其他方程中的系数，构成$(\boldsymbol{B}_0,\boldsymbol{\varGamma}_0)$：

$$(\boldsymbol{B}_0,\boldsymbol{\varGamma}_0)=\begin{bmatrix}1 & 0 & \beta_3\\0 & 0 & 0\\-1 & -1 & 0\end{bmatrix}$$

所余系数矩阵$(\boldsymbol{B}_0,\boldsymbol{\varGamma}_0)$能构成$M-1=3$阶行列式：

$$\begin{vmatrix}1 & 0 & \beta_3\\0 & 0 & 0\\-1 & -1 & 0\end{vmatrix}=0$$

$(\boldsymbol{B}_0,\boldsymbol{\varGamma}_0)$只能构成一个等于零的$M-1$阶行列式，或者说Rank$(\boldsymbol{B}_0,\boldsymbol{\varGamma}_0)<M-1$，这说明消费函数是不可识别的。值得注意的是，在阶条件的判断中该方程有可能为恰好识别，这一例子正好说明阶条件只是必要条件，而非充分条件，即满足阶条件的未必一定满足秩条件。

（2）分析投资函数方程（7-55）的识别问题，同样道理可以划去方程（7-55）的那一行，并划去该行中非0系数所在列（即I、Y、Y_{t-1}和截距项对应的列），余下方程（7-55）不包含的变量在其他方程中的系数，构成$(\boldsymbol{B}_0,\boldsymbol{\varGamma}_0)$，得到$(\boldsymbol{B}_0,\boldsymbol{\varGamma}_0)=\begin{bmatrix}1 & \alpha_3 & 0\\0 & 1 & 0\\-1 & 0 & -1\end{bmatrix}$，其行列式为

$$\begin{vmatrix}1 & \alpha_3 & 0\\0 & 1 & 0\\-1 & 0 & -1\end{vmatrix}\neq 0$$

$(\boldsymbol{B}_0,\boldsymbol{\varGamma}_0)$只能构成一个不等于零的$M-1$阶行列式，则说明Rank$(\boldsymbol{B}_0,\boldsymbol{\varGamma}_0)=M-1=3$，即表明投资函数为恰好识别。

（3）分析税收函数方程（7-56）的识别问题，可以划去方程（7-56）的那一行，并划

去该行中非 0 系数所在列（即 Y、T 和截距项对应的列），余下方程（7-56）不包含的变量在其他方程中的系数，构成 (B_0, Γ_0)，得到 (B_0, Γ_0) 为

$$(B_0, \Gamma_0) = \begin{bmatrix} 1 & 0 & 0 & 0 \\ 0 & 1 & 0 & \beta_3 \\ -1 & -1 & -1 & 0 \end{bmatrix}$$

这是一个三行四列的矩阵，故可构成四个三阶行列式，即

$$\begin{vmatrix} 1 & 0 & 0 \\ 0 & 1 & 0 \\ -1 & -1 & -1 \end{vmatrix} \quad \begin{vmatrix} 1 & 0 & 0 \\ 0 & 0 & \beta_3 \\ -1 & -1 & 0 \end{vmatrix} \quad \begin{vmatrix} 0 & 0 & 0 \\ 1 & 0 & \beta_3 \\ -1 & -1 & 0 \end{vmatrix} \quad \begin{vmatrix} 1 & 0 & 0 \\ 0 & 1 & \beta_3 \\ -1 & -1 & 0 \end{vmatrix}$$

很明显在这四个三阶行列式里只有

$$\begin{vmatrix} 0 & 0 & 0 \\ 1 & 0 & \beta_3 \\ -1 & -1 & 0 \end{vmatrix} = 0$$

其余三个均为非零行列式，则表明税收函数为过度识别。

最后一个方程（7-57）为恒定式，不需判断其识别性。综上所述，因为消费函数是不可识别的，所以，整个方程组为不可识别。

模型的识别不是统计问题，而是模型的设定问题，因此在设定模型时就应设法尽量保证模型的可识别性。一般说来在设定联立方程模型时应遵循以下原则："在建立联立方程结构式模型时，要使新引入的方程中包含前面已引入的每一个方程都不包含的至少 1 个变量（内生变量或前定变量）；同时，要使前面已引入的每一个方程都包含至少 1 个新引入方程未包含的变量，并要互不相同。"因为只有新引入的方程包含前面每一个方程都不包含的至少 1 个变量，才能保证不破坏前面已有方程的可识别性。而且，只有前面每一个方程都包含至少 1 个新引入方程所未包含的变量，才能保证新引入的方程是可识别的。

7.3 联立方程模型的估计

若联立方程组模型的每个结构方程都没有内生变量作为解释变量，或当内生变量作为解释变量时，这些内生解释变量与方程的误差项不相关，则可以采用 OLS 法估计参数。如递归式模型，满足以上条件，从而可以采用 OLS 法估计参数。如果联立方程组模型的各方程，其解释变量并非全部是前定变量，同时内生解释变量与误差项不相关，那么 OLS 估计既不是无偏的，也不是一致估计的。

7.3.1 递归式模型的估计——普通最小二乘法

在 7.1 节中联立方程模型里已介绍了递归式模型，由于该模型构造的特殊性，递归式

模型中各内生变量之间的联系只是单向的,都满足 OLS 法基本假定,实际上并没有联立方程偏倚问题。

例如,7.1 节式(7-23)给出的递归式模型为

$$Y_1 = \beta_{11}X_1 + \beta_{12}X_2 + \beta_{13}X_3 + u_1 \quad (7\text{-}62)$$

$$Y_2 = \alpha_{21}Y_1 + \beta_{21}X_1 + \beta_{22}X_2 + \beta_{23}X_3 + u_2 \quad (7\text{-}63)$$

$$Y_3 = \alpha_{31}Y_1 + \alpha_{32}Y_2 + \beta_{31}X_1 + \beta_{32}X_2 + \beta_{33}X_3 + u_3 \quad (7\text{-}64)$$

式中,Y_1, Y_2, Y_3 为内生变量;X_1, X_2, X_3 为前定变量;u_1, u_2, u_3 为随机误差项。

递归式模型的第一个方程式(7-62),由于在等式的右端只有前定变量和随机误差项,无内生变量,并且前定变量与随机误差项不相关,所以满足基本假定,可以直接用 OLS 法估计参数。第二个方程式(7-63),其右端除了前定变量和随机误差项以外,还有内生变量 Y_1,但 Y_1 与随机误差项 u_2 并不相关,所以该方程满足基本假定,可用 OLS 法估计参数。同理,第三个方程式(7-64)也能用 OLS 法估计参数。

尽管递归式模型的解释变量中包含了内生变量,但根据递归的特点,它们与随机误差项不相关,不会产生联立方程模型的偏倚性,因此,若联立方程模型为递归式模型,则可直接运用 OLS 法估计其参数。

7.3.2 恰好识别模型的估计——间接最小二乘法

将结构式模型转化为简化式模型,由于简化式模型中的每一个方程的右端只有前定变量,并且前定变量与随机误差项不相关,可以用最小二乘法估计其参数。如果模型为恰好识别的模型,通过模型的简化式参数可以唯一确定结构式参数的估计值,显然,这种情况下可以先用 OLS 法估计简化式参数,然后再求解出结构式参数。这就是间接最小二乘(indirect least squares,ILS)法的基本思想。

应用 ILS 法的步骤如下。

(1)将结构式模型转化为简化式模型,并建立简化式模型与结构式模型之间参数的关系式。

(2)对简化式模型中的每一个方程用 OLS 法估计其参数,得到简化式模型的参数估计量。

(3)在恰好识别的条件下,利用简化式模型与结构式模型之间参数的关系式唯一地解出结构式方程的参数估计量。

例如,商品需求与供给的结构式模型为

$$Q_t^d = \alpha_1 + \alpha_2 P_t + \alpha_3 I_t + u_{1t}$$

$$Q_t^s = \beta_1 + \beta_2 P_t + \beta_3 P_{t-1} + u_{2t}$$

$$Q_t^d = Q_t^s$$

由该结构式模型导出的简化式模型为

$$P_t = \pi_{11} + \pi_{12} I_t + \pi_{13} P_{t-1} + u_{1t}$$

$$Q_t = \pi_{21} + \pi_{22} I_t + \pi_{23} P_{t-1} + u_{2t}$$

运用阶条件和秩条件对方程进行判断，可知整个模型为恰好识别。运用 OLS 法估计简化式模型中的参数，求得各个参数的估计值 $\hat{\pi}_{ij}$（$i=1,2$；$j=1,2,3$）。将估计的 $\hat{\pi}_{ij}$ 代入参数关系式，即可通过简化式模型的参数估计求解出方程的参数估计：

$$\hat{\alpha}_1 = \hat{\pi}_{21} - \hat{\alpha}_2 \hat{\pi}_{11} \qquad \hat{\alpha}_2 = \frac{\hat{\pi}_{23}}{\hat{\pi}_{13}} \qquad \hat{\alpha}_3 = \hat{\alpha}_2 \hat{\pi}_{12} - \hat{\pi}_{22}$$

$$\hat{\beta}_1 = \hat{\pi}_{21} - \hat{\beta}_2 \hat{\pi}_{11} \qquad \hat{\beta}_2 = \frac{\hat{\pi}_{22}}{\hat{\pi}_{12}} \qquad \hat{\beta}_3 = \hat{\pi}_{23} - \hat{\beta}_2 \hat{\pi}_{13}$$

可以证明，ILS 法参数估计有以下特性：简化式参数的估计是无偏的，并且在大样本下是一致估计式；但因结构式参数与简化式参数是非线性关系，结构式参数的估计在小样本中是有偏的，不过在大样本中是一致估计量。还可以证明，ILS 法估计的结构式参数不是完全有效的，即一般不具有最小方差。这些特性的证明已超出本书范围，故本书从略。

最后还应强调，ILS 法的运用有一定的假定前提，首先，结构式模型应是恰好识别的；其次，在简化式模型中的每一个方程都应满足基本假定；最后，在简化式模型中的前定变量不存在严重的多重共线性。

7.3.3 过度识别模型的估计——二阶段最小二乘法

在计量经济分析中，联立方程模型中出现联立方程偏倚，是因为内生变量作为了解释变量，而且与随机误差项相关，故造成参数的估计有偏和非一致。如果能够找到一种变量，它与作为解释变量的内生变量高度相关，但与同期的随机误差项不相关，问题便可得到解决。例如，由简化式模型估计的 $\hat{Y}_i$ 就可能是这样的变量，用这种变量替代内生变量去作为解释变量，就可能避免联立方程偏倚的出现。这就是二阶段最小二乘（two-stage least squares，TSLS 或 2SLS）法的基本思想。

例如，由结构式模型变换得到的简化式模型中的第 i 个方程为

$$Y_i = \pi_{i1} X_{1i} + \pi_{i2} X_{2i} + \cdots + \pi_{ik} X_{ki} + v_i \tag{7-65}$$

式中，$(\pi_{i1} X_{1i} + \pi_{i2} X_{2i} + \cdots + \pi_{ik} X_{ki})$ 构成了由前定变量 $X_{1i}, X_{2i}, \cdots, X_{ki}$ 决定的 Y_i 的精确分量部分，随机误差 v_i 构成了 Y_i 的随机分量部分。在简化式模型中，前定变量与随机误差项不相关，所以可以对式（7-65）用 OLS 法估计参数，这样便可得到上述精确分量的估计 $\hat{Y}_i$。作为精确分量 $\hat{Y}_i$ 与 Y_i 高度相关，但是 $\hat{Y}_i$ 与 v_i 不相关。如果用 $\hat{Y}_i$ 替换作为结构式模型解释变量的 Y_i，显然根据 OLS 原理 $\hat{Y}_i$ 与结构式模型的同期随机误差项也不相关，从而避免了联立方程偏倚，因此，这时对经过变量替代的新结构型方程，可以用 OLS 法估计参数。可以看出，TSLS 是分为两个阶段使用最小二乘法进行参数估计的方法，实际是用 $\hat{Y}_i$ 作为 Y_i 的工具变量。由于恰好识别是过度识别的特殊情况，所以 TSLS 既可以用于过度识别条件下的参数估计，也可用于恰好识别的情况。

TSLS 的具体步骤如下。

（1）将结构式模型变换为简化式模型，将结构方程中内生变量直接对所有的前定变量回归：

$$\begin{cases} Y_1 = \pi_{11}X_1 + \pi_{12}X_2 + \cdots + \pi_{1k}X_k + v_1 \\ \quad\quad\quad\quad\quad\quad\vdots \\ Y_M = \pi_{M1}X_1 + \pi_{M2}X_2 + \cdots + \pi_{Mk}X_k + v_M \end{cases} \quad (7\text{-}66)$$

（2）运用 OLS 法分别估计简化式方程的参数 $\hat{\pi}_{ij}$，利用所估计的 $\hat{\pi}_{ij}$ 和前定变量 X 求 $\hat{Y}_i$，如

$$\hat{Y}_i = \hat{\pi}_{i1}X_1 + \hat{\pi}_{i2}X_2 + \cdots + \hat{\pi}_{ik}X_k \quad (7\text{-}67)$$

（3）用估计的 $\hat{Y}_i$ 去替代结构方程中作为解释变量的内生变量 Y_i，得

$$\begin{aligned} Y_1 &= \beta_{11}\hat{Y}_1 + \beta_{12}\hat{Y}_2 + \cdots + \beta_{1m}\hat{Y}_m + \gamma_{11}X_1 + \cdots + \gamma_{1k}X_k + u_1^* \\ &\quad\quad\vdots \\ Y_M &= \beta_{M1}\hat{Y}_1 + \beta_{M2}\hat{Y}_2 + \cdots + \beta_{MM}\hat{Y}_M + \gamma_{M1}X_1 + \cdots + \gamma_{Mk}X_k + u_M^* \end{aligned} \quad (7\text{-}68)$$

再运用 OLS 法估计该结构方程的参数，得到参数的 TSLS 估计值。

（4）对结构式模型的每一个方程如此进行估计，最终完成对整个模型的参数估计。

例如，结构式模型：

$$Q_t^d = \alpha_1 + \alpha_2 P_t + \alpha_3 I_t + \alpha_4 R_t + u_{1t} \quad (7\text{-}69)$$

$$Q_t^s = \beta_1 + \beta_2 P_t + \beta_3 P_{t-1} + u_{2t} \quad (7\text{-}70)$$

$$Q_t^d = Q_t^s \quad (7\text{-}71)$$

前面已经验证了此结构式模型中的供给方程是过度识别的。为了用 TSLS 法估计其参数，直接写出它的简化式模型为

$$P_t = \pi_{11} + \pi_{12}I_t + \pi_{13}R_t + \pi_{14}P_{t-1} + u_{1t} \quad (7\text{-}72)$$

$$Q_t = \pi_{21} + \pi_{22}I_t + \pi_{23}R_t + \pi_{24}P_{t-1} + u_{2t} \quad (7\text{-}73)$$

首先，估计简化式模型中关于价格 P_t 的方程，得到估计式：

$$\hat{P}_t = \hat{\pi}_{21} + \hat{\pi}_{22}I_t + \hat{\pi}_{23}R_t + \hat{\pi}_{24}P_{t-1} \quad (7\text{-}74)$$

设残差为 $e_{1t} = P_t - \hat{P}_t$，则 $P_t = \hat{P}_t + e_{1t}$，其中 $\hat{P}_t$ 与 e_{1t} 不相关。

其次，将 $P_t = \hat{P}_t + e_{1t}$ 代入结构式模型中的需求方程（7-69），得

$$\begin{aligned} Q_t^d &= \alpha_1 + \alpha_2(\hat{P}_t + e_{1t}) + \alpha_3 I_t + \alpha_4 R_t + u_{1t} \\ &= \alpha_1 + \alpha_2 \hat{P}_t + \alpha_3 I_t + \alpha_4 R_t + u_t^* \end{aligned} \quad (7\text{-}75)$$

式中，$u_t^* = \alpha_2 e_{1t} + u_{1t}$。可以证明，这时 $\hat{P}_t$ 与 u_t^* 渐近不相关，因此，对式（7-75）可直接用 OLS 法估计参数，而式（7-75）正是结构式模型中商品需求方程，即完成了对需求方程参数的估计。

类似地，也可用 TSLS 法对式（7-70）供给方程的参数进行估计。这样便完成了对整个结构式模型的参数估计。

运用 TSLS 时要注意使用条件。

（1）结构方程必须可以识别。

（2）结构方程中的随机误差项要满足 OLS 的基本假定。

（3）结构方程中的所有前定变量不存在严重的多重共线性，而且与随机误差项不相关。

（4）样本容量要足够大。

（5）运用 TSLS 时应关注简化式模型的可决系数 R^2，第一段回归时 R^2 高，说明 $\hat{Y}_i$ 与 Y_i 很接近，若第一段简化式方程回归中 R^2 很低，则说明 $\hat{Y}_i$ 对 Y_i 的代表性不强，Y_i 很大程度上受随机分量决定，TSLS 估计事实上将无意义。

可以证明（本书省略了这些证明），TSLS 估计有以下特性。

（1）小样本时，TSLS 法所得到的参数估计量是有偏的。

（2）大样本时，TSLS 法所得到的参数估计量具有一致性。

（3）尽管 TSLS 法是针对过度识别而提出的，但对于恰好识别情况仍然可以使用，并且估计的结果与 ILS 估计结果一致。但在过度识别条件下，用 TSLS 法只能提供每个参数的唯一估计值，而用 ILS 法则能提供多个估计值。

TSLS 较为简便，易于操作，当模型中结构方程较多时尤其方便。而且 TSLS 具有一致性特征，对可以识别的模型都适用，只要样本足够大，就是估计联立方程模型的常用方法。

7.4 案 例 分 析

7.4.1 模型设定

依据凯恩斯宏观经济调控原理，建立简化的中国宏观经济调控模型。经理论分析，采用基于三部门的凯恩斯总需求决定模型，在不考虑进出口的条件下，通过消费者、企业、政府的经济活动，分析总收入的变动对消费和投资的影响。设理论模型如下：

$$Y_t = C_t + I_t + G_t \tag{7-76}$$

$$C_t = \alpha_0 + \alpha_1 Y_t + u_{1t} \tag{7-77}$$

$$I_t = \beta_0 + \beta_1 Y_t + u_{2t} \tag{7-78}$$

式中，Y_t 为支出法 GDP；C_t 为消费；I_t 为投资；G_t 为政府支出；内生变量为 Y_t, C_t, I_t；前定变量为 G_t。

7.4.2 模型的识别

根据上述理论方程，其结构式的标准形式为

$$-C_t - I_t + Y_t - G_t = 0$$
$$-\alpha_0 + C_t - \alpha_1 Y_t = u_{1t}$$
$$-\beta_0 + I_t - \beta_1 Y_t = u_{2t}$$

标准形式的系数矩阵 (B, Γ) 为

$$(B, \Gamma) = \begin{bmatrix} 0 & -1 & -1 & 1 & -1 \\ -\alpha_0 & 1 & 0 & -\alpha_1 & 0 \\ -\beta_0 & 0 & 1 & -\beta_1 & 0 \end{bmatrix}$$

由于第一个方程为恒定式，所以不需要对其识别性进行判断。下面判断消费函数和投资函数的识别性。

1. 消费函数的识别性

（1）用阶条件判断。这时 $K = 4, M = 2, G = 3$，因为 $K - M = G - 1 = 2$，表明消费函数有可能为恰好识别。

（2）用秩条件判断。在 (B, Γ) 中划去消费函数所在的第二行和非零系数所在的第一、二、四列，得

$$(B_0, \Gamma_0) = \begin{bmatrix} -1 & -1 \\ 1 & 0 \end{bmatrix}$$

显然，$\text{Rank}(B_0, \Gamma_0) = 2$，则由秩条件，表明消费函数是可识别的。再根据阶条件，消费函数是恰好识别的。

2. 投资函数的识别性

由于投资函数与消费函数的结构相近，判断过程与消费函数完全一样，故投资函数的阶条件和秩条件的判断予以省略。结论是投资函数也为恰好识别。

综合上述各方程的判断结果，得出该模型为恰好识别。

7.4.3 宏观经济模型的估计

由于消费函数和投资函数均为恰好识别，因此，可用 ILS 估计参数。选取 GDP、消费、投资，并用财政支出作为政府支出的替代变量。这些变量取自 1978～2014 年中国宏观经济的历史数据，见表 7-2。

表 7-2 1978～2014 年中国宏观经济的历史数据　　　　　　　　单位：亿元

年份	支出法 GDP	消费	投资	政府支出
1978	3 605.6	2 239.1	1 377.9	480.0
1979	4 092.6	2 633.7	1 478.9	622.2
1980	4 592.9	3 007.9	1 599.7	676.7
1981	5 008.8	3 361.5	1 630.2	733.6
1982	5 590.0	3 714.8	1 784.2	811.9
1983	6 216.2	4 126.4	2 039.0	895.3

续表

年份	支出法 GDP	消费	投资	政府支出
1984	7 362.7	4 846.3	2 515.1	1 104.3
1985	9 076.7	5 986.3	3 457.5	1 298.9
1986	10 508.5	6 821.8	3 941.9	1 519.7
1987	12 277.4	7 804.6	4 462.0	1 678.5
1988	15 388.6	9 839.5	5 700.2	1 971.4
1989	17 311.3	11 164.2	6 332.7	2 351.6
1990	19 347.8	12 090.5	6 747.0	2 639.6
1991	22 577.4	14 091.9	7 868.0	3 361.3
1992	27 565.2	17 203.3	10 086.3	4 203.2
1993	36 938.1	21 899.9	15 717.7	5 487.8
1994	50 217.4	29 242.2	20 341.1	7 398.0
1995	63 216.9	36 748.2	25 470.1	8 378.5
1996	74 163.6	43 919.5	28 784.9	9 963.6
1997	81 658.5	48 140.6	29 968.0	11 219.1
1998	86 531.6	51 588.2	31 314.2	12 358.9
1999	91 125.0	55 636.9	32 951.5	13 716.5
2000	98 749.0	61 516.0	34 842.8	15 661.4
2001	109 028.0	66 933.9	39 769.4	17 498.0
2002	120 475.6	71 816.5	45 565.0	18 759.9
2003	136 613.4	77 685.5	55 963.0	20 035.7
2004	160 956.6	87 552.6	69 168.4	22 334.1
2005	187 423.5	99 357.5	77 856.8	26 398.8
2006	222 712.5	113 103.8	92 954.1	30 528.4
2007	266 599.2	132 232.9	110 943.2	35 900.4
2008	315 974.6	153 422.5	138 325.3	41 752.1
2009	348 775.1	169 274.8	164 463.2	45 690.2
2010	402 816.5	194 115.0	193 603.9	53 356.3
2011	465 731.3	228 561.3	225 006.7	63 616.1
2012	534 744.5	271 718.6	248 389.9	73 181.1
2013	589 737.2	301 008.4	274 176.7	81 245.9
2014	640 696.9	329 450.8	293 783.1	86 523.3

资料来源:《中国统计年鉴 2015》

1. 恰好识别模型的 ILS 估计

根据 ILS 法,首先将结构式模型转变为简化式模型,则宏观经济模型的简化式为

$$Y = \pi_{00} + \pi_{01}G$$
$$C = \pi_{10} + \pi_{11}G$$
$$I = \pi_{20} + \pi_{21}G$$

式中,结构式模型系数与简化式模型系数的关系为

$$\pi_{00} = \frac{\alpha_0 + \beta_0}{1 - \alpha_1 - \beta_1} \qquad \pi_{01} = \frac{1}{1 - \alpha_1 - \beta_1} \qquad \pi_{10} = \alpha_0 + \alpha_1 \frac{\alpha_0 + \beta_0}{1 - \alpha_1 - \beta_1}$$

$$\pi_{11} = \frac{\alpha_1}{1 - \alpha_1 - \beta_1} \qquad \pi_{20} = \beta_0 + \beta_1 \frac{\alpha_0 + \beta_0}{1 - \alpha_1 - \beta_1} \qquad \pi_{21} = \frac{\beta_1}{1 - \alpha_1 - \beta_1}$$

简化式系数的估计值为

$$\alpha_0 = \pi_{10} - \frac{\pi_{11}\pi_{00}}{\pi_{01}} \qquad \alpha_1 = \frac{\pi_{11}}{\pi_{01}}$$

$$\beta_0 = \pi_{20} - \frac{\pi_{21}\pi_{00}}{\pi_{01}} \qquad \beta_1 = \frac{\pi_{21}}{\pi_{01}}$$

其次,用 OLS 法估计简化式模型的参数。进入 Stata 软件,确定时间范围;编辑输入数据;分三次录入命令:regress gdp g on; regress com g on; regress inv g on。得到三个简化式方程的估计结果,写出简化式模型的估计式:

$$\hat{Y} = -2881.070 + 7.392G$$
$$\hat{C} = 2229.980 + 3.683G$$
$$\hat{I} = -5387.392 + 3.460G$$

即简化式系数的估计值分别为

$$\hat{\pi}_{00} = -2881.070 \qquad \hat{\pi}_{01} = 7.392 \qquad \hat{\pi}_{10} = 2229.980$$
$$\hat{\pi}_{11} = 3.683 \qquad \hat{\pi}_{20} = -5387.392 \qquad \hat{\pi}_{21} = 3.460$$

最后,因为模型是恰好识别的,则由结构式模型系数与简化式模型系数之间的关系,可唯一地解出结构式模型系数的估计。解得的结构式模型的参数估计值为

$$\hat{\alpha}_0 = 3665.327 \qquad \hat{\alpha}_1 = 0.498$$
$$\hat{\beta}_0 = -4038.893 \qquad \hat{\beta}_1 = 0.468$$

从而结构式模型的估计式为

$$Y = C + I + G$$
$$C = 3665.327 + 0.498Y + u_1$$
$$I = -4038.893 + 0.468Y + u_2$$

2. 过度识别模型的 TSLS 估计

考虑在宏观经济活动中,当期消费行为还要受到上一期消费的影响,当期的投资行为也要受到上一期投资的影响,因此,在上述宏观经济模型里再引入 C_t 和 I_t 的滞后一期变量 C_{t-1} 和 I_{t-1}。这时宏观经济模型可写为

$$Y_t = C_t + I_t + G_t$$
$$C_t = \alpha_0 + \alpha_1 Y_t + \alpha_2 C_{t-1} + u_{1t}$$
$$I_t = \beta_0 + \beta_1 Y_t + \beta_2 I_{t-1} + u_{2t}$$

用阶条件和秩条件对上述模型进行识别判断(具体的判断过程从略),结论是消费函数和投资函数均是过度识别的。需要运用 TSLS 对方程组的参数进行估计。

(1) 估计 GDP。因为 GDP 是内生变量,在消费函数和投资函数中作为解释变量出现,我们用其拟合值作为它的工具变量。Stata 软件操作如下。命令窗口输入 tsset year (定义年份为时间变量),然后回车键;然后执行 gen lC=l.C(生成消费变量的滞后变量)和 gen lI=l.I(生成投资变量的滞后变量)命令;接下来执行 regress Y lC lI G 命令,结果如图 7-1 所示。接下来在命令行输入:predict yhat(对 GDP 的拟合值进行预测)。在数据窗口中可以看到产生的变量和 Y 的拟合值。

```
      Source |       SS       df       MS              Number of obs =      36
                                                       F(  3,    32) =11621.58
       Model | 1.1528e+12     3   3.8425e+11           Prob > F      =  0.0000
    Residual | 1.0580e+09    32   33063667.3           R-squared     =  0.9991
                                                       Adj R-squared =  0.9990
       Total | 1.1538e+12    35   3.2966e+10           Root MSE      =  5750.1

           Y |      Coef.   Std. Err.      t    P>|t|     [95% Conf. Interval]
          lC |  -.261454   .1816695    -1.44   0.160    -.6315026   .1085946
          lI |  .5172528   .1447239     3.57   0.001     .2224599   .8120457
           G |  6.645127   .7413478     8.96   0.000     5.135051   8.155203
       _cons |  715.3537   1580.392     0.45   0.654      -2503.8   3934.508
```

图 7-1 估计 GDP 的回归结果

(2) 估计消费函数和投资函数,在命令窗口分别输入 regress C yhat lC 和 regress I yhat lI,估计结果如图 7-2 所示。

```
      Source |       SS       df       MS              Number of obs =      36
                                                       F(  2,    33) =36262.30
       Model | 2.8569e+11     2   1.4284e+11           Prob > F      =  0.0000
    Residual | 129993789     33   3939205.72           R-squared     =  0.9995
                                                       Adj R-squared =  0.9995
       Total | 2.8582e+11    35   8.1663e+09           Root MSE      =  1984.7

           C |      Coef.   Std. Err.      t    P>|t|     [95% Conf. Interval]
        yhat |  .2553661   .0240571    10.62   0.000     .2064216   .3043106
          lC |  .5504005   .0545362    10.09   0.000     .4395258   .6614351
       _cons |  2105.945   460.8178     4.57   0.000     1168.404   3043.486
```

图 7-2 消费函数的估计结果

根据图 7-2 写出消费函数的 TSLS 的估计式为

$$\hat{C}_t = 2105.945 + 0.255\,366\,1\hat{Y}_t + 0.550\,480\,5C_{t-1}$$

投资函数的估计结果如图 7-3 所示。

```
      Source |       SS       df       MS              Number of obs =      36
-------------+------------------------------           F(  2,    33) = 7071.54
       Model |  2.5403e+11     2   1.2702e+11          Prob > F      =  0.0000
    Residual |  592734810     33   17961660.9          R-squared     =  0.9977
-------------+------------------------------           Adj R-squared =  0.9975
       Total |  2.5463e+11    35   7.2750e+09          Root MSE      =  4238.1

------------------------------------------------------------------------------
           I |      Coef.   Std. Err.      t    P>|t|     [95% Conf. Interval]
-------------+----------------------------------------------------------------
        yhat |   .1843869   .0568252     3.24   0.003     .0687751    .2999987
          lI |   .6791537   .1352626     5.02   0.000     .4039599    .9543475
       _cons |  -803.9116   1144.827    -0.70   0.487    -3133.08    1525.257
------------------------------------------------------------------------------
```

图 7-3 投资函数的估计结果

根据图 7-3 写出投资函数的 TSLS 的估计式

$$\hat{I}_t = -803.9116 + 0.184\,386\,9\hat{Y}_t + 0.679\,153\,7I_{t-1}$$

（3）写出该方程组模型的估计式为

$$Y_t = C_t + I_t + G_t$$
$$\hat{C}_t = 2105.945 + 0.2554\hat{Y}_t + 0.5505C_{t-1}$$
$$\hat{I}_t = -803.9116 + 0.1844\hat{Y}_t + 0.6792I_{t-1}$$

另外，我们还可以直接应用 Stata 中 TSLS 法命令 ivreg C (Y=G lI) lC 和 ivreg I (Y=G lC) lI，得到消费函数和投资函数。

7.5 本章小结

本章首先介绍了联立方程的基本概念、联立方程估计过程中带来的偏倚性以及联立方程的三种类型（结构式模型、简化式模型、递归式模型）；其次讨论了联立方程模型的识别问题、识别方法；最后介绍了联立方程模型的估计方法，包括对应于递归式模型的 OLS 法、恰好识别模型的 ILS 法、过度识别模型的 TSLS 法，并给出了一个宏观经济模型的综合案例。

附录 7.1 联立方程偏倚的证明

例如，设联立方程模型为

$$C_t = \beta_0 + \beta_1 Y_t + u_t$$
$$Y_t = C_t + I_t$$

对上式 β_1 的 OLS 估计为

$$\hat{\beta}_1 = \frac{\sum c_t y_t}{\sum y_t^2} = \frac{\sum C_t y_t}{\sum y_t^2} = \frac{\sum (\beta_0 + \beta_1 Y_t + u_t) y_t}{\sum y_t^2} = \beta_1 + \frac{\sum u_t y_t}{\sum y_t^2}$$

其中，利用了 $\sum y_t = 0$ 和 $\sum Y_t y_t / \sum y_t^2 = 1$。对上式两边取期望，得

$$E(\hat{\beta}_1) = \beta_1 + E\left(\frac{\sum u_t y_t}{\sum y_t^2}\right)$$

这里的 $E\left(\sum u_t y_t / \sum y_t^2\right) \neq 0$，则 $E(\hat{\beta}_1) \neq \beta_1$，$\hat{\beta}_1$ 是 β_1 的有偏估计。

对上式取概率极限，得

$$p\lim(\hat{\beta}_1) = p\lim(\beta_1) + p\lim\left(\frac{\sum u_t y_t}{\sum y_t^2}\right) = p\lim(\beta_1) + \frac{p\lim\left(\frac{1}{n}\sum u_t y_t\right)}{p\lim\left(\sum y_t^2\right)}$$

式中，$\left(\sum u_t y_t\right)/n$ 为 Y 与 u 的样本协方差，其总体协方差为

$$p\lim\left(\frac{1}{n}\sum u_t y_t\right) = \mathrm{Cov}(Y_t, u_t) = \frac{\sigma^2}{1-\beta_1}$$

$\left(\sum y_t^2\right)/n$ 是 Y 的样本方差，其总体方差为

$$p\lim\left(\frac{1}{n}\sum y_t^2\right) = \sigma_Y^2$$

因此

$$p\lim(\hat{\beta}_1) = \beta_1 + \frac{1}{1-\beta_1} \cdot \frac{\sigma^2}{\sigma_Y^2}$$

因为 $\frac{\sigma^2}{\sigma_Y^2} \neq 0$，则 $p\lim(\hat{\beta}_1) \neq \beta_1$，这说明 $\hat{\beta}_1$ 不是 β_1 的一致估计。

附录 7.2 案例分析的 Stata 实现

```
/*TSLS of the simultaneous equations models*/
use "D:\Desktop\计量经济学教材\我的书稿\chapter7.dta", clear
/* generate lagged variables*/
tsset year, yearly
gen con=l.consume
gen inv=l.investment
/*the TSLS estimation of consumption function*/
ivreg consume (gdp=govex inv) con
/*the TSLS estimation of investment function*/
ivreg investment (gdp=govex con) inv
```

思考题与练习题

7.1 除了单一方程模型以外,为什么还要建立联立方程模型?

7.2 联立方程模型有哪些种类?各类联立方程模型的特点是什么?

7.3 为什么不能直接用普通最小二乘法对联立方程模型的参数进行估计?

7.4 在哪种情况下,可直接用最小二乘法估计联立方程模型的参数?

7.5 间接最小二乘法的条件、步骤、参数估计的特性是什么?

7.6 二阶段最小二乘法的条件、步骤、参数估计的特性是什么?

7.7 考虑以下凯恩斯收入决定模型:

$$C_t = \beta_{10} + \beta_{11}Y_t + u_{1t}$$

$$I_t = \beta_{20} + \beta_{21}Y_t + \beta_{22}Y_{t-1} + u_{2t}$$

$$Y_t = C_t + I_t + G_t$$

其中,C=消费支出,I=投资支出,Y=收入,G=政府支出;G_t 和 Y_{t-1} 为前定变量。

(1)导出模型的简化式方程并判定上述方程中哪些是可识别的(恰好或过度)。

(2)你将用什么方法估计过度可识别方程和恰好可识别方程中的参数?

7.8 考虑如下的货币供求模型。

货币需求:$M_t^d = \beta_0 + \beta_1 Y_t + \beta_2 R_t + \beta_3 P_t + u_{1t}$。

货币供给:$M_t^s = \alpha_0 + \alpha_1 Y_t + u_{2t}$。

其中,M=货币,Y=收入,R=利率,P=价格;u_{1t}, u_{2t} 为误差项;R 和 P 为前定变量。

(1)需求函数可识别吗?

(2)供给函数可识别吗?

(3)你会用什么方法去估计可识别的方程中的参数?为什么?

(4)假设把供给函数加以修改,多引入两个解释变量 Y_{t-1} 和 M_{t-1},会出现什么识别问题?你还会用你在(3)中用的方法吗?为什么?

7.9 下列为一完备的联立方程模型:

$$\text{GDP}_t = a_0 + a_1 M_{2t} + a_2 \text{CONS}_t + a_3 \text{INV}_t + u_{1t} \qquad (1)$$

$$M_{2t} = b_0 + b_1 \text{GDP}_t + b_2 P_t + u_{2t} \qquad (2)$$

其中,GDP 为国内生产总值;M_2 为货币供给量;P 为价格总指数;CONS、INV 为居民消费与投资。

(1)指出模型中的内生变量、外生变量和前定变量。

(2)写出简化式模型,并导出结构式参数与简化式参数之间的关系。

(3)用结构式条件确定模型的识别状态。

(4)指出 ILS、TSLS 中哪些可用于原模型方程(1)、方程(2)的参数估计。

(5)以表 7-3 所示的中国的实际数据为资料,估计上述联立方程模型。

表 7-3　我国 1980～2003 年部分宏观经济数据　　　单位：亿元

年份	GDP	M_2	CONS	INV	P (1978=100)
1980	4 551.3	1 842.9	2 317.1	910.9	108.1
1981	4 901.4	2 234.5	2 604.1	961.0	110.7
1982	5 489.2	2 589.8	2 867.9	1 230.4	112.8
1983	6 076.3	3 075.0	3 182.5	1 430.1	114.5
1984	7 164.4	4 146.3	3 674.5	1 832.9	117.7
1985	8 792.1	5 198.9	4 589.0	2 543.2	128.1
1986	10 132.8	6 720.9	5 175.0	3 120.6	135.7
1987	11 784.7	8 330.9	5 961.2	3 791.7	145.6
1988	14 704.0	10 099.8	7 633.1	4 753.8	172.6
1989	16 466.0	11 949.6	8 523.5	4 410.4	203.4
1990	18 319.5	15 293.4	9 113.2	4 517.0	207.7
1991	21 280.4	19 349.9	10 315.9	5 594.5	213.7
1992	25 863.7	25 402.2	12 459.8	8 080.1	225.2
1993	34 500.7	34 879.8	15 682.4	13 072.3	254.9
1994	46 690.7	46 923.5	20 809.8	17 042.1	310.2
1995	58 510.5	60 750.5	26 944.5	20 019.3	356.1
1996	68 330.4	76 094.9	32 152.3	22 913.5	377.8
1997	74 894.2	90 995.3	34 854.6	24 941.1	380.8
1998	79 003.3	104 498.5	36 921.1	28 406.2	370.9
1999	82 673.1	119 897.9	39 334.4	29 854.7	359.8
2000	89 340.9	134 610.4	42 895.6	32 917.7	354.4
2001	98 592.9	158 301.9	45 898.1	37 213.5	351.6
2002	107 897.6	185 007.0	48 881.6	43 499.9	347.0
2003	121 511.4	221 222.8	52 678.5	55 566.6	346.7

➢ 本章扩展材料

第8章 面板数据模型

经济中存在着大量融合了时间序列和横截面数据的面板数据集合。例如，国家统计局每年发布各省（自治区、直辖市）社会经济发展相关数据，涵盖了不同地区各年度的观测数据，股票交易系统提供了上千家上市公司分时的交易信息。这些面板数据提供了相关经济运行的丰富信息，想利用这些信息就需要掌握面板数据的估计方法。目前面板数据模型由于其特有的优势得到了日益广泛的应用。有关面板数据模型的内容相当丰富，本章对面板数据模型作入门性的介绍。主要内容包括面板数据模型的概念、特征及基本模型；固定效应、随机效应两类模型的基本估计方法；并给出了一个综合案例，期望为学生进一步深入学习打下基础。

8.1 面板数据模型概述

8.1.1 面板数据概念

在横截面数据里，每一观测单元代表的是某个个体（individual）在某一特定时点上的信息。在经济学研究和实际应用中，经常需要同时分析和比较横截面观察值与时间序列观察值结合起来的数据，即数据集中的变量同时含有横截面和时间序列的信息。这种数据被称为面板数据，它与以前分析过的纯粹的横截面数据和时间序列数据有着不同的特点。表 8-1 是一个简单面板数据结构的示意，它既有横截面的维度（n 个个体），又有时间维度（T 个时期，$T=3$）。

表 8-1 面板数据结构示意

individual	y	x_1	x_2	x_3
individual 1：$t=1$				
individual 1：$t=2$				
individual 1：$t=3$				
⋮				
individual n：$t=1$				
individual n：$t=2$				
individual n：$t=3$				

简单地讲，面板数据因同时含有时间序列数据和截面数据，所以其统计性质既带有时间序列的性质，又包含一定的横截面特点。因而，以往采用的计量模型和估计方法就需要有所调整，需要建立面板数据模型。

在面板模型中，如果解释变量包含被解释变量的滞后值，则称为"动态面板"

（dynamic panel）；反之，则称为"静态面板"（static panel）。本章主要关注静态面板。如果在面板数据中，每个时期在样本中的个体完全一样，则称为"平衡面板"（balanced panel）；否则，称为"非平衡面板"（unbalanced panel）。本章主要关注平衡面板数据。通常的面板数据 T 较小、n 较大，在使用大样本理论时让 n 趋于无穷大，称为"短面板"（short panel）。如果 T 较大、n 较小，则称为"长面板"（long panel）。本章主要关注平衡短面板。

8.1.2 面板数据的优点

面板数据的主要优点如下。

（1）样本容量更大，增加了自由度和估计的有效性。

面板数据通常提供给研究者大量的观测数据，这就增加了自由度，从而减少了解释变量之间的共线性，改进了计量经济模型估计的有效性。如果抽取了一个容量为 n 的样本，对样本中每一个个体观测了 T 个时间单位，就形成了一个样本容量为 nT 的面板数据。例如，可以从《中国统计年鉴》找到 1997~2014 年我国 31 个省区市的国内生产总值数据，即得到 $n=31$、$T=18$ 的面板数据。

（2）提供更多个体动态行为的信息。

由于面板数据同时有横截面与时间两个维度，有时可以解决单独的截面数据或时间序列数据所不能解决的问题。例如，考虑如何区分规模经济与技术进步对企业生产效率的影响。如果选择同一截面上不同规模的企业数据作为样本观测值，由于没有时间维度，故无法观测到技术进步。然而，对单个企业的时间序列数据来说，无法区分生产效率的提高有多少是由于规模扩大，有多少是由于技术进步带来的。如果采取面板数据，就可以解决上述问题。

（3）可以控制不可观测的个体异质性。

在计量经济分析中，很多影响因素如制度、文化、性格等，由于不可观测、难以量化而不能包含在模型中，从而带来遗漏变量偏差。面板数据模型有助于我们承认在模型里很可能存在不可观测的异质性。例如，要研究吸烟对癌症发病率的影响，可能还需要考虑一些相关的因素，如饮酒、饮食的选择等。然而，还有许多个体特征是无法观测到的，如热情、承担风险的愿望等。这些影响因素被称为无法观测的异质性。根据以前学到的知识，如果某些与解释变量或与被解释变量密切相关的变量被忽视掉，OLS 估计是有偏差的。如果这种个体异质性"不随时间而改变"，面板数据模型则能够消除存在不可观测异质性时 OLS 估计的偏差。

当然，面板数据也会带来一些问题，例如，样本通常不满足独立同分布的假定，因为同一个个体不同期的扰动项一般存在自相关。另外，面板的收集成本通常较高，不易获得。

8.1.3 面板数据模型的建立

把建立在面板数据基础上的计量经济模型称为面板数据模型。可以写出如下面板数据模型：

$$y_{it} = \beta_0 + \beta_1 x_{1it} + \beta_2 x_{2it} + \cdots + \beta_k x_{kit} + u_{it} \tag{8-1}$$

式中，$i=1,2,\cdots,n$ 为不同个体；$t=1,2,\cdots,T$ 为不同时期；y_{it} 为因变量在横截面 i 和时间 t 上的数值；$x_1,x_2,\cdots,x_k$ 为解释变量，$\beta_0,\beta_1,\beta_2,\cdots,\beta_k$ 为待估计参数。

面板数据模型中的误差项（u_{it}）往往不满足经典的假设。面板数据模型可以分为双向误差构成模型和单向误差构成模型两种情况。双向模型假设误差项是三个组成部分的和，包括个体特征的影响因素（γ_i）、时间影响因素（μ_t）和额外的异质项（ε_{it}），即

$$u_{it} = \gamma_i + \mu_t + \varepsilon_{it}, \quad \varepsilon_{it}:N(0,\sigma_x^2) \tag{8-2}$$

在单向模型里，假设误差项是个体特征的影响因素（γ_i）和额外的异质项（ε_{it}）两个组成部分的和，即

$$u_{it} = \gamma_i + \varepsilon_{it}, \quad \varepsilon_{it}:N(0,\sigma_x^2) \tag{8-3}$$

将式（8-2）代入式（8-1），得到双向误差构成模型

$$y_{it} = \beta_0 + \gamma_i + \mu_t + \beta_1 x_{1it} + \beta_2 x_{2it} + \cdots + \beta_k x_{kit} + \varepsilon_{it} \tag{8-4}$$

最常见的两种面板数据模型是建立在 γ_i 的不同假设基础之上的：一种假设 γ_i 与某个解释变量 x_{it} 相关，这种模型被称为固定效应（fixed effect，FE）模型；另一种假设 γ_i 与所有解释变量 x_{it} 均不相关，这种模型被称为随机效应（random effect，RE）模型。

两种模型的差异主要反映在对"个体效应"的处理上。固定效应模型假设个体效应在组内是固定不变的，个体间的差异反映在每个个体都有一个特定的截距项上；随机效应模型则假设所有的个体具有相同的截距项，个体间的差异是随机的，这些差异主要反映在随机干扰项的设定上。

8.2 面板数据模型的估计

一个极端策略是，将面板看成截面数据进行混合回归（pooled regression），即要求样本中每位个体拥有完全相同的回归方程。混合回归的缺点是，忽略个体不可观测的异质性（heterogeneity），而该异质性可能与解释变量相关，导致估计不一致。

另一极端策略是，为每位个体估计单独的回归方程。分别回归的缺点是，忽略个体的共性，可能没有足够大的样本容量。实践中常采用折中的策略，即假定个体的回归方程拥有相同的斜率，但可有不同截距项，以捕捉异质性。

8.2.1 固定效应模型

在固定效应模型里，对于第 i 个被观测的个体，式（8-4）可以写成

$$y_{it} = (\beta_0 + \gamma_i) + \beta_1 x_{1it} + \beta_2 x_{2it} + \cdots + \beta_k x_{kit} + \varepsilon_{it} \tag{8-5}$$

虽然 γ_i 为常数项的一部分，却因个体而异。在固定效应模型中，假设个体的独特属性不是随机变化的结果。事实上，每个个体的特性因人而异，但对个体而言具有固定性和长期性。如果这一假设是正确的，就能够使用面板数据来估计模型变量的无偏斜率系数。

为了消除不可观测的异质性所带来的潜在偏差，对于样本里每个被观测的个体而言，

固定效应因素就像虚拟变量一样会导致截距上下移动变化。基于此特征,可以采用三种方法来估计固定效应模型。

1. 一阶差分法

该方法使用来自每一个被观测的个体在两个不同时期里的数据。对于每个时期,有两个不同的回归模型:

$$y_{it-1} = (\beta_0 + \gamma_i) + \beta_1 x_{1it-1} + \beta_2 x_{2it-1} + \cdots + \beta_k x_{kit-1} + \varepsilon_{it-1}$$
$$y_{it} = (\beta_0 + \gamma_i) + \beta_1 x_{1it} + \beta_2 x_{2it} + \cdots + \beta_k x_{kit} + \varepsilon_{it}$$

除了衡量个体特性的固定效应的变量外,在第一个和第二个方程里所有其他变量都包含时间下标。将第一个和第二个方程相减,得到

$$\Delta y_i = \beta_1 \Delta x_{1i} + \beta_2 \Delta x_{2i} + \cdots + \beta_k \Delta x_{ki} + \Delta \varepsilon_i \tag{8-6}$$

将两个不同时间段的变量进行一阶差分,可以解决不可观测的异质性问题。因为每个个体在一段时间内的固定特性可以通过一阶差分被消除掉。当该模型所假设的条件成立时,所估计的斜率系数不会产生遗漏变量导致的估计偏差问题。

2. 平均偏差方法

第二种方法使用来自同一个个体的多个时期的数据。这个方法首先采用的是最初的回归方程(8-5),得

$$y_{it} = (\beta_0 + \gamma_i) + \beta_1 x_{1it} + \beta_2 x_{2it} + \cdots + \beta_k x_{kit} + \varepsilon_{it}$$

然后通过对同一个个体多个时期的每个变量取均值,将原方程修改为

$$\bar{y}_i = (\beta_0 + \gamma_i) + \beta_1 \bar{x}_{1i} + \beta_2 \bar{x}_{2i} + \cdots + \beta_k \bar{x}_{ki} + \bar{\varepsilon}_i \tag{8-7}$$

第二个方程仍包含着衡量个体特性的固定效应的变量 γ_i,这是因为一个常数的均值仍然是常数。将方程(8-5)和方程(8-7)相减,得

$$y_{it} - \bar{y}_i = \beta_1(x_{1it} - \bar{x}_{1i}) + \beta_2(x_{2it} - \bar{x}_{2i}) + \cdots + \beta_k(x_{kit} - \bar{x}_{ki}) + (\varepsilon_{it} - \bar{\varepsilon}_i) \tag{8-8}$$

只要所有的不包括在模型变量里的个体特性随时间固定不变,该模型的参数估计就不会产生遗漏变量导致的偏差问题。

3. 最小二乘虚拟变量法

个体固定效应 γ_i,传统上被视为个体 i 的待估参数,即个体 i 的截距项。对于 n 位个体的 n 个不同截距项,可在方程中引入 $(n-1)$ 个个体虚拟变量来体现:

$$y_{it} = \beta_0 + \sum_{i=2}^{n} \gamma_i D_i + \beta_1 x_{1it} + \beta_2 x_{2it} + \cdots + \beta_k x_{kit} + \varepsilon_{it} \tag{8-9}$$

式中,对于个体 $i=2$,个体虚拟变量 $D_2=1$;对于个体 $i \neq 2$,则 $D_2=0$。其他变量($D_3, \cdots, D_n$)的定义类似。用 OLS 估计此方程,称为最小二乘虚拟变量(least square dummy variable, LSDV)法。该方法的好处是可得到对个体异质性 γ_i 的估计;缺点是如果 n 很大,则须在回归方程中引入很多虚拟变量,可能超出 Stata 所允许的变量个数。

8.2.2 随机效应模型

有些个体在某一特定方面和其他个体相比总是有不同之处,这一方面可以解释为固定效应,另一方面可以解释为随机效应。考虑随机效应模型:

$$y_{it} = \beta_0 + \beta_1 x_{1it} + \beta_2 x_{2it} + \cdots + \beta_k x_{kit} + (\gamma_i + \varepsilon_{it}) \tag{8-10}$$

在这个模型里,个体效应 γ_i 与解释变量均不相关,OLS 回归仍是无偏的,即 $\text{Cov}(\gamma_i + \varepsilon_{it}, X_{jt}) = 0$,$\forall i, j$ 和 t。但是,模型可能会有自相关问题。在样本中,对于 n 个观测个体而言,残差之间的相关系数不为零:$\text{Cov}(\gamma_i + \varepsilon_{it}, \gamma_i + \varepsilon_{is}) \neq 0$,$s \neq t$。如果自相关存在,则用 OLS 公式计算回归系数的标准误差将会产生不正确的估计,因此 OLS 估计不再是 BLUE。

解决方案之一是采用广义最小二乘(generalized least squares,GLS)法。鉴于随机效应面板数据的 GLS 估计方法要相对复杂一些,在此不详细介绍该方法。不过,各种计量经济学分析软件都提供了随机效应模型的 GLS 估计程序,操作起来非常方便。

8.2.3 固定效应还是随机效应——豪斯曼检验

固定效应与随机效应两种模型对于个体特性有不同的假设。因此,当选择模型时,需要意识到如何从这两种模型中进行选择。

可以通过假设检验来选择合适的面板模型。豪斯曼(Hausman)检验是比较和选择固定效应模型与随机效应模型的常用检验方法。

豪斯曼检验的原假设与备择假设分别如下。

(1) H_0:个体效应与回归变量不相关(随机效应)。

(2) H_1:个体效应与回归变量相关(固定效应)。

设固定效应模型参数和随机效应模型参数的估计量分别是 $\hat{\beta}_F$ 和 $\hat{\beta}_R$。如果真实模型是随机效应模型,则 $\hat{\beta}_F$ 和 $\hat{\beta}_R$ 都是一致估计量,两者差异应该比较小。如果真实模型是固定效应模型,那么 $\hat{\beta}_F$ 是一致估计量,而 $\hat{\beta}_R$ 是非一致估计量,两者差异应该比较大。所以如果两种估计结果差异小,则说明可以建立个体随机效应模型;如果两种估计结果差异大,则应该建立固定效应模型。豪斯曼检验的统计量是

$$H = (\hat{\beta}_F - \hat{\beta}_R)'[(\text{Var}(\hat{\beta}_F) - \text{Var}(\hat{\beta}_R))]^{-1}(\hat{\beta}_F - \hat{\beta}_R) \tag{8-11}$$

在原假设(随机效应)成立的情况下,豪斯曼检验统计服从 χ^2 分布,即

$$H \sim \chi^2(k) \tag{8-12}$$

自由度 k 为模型中解释变量(不含截距项)的个数。如果该统计量大于临界值,则拒绝原假设,应该建立固定效应模型。

另外,许多研究人员根据他们的直觉来选择模型。如果他们收集到一个国家所有州的数据,直觉告诉其使用固定效应模型可能比较明智。如果仅有不完整的数据,选择会变得比较困难。以下是一些建议。

(1) 如果 T(时间序列数据的数目)很大,n(横截面单元的数量)很小,使用固定效应模型或随机效应模型可能没多大区别。基于计算方便,固定效应模型可能更可取些。

（2）n 很大，T 很小时，如果坚定地认为横截面数据的个体不是从大样本里随机抽取的，则固定效应模型较适当；如果横截面数据的个体被视为随机抽样，那么随机效应模型较适当。

（3）如果误差项里的某个组成部分和一个或多个自变量有相关性，则固定效应模型可能更适当。

（4）n 很大，T 很小时，如果随机效应模型里所有假设成立，则随机效应模型的参数估计要比固定效应模型的参数估计更有效。

8.2.4 稳健标准误问题

在面板数据模型中，我们假定扰动项是同方差的，但不同个体扰动项往往存在异方差，即 $\sigma_1^2 \neq \sigma_2^2 \neq \cdots \neq \sigma_n^2$；同时我们假设个体之间是独立的，但是在个体层面内部，由于存在不同时间的观测值，因此它们不一定独立，可能存在个体内部的自相关或序列相关问题，即 $\text{corr}(\varepsilon_{it}, \varepsilon_{it+1}) \neq 0$。因而在面板数据模型中要使用聚类稳健标准误，在 Stata 命令中加 robust 或 vce(cluster id)选项即可。

8.3 案例分析

林毅夫（Lin，1992）在《美国经济评论》发表经典文章，研究我国家庭联产承包责任制（household responsibility system，HRS）对农业增长的贡献，研究表明 1978～1984 年，农作制度改革对农业增长的贡献超过 40%。该文使用了包含中国 28 个省区市 1970～1987 年有关种植业的省际面板数据。

基本的面板数据模型为

$$y_{it} = \beta_0 + \gamma_i + \lambda_t + X_{it}\beta + \varepsilon_{it} \tag{8-13}$$

式中，λ_t 为共同的时间趋势；γ_i 为各省区市不可观测的个体异质性；X_{it} 为随时间和个体变化的解释变量。

在本例中，被解释变量为"种植业产值对数"（ltvfo，1980 年不变价格）。

解释变量包括：耕地面积对数（ltlan，千亩①）、种植业劳动力（ltwlab）、机械动力与畜力对数（ltpow，千马力②）、化肥使用量对数（ltfer，千吨）、截至年底采用家庭联产承包制的生产队比重（hrs）、农村消费者价格与农村工业投入品价格之比的一阶滞后（mipric1，1950 年=100）、超额收购价格与农村工业投入品价格之比（giprice，1950 年=100）、复种指数（mci，播种面积除以耕地面积）、非粮食作物占播种面积比重（ngca）、时间趋势（t）、省（province）、年（year）。

为解决异方差问题，Lin（1992）将种植业产值、耕地面积、种植业劳动力、机械动力与畜力、化肥使用量这些传统的投入与产出变量都除以省的生产队数目（team）。

两个价格变量 mipric1 与 giprice 为全国性指标，各省都一样，只随时间变化。

下面介绍面板数据模型数据估计的 Stata 实现。

---

① 1 亩≈666.67 平方米。
② 1 马力=745.700 瓦。

8.3.1　打开 Stata 数据文件并进行描述性分析

首先，打开已经建立好的数据文件，输入命令：
`use lin_1992.dta,clear`
需要告诉软件，这是一个面板数据，输入命令：
`xtset province year`
本命令的含义是对面板数据进行定义，得到如图 8-1 所示的结果。其中面板个体变量（panel variable）为"province"，时间变量（time variable）为"year"，可以看出，这是一个平衡（strongly balanced）的面板数据。

```
. xtset province year
       panel variable:  province (strongly balanced)
        time variable:  year, 70 to 87
                delta:  1 unit
```
图 8-1　对面板数据进行定义的结果

可以使用 xtdes 命令，显示面板数据的结构特征，如图 8-2 所示。

```
. xtdes

 province:  1, 2, ..., 28                          n =        28
     year:  70, 71, ..., 87                        T =        18
            Delta(year) = 1 unit
            Span(year)  = 18 periods
            (province*year uniquely identifies each observation)

Distribution of T_i:   min      5%     25%      50%     75%     95%     max
                        18      18      18       18      18      18      18

    Freq.  Percent    Cum.  |  Pattern
      28    100.00  100.00  |  111111111111111111
      28    100.00          |  XXXXXXXXXXXXXXXXXX
```
图 8-2　本例涉及的面板数据格式

Delta（year）代表时间变量 year 的间隔；Span（year）代表时间变量 year 的跨度。其余语义明晰的单词不再一一解释

图 8-2 显示，这是一个平衡的面板数据。$n=28$，$T=18$，由于 n 大而 T 小，该面板是一个短面板。

输入 xtsum 命令可以显示面板数据组内、组间及整体的统计指标。得到如图 8-3 所示结果。

`xtsum ltvfo ltlan ltwlab ltpow ltfer hrs mipric1 giprice mci ngca`

xtsum 命令将变量分解成"组间"和"组内"两个部分。overall（整体）描述的是变量整体信息。between（组间）对应的是每位个体变量取时间平均值（$\bar{x}_i$）的描述性分析；within（组内）对应的是 ($x_{it} - \bar{x}_i + \bar{x}$) 的描述性分析[①]。

[①] 这里所谓的"组间"其实就是个体的平均值。此外，真正意义上的"组内"统计量应该是 ($x_{it} - \bar{x}_i$)，这里之所以再加上总样本的平均值 $\bar{x}$，是为了保证上述各统计量之间的可比性。Stata 在估计固定效应模型时，采用的也是这一变换，而不是理论推导公式。

. xtsum ltvfo ltlan ltwlab ltpow ltfer hrs mipric1 giprice mci ngca

Variable		Mean	Std. Dev.	Min	Max	Observations	
ltvfo	overall	7.647758	.5331999	5.51	9.33	N =	504
	between		.4611992	6.982222	8.977222	n =	28
	within		.2806888	5.61498	8.471647	T =	18
ltlan	overall	5.837877	.8084866	4.57	7.76	N =	504
	between		.8143036	4.617222	7.697778	n =	28
	within		.1138892	4.758988	6.163988	T =	18
ltwlab	overall	3.19752	.4193496	.98	3.86	N =	504
	between		.3195715	2.303889	3.646111	n =	28
	within		.2778123	1.618631	4.053631	T =	18
ltpow	overall	2.692778	.9463811	.2	5.04	N =	504
	between		.7702036	1.475	4.180556	n =	28
	within		.5678668	.31	3.909444	T =	18
ltfer	overall	2.15119	.7903761	-.20	3.08	N =	504
	between		.5624935	1.081111	3.649444	n =	28
	within		.564791	.4173016	3.510079	T =	18
hrs	overall	.3497479	.4526283	0	1	N =	476
	between		.0453814	.2123529	.4094118	n =	28
	within		.4504245	-.0596639	1.053866	T =	17
mipric1	overall	2.248889	.2431379	1.76	2.73	N =	504
	between		0	2.248889	2.248889	n =	28
	within		.2431379	1.76	2.73	T =	18
giprice	overall	2.858889	.4537578	2.39	3.56	N =	504
	between		0	2.858889	2.858889	n =	28
	within		.4537578	2.39	3.56	T =	18
mci	overall	1.538452	.4931854	.85	2.55	N =	504
	between		.4972044	.8666667	2.487222	n =	28
	within		.0661412	1.323452	1.880119	T =	18
ngca	overall	.199623	.076145	.06	.91	N =	504
	between		.0631671	.1144444	.3466667	n =	28
	within		.0440777	.1151786	.8951786	T =	18

图 8-3 各指标描述性统计分析结果

8.3.2 混合效应面板数据模型的 Stata 实现

先不考虑各省可能具有的个体异质性，利用面板数据建立一个混合效应模型，在 Stata 中使用 reg 命令就可以，语法如下（使用了聚类稳健标准误）：

reg ltvfo ltlan ltwlab ltpow ltfer hrs mipric1 giprice mci ngca, vce(cluster province)

混合效应模型估计结果如图 8-4 所示。

```
. reg ltvfo ltlan ltwlab ltpow ltfer hrs mipric1 giprice mci ngca, ///
> vce(cluster province)   //pooled OLS, robust sd

Linear regression                               Number of obs   =        476
                                                F(9, 27)        =      81.39
                                                Prob > F        =     0.0000
                                                R-squared       =     0.8685
                                                Root MSE        =     .19689

                    (Std. Err. adjusted for 28 clusters in province)
```

ltvfo	Coef.	Robust Std. Err.	t	P>|t|	[95% Conf. Interval]
ltlan	.693795	.115024	6.03	0.000	.4577853 .9298048
ltwlab	.2650224	.0566294	4.68	0.000	.1488285 .3812164
ltpow	-.0291884	.0670385	-0.44	0.667	-.1667401 .1083633
ltfer	.3110617	.0531318	5.85	0.000	.2020443 .4200792
hrs	.2286926	.0489458	4.67	0.000	.1282642 .329121
mipric1	.0122048	.0547799	0.22	0.825	-.1001943 .1246039
giprice	-.0538892	.0274468	-1.96	0.060	-.1102054 .002427
mci	.6949202	.1689692	4.11	0.000	.3482241 1.041616
ngca	.3053056	.5222639	0.58	0.564	-.7662914 1.376903
_cons	1.080587	.8269888	1.31	0.202	-.6162544 2.777427

图 8-4　混合效应模型估计结果

8.3.3　固定效应面板数据模型的 Stata 实现

假设各省存在的个体异质性由固定效应项表示，利用面板数据建立一个固定效应模型。固定效应的面板模型在 Stata 中的实现方法很简单，使用 xtreg 命令就可以。xtreg 命令用来实现固定效应的语法是

```
xtreg ltvfo ltlan ltwlab ltpow ltfer hrs mipric1 giprice mci ngca, fe robust
```

单向固定效应模型估计结果如图 8-5 所示。

```
. xtreg ltvfo ltlan ltwlab ltpow ltfer hrs mipric1 giprice mci ngca,fe r

Fixed-effects (within) regression               Number of obs   =        476
Group variable: province                        Number of groups =        28

R-sq:                                           Obs per group:
     within  = 0.8746                                     min =         17
     between = 0.6483                                     avg =       17.0
     overall = 0.6993                                     max =         17

                                                F(9,27)         =     274.25
corr(u_i, Xb)  = -0.3877                        Prob > F        =     0.0000

                    (Std. Err. adjusted for 28 clusters in province)
```

ltvfo	Coef.	Robust Std. Err.	t	P>|t|	[95% Conf. Interval]
ltlan	.6370234	.1681335	3.79	0.001	.2920421 .9820048
ltwlab	.1387786	.0624585	2.22	0.035	.0106242 .2669329
ltpow	.0577152	.0755568	0.76	0.452	-.0973146 .2127451
ltfer	.1826281	.043592	4.19	0.000	.0931846 .2720716
hrs	.2134022	.0391104	5.46	0.000	.1331542 .2936501
mipric1	.0543577	.0590331	0.92	0.365	-.0667682 .1754837
giprice	-.0151451	.0245968	-0.62	0.543	-.0656135 .0353233
mci	.1943697	.0770515	2.52	0.018	.0362731 .3524663
ngca	.7562031	.3821261	1.98	0.058	-.0278549 1.540261
_cons	2.337895	.8552224	2.73	0.011	.583124 4.092667

图 8-5　单向固定效应模型估计结果

上述模型没有考虑时间效应，建立加入时间效应的双向固定效应模型。由于价格变量 mipric1 与 giprice 在各省都一样，为避免严格多重共线性，加入年度虚拟变量后，无法包括在回归方程中。Stata 命令为

```
xtreg ltvfo ltlan ltwlab ltpow ltfer hrs mci ngca i.year, fe robust
```

双向固定效应模型估计结果如图 8-6 所示。

```
. xtreg ltvfo ltlan ltwlab ltpow ltfer hrs mci ngca i.year,fe r

Fixed-effects (within) regression               Number of obs      =       476
Group variable: province                        Number of groups   =        28

R-sq:                                           Obs per group:
    within  = 0.8932                                          min =        17
    between = 0.6596                                          avg =      17.0
    overall = 0.7156                                          max =        17

                                                F(23,27)           =    949.82
corr(u_i, Xb)  = -0.3425                        Prob > F           =    0.0000

                        (Std. Err. adjusted for 28 clusters in province)
```

ltvfo	Coef.	Robust Std. Err.	t	P>|t|	[95% Conf. Interval]
ltlan	.5833594	.1745834	3.34	0.002	.2251439 .9415749
ltwlab	.1514909	.0585107	2.59	0.015	.0314368 .271545
ltpow	.0971114	.090911	1.07	0.295	-.0894225 .2836453
ltfer	.1693346	.0438098	3.87	0.001	.0794444 .2592248
hrs	.1503752	.0587581	2.56	0.016	.0298136 .2709368
mci	.1978373	.0810587	2.44	0.022	.0315186 .364156
ngca	.7784081	.4016301	1.94	0.063	-.0456688 1.602485
year					
71	-.0240404	.023366	-1.03	0.313	-.0719836 .0239027
72	-.1323624	.0404832	-3.27	0.003	-.2154272 -.0492977
73	-.0377336	.0357883	-1.05	0.301	-.111165 .0356979
74	.0058554	.0500774	0.12	0.908	-.096895 .1086058
75	.0096731	.0566898	0.17	0.866	-.1066448 .1259911
76	-.0476465	.061423	-0.78	0.445	-.1736761 .0783832
77	-.0869336	.0680579	-1.28	0.212	-.2265761 .0527096
78	-.0325205	.0766428	-0.42	0.675	-.1897785 .1247376
79	-.0076332	.0833462	-0.09	0.928	-.1786454 .163379
81	-.093479	.1093614	-0.85	0.400	-.3178701 .1309121
82	-.0447862	.1207405	-0.37	0.714	-.2925251 .2029528
83	-.0309435	.1377207	-0.22	0.824	-.313523 .2516361
84	.0442535	.1428764	0.31	0.759	-.2489048 .3374117
85	-.0033372	.1561209	-0.02	0.983	-.3236709 .3169965
86	.00484	.157992	0.03	0.976	-.3193329 .3290129
87	.0386475	.1639608	0.24	0.815	-.2977723 .3750674
_cons	2.651286	.7738994	3.43	0.002	1.063376 4.239196
sigma_u	.29344594				
sigma_e	.09930555				
rho	.89724523	(fraction of variance due to u_i)			

图 8-6 双向固定效应模型估计结果

sigma_u 即 σ_u，sigma_e 即 σ_ε，分别代表了复合扰动项 $(u_i+\varepsilon_{it})$ 两部分的标准差。表中最后一行显示 "rho=0.897"，计算公式为 $\sigma_u^2/(\sigma_u^2+\sigma_\varepsilon^2)$，故复合扰动项的方差主要来自个体效应 u_i 的变动

在双向固定效应模型中，hrs 也在 5%水平上显著为正。大多数年度虚拟变量均不显著。

8.3.4 随机效应面板数据模型的 Stata 实现

各省份存在的个体异质性也可能表现为一种随机效应，利用面板数据建立一个随机效应模型。随机效应的面板模型在 Stata 的实现也是使用 xtreg 命令，只不过选项由 fe 变成了 re。xtreg 命令用来实现随机效应的语法是

```
xtreg ltvfo ltlan ltwlab ltpow ltfer hrs mci ngca, re robust
```

随机效应模型估计结果如图 8-7 所示。

```
Random-effects GLS regression              Number of obs      =        476
Group variable: province                   Number of groups   =         28

R-sq:                                      Obs per group:
     within  = 0.8700                                   min =         17
     between = 0.8135                                   avg =       17.0
     overall = 0.8263                                   max =         17

                                           Wald chi2(7)       =    2452.50
corr(u_i, X)   = 0 (assumed)               Prob > chi2        =     0.0000

                          (Std. Err. adjusted for 28 clusters in province)
-----------------------------------------------------------------------------
                |               Robust
         ltvfo  |      Coef.   Std. Err.      z    P>|z|     [95% Conf. Interval]
----------------+------------------------------------------------------------
         ltlan  |   .5655915   .1089863     5.19   0.000     .3519823    .7792007
        ltwlab  |   .1441844   .0462225     3.12   0.002     .0535899    .234779
         ltpow  |    .060477   .0508828     1.19   0.235    -.0392515    .1602055
         ltfer  |   .1882741   .0386418     4.87   0.000     .1125376    .2640107
           hrs  |   .2186096   .0377121     5.80   0.000     .1446952    .2925241
           mci  |   .4702368   .0836286     5.62   0.000     .306215     .6342587
          ngca  |   .6745175   .3663329     1.84   0.066    -.0434818    1.392517
         _cons  |   2.387878   .5672669     4.21   0.000     1.276055    3.499701
----------------+------------------------------------------------------------
       sigma_u  |  .13324845
       sigma_e  |  .10624809
           rho  |   .6113231   (fraction of variance due to u_i)
-----------------------------------------------------------------------------
```

图 8-7　随机效应模型估计结果

将图 8-7 和图 8-5 的随机效应模型和固定效应模型结果进行比较，发现两组自变量系数的估计值差别较小。

8.3.5 豪斯曼检验的 Stata 实现

利用豪斯曼检验可以判断该问题更适合建立随机效应模型还是固定效应模型。在 Stata 中进行豪斯曼检验的命令为

```
xtreg ltvfo ltlan ltwlab ltpow ltfer hrs mipric1 giprice mci ngca, fe//固定效应估计
est store FE
xtreg ltvfo ltlan ltwlab ltpow ltfer hrs mipric1 giprice mci ngca, fe//随机效应估计
est store RE
```

然后利用 hausman 命令进行豪斯曼检验。

第 8 章 面板数据模型

```
hausman FE RE, constant sigmamore
```

选择项"constant"表示在比较系数估计值时包括常数项（默认不含常数项）；选择项"sigmamore"表示统一使用更有效率的那个估计量的方差估计。豪斯曼检验结果如图 8-8 所示。

```
. hausman FE RE,constant sigmamore
              ---- Coefficients ----
                 (b)         (B)        (b-B)      sqrt(diag(V_b-V_B))
                 FE          RE        Difference         S.E.
      ltlan   .6370234    .5655915    .0714319        .0522174
      ltwlab  .1387786    .1441844   -.0054059        .0145627
      ltpow   .0577152    .060477    -.0027618        .0241549
      ltfer   .1826281    .1882741   -.005646         .0100505
      hrs     .2134022    .2186096   -.0052075        .0091613
      mci     .1943697    .4702368   -.2758671        .0657487
      ngca    .7562031    .6745175    .0816856        .083631
      _cons   2.337895    2.387878   -.0499825        .2834941

       b = consistent under Ho and Ha; obtained from xtreg
       B = inconsistent under Ha, efficient under Ho; obtained from xtreg

Test: Ho: difference in coefficients not systematic
       chi2(8) = (b-B)'[(V_b-V_B)^(-1)](b-B)
                =    38.56
     Prob>chi2 =   0.0000
(V_b-V_B is not positive definite)
```

图 8-8 豪斯曼检验结果

豪斯曼统计量的值是 38.56，相对应的概率是 0.0000，说明检验结果拒绝随机效应模型原假设，故该问题应该建立固定效应模型。

使用如下命令可以将前面几个模型的结果输出到一个文档中，如表 8-2 所示。

```
esttab OLS FE_robust FE_trend RE_robust using lin1992.rtf,b se mtitle
```

表 8-2 各面板数据模型回归结果汇总

变量	(1) OLS	(2) FE_robust	(3) FE_trend	(4) RE_robust
ltlan	0.694*** (0.115)	0.637*** (0.168)	0.583** (0.175)	0.566*** (0.109)
ltwlab	0.265*** (0.0566)	0.139* (0.0625)	0.151* (0.0585)	0.144** (0.0462)
ltpow	−0.0292 (0.0670)	0.0577 (0.0756)	0.0971 (0.0909)	0.0605 (0.0509)
ltfer	0.311*** (0.0531)	0.183*** (0.0436)	0.169*** (0.0438)	0.188*** (0.0386)
hrs	0.229*** (0.0489)	0.213*** (0.0391)	0.150* (0.0588)	0.219*** (0.0377)
mipric1	0.0122 (0.0548)	0.0544 (0.0590)		

续表

变量	(1) OLS	(2) FE_robust	(3) FE_trend	(4) RE_robust
giprice	−0.0539 (0.0274)	−0.0151 (0.0246)		
mci	0.695*** (0.169)	0.194* (0.0771)	0.198* (0.0811)	0.470*** (0.0837)
ngca	0.305 (0.522)	0.756 (0.382)	0.778 (0.402)	0.675 (0.366)
_cons	1.081 (0.827)	2.338* (0.855)	2.651** (0.774)	2.388*** (0.567)
N	476	476	476	476

注：括号中的数值为标准误

* $p<0.05$，** $p<0.01$，*** $p<0.001$

由表 8-2 可以看到，在本案例使用的 4 个模型中，核心解释变量 hrs 的系数在 0.15～0.229，均在 5%水平上显著。

8.4 本 章 小 结

本章是对面板数据模型的入门性介绍。主要介绍了面板数据概念、面板数据模型的优点，以及面板数据的两类主要模型——固定效应模型和随机效应模型及其估计方法。本章参考了陈强（2015）、胡志宁（2010）、孙敬水和马淑琴（2009）、王少平等（2011）的研究。本章讨论的主要是静态模型中变截距面板数据模型，此外还有变系数面板数据模型以及动态面板数据模型等。有兴趣的读者可以学习相关书籍，如伍德里奇的《计量经济学导论：现代观点》第 13 章、第 14 章中对面板数据模型做了较为系统的分析，更深入的学习可参考文献 Wooldridge（2017）。

附录 案例分析的 Stata 程序

```
set more off
use lin_1992.dta,clear
xtset province year
*是一个平衡的面板数据(strongly balanced)
xtdes
xtsum ltvfo ltlan ltwlab ltpow ltfer hrs mipric1 giprice mci ngca
*混合回归
reg ltvfo ltlan ltwlab ltpow ltfer hrs mipric1 giprice mci ngca, ///
vce(cluster province)  //pooled OLS, robust sd
estimates store OLS
*Fix effect   within
```

```
xtreg ltvfo ltlan ltwlab ltpow ltfer hrs mipric1 giprice mci ngca,fe r
estimates store FE_robust
*Two-way FE
xtreg ltvfo ltlan ltwlab ltpow ltfer hrs mci ngca i.year,fe r
estimates store FE_trend
*Random effect
xtreg ltvfo ltlan ltwlab ltpow ltfer hrs mci ngca,re r
estimates store RE_robust
*hausman test
xtreg ltvfo ltlan ltwlab ltpow ltfer hrs mipric1 giprice mci ngca,fe//固定效应估计
est store FE
xtreg ltvfo ltlan ltwlab ltpow ltfer hrs mipric1 giprice mci ngca,fe//随机效应估计
est store RE
hausman FE RE,constant sigmamore
*回归结果的输出
esttab OLS FE_robust FE_trend RE_robust using lin1992.rtf,b se mtitle replace
```

思考题与练习题

8.1 什么是面板数据？面板数据有哪些优点？
8.2 固定效应模型与随机效应模型的差异有哪些？
8.3 固定效应模型有哪些估计方法？
8.4 如何在固定效应模型与随机效应模型之间进行选择？
8.5 表8-3列出美国通用电气（GE）、通用汽车（GM）、美国钢铁（US）、西屋（WEST）四家大型公司每年的总投资 Y、股价总市值 $X1$ 及固定资产净值 $X2$ 的相关数据资料。显然，投资依赖于股价市值及固定资产净值：

$$Y_{it} = b_0 + b_1 X_{1it} + b_2 X_{2it} + u_{it}$$

（1）根据上述回归模型分别估计这四个公司 Y 关于 X_1 与 X_2 的回归方程。
（2）将这四个公司的数据合并成一个大样本，按上述模型估计一个总的回归方程。
（3）估计变截距固定效应模型。
（4）分析上述三类回归方程的估计结果，判断哪类模型更好一些。

表 8-3　美国 GE、GM、US、WEST 四家公司统计数据

年份	GE Y	GE X_1	GE X_2	GM Y	GM X_1	GM X_2	US Y	US X_1	US X_2	WEST Y	WEST X_1	WEST X_2
1935	33.1	1170.6	97.8	317.6	3078.5	2.8	209.9	1362.4	53.8	12.93	191.5	1.8
1936	45.0	2015.8	104.4	391.8	4661.7	52.6	355.3	1807.1	50.5	25.90	516.0	0.8
1937	77.2	2803.3	118.0	410.6	5387.1	156.9	469.9	2673.3	118.1	35.05	729.0	7.4
1938	44.6	2039.7	156.2	257.7	2792.2	209.2	262.3	1801.9	260.2	22.89	560.4	18.1
1939	48.1	2256.2	172.6	330.8	4313.2	203.4	230.4	1957.3	312.7	18.84	519.9	23.5
1940	74.4	2132.2	186.6	461.2	4643.9	207.2	361.6	2202.9	254.2	28.57	628.5	26.5
1941	113.0	1834.1	220.9	512.0	4551.2	255.2	472.8	2380.5	261.4	48.51	537.1	36.2
1942	91.9	1588.0	287.8	448.0	3244.1	303.7	445.6	2168.6	298.7	43.34	561.2	60.8
1943	61.3	1749.4	319.9	499.6	4053.7	264.1	361.6	1985.1	301.8	37.02	617.2	84.4
1944	56.8	1687.2	321.3	547.5	4379.3	201.6	288.2	1813.9	279.1	37.81	626.7	91.2
1945	93.6	2007.7	319.6	561.2	4840.9	265.0	258.7	1850.2	213.8	39.27	737.2	92.4
1946	159.9	2208.3	346.0	688.1	4900.0	402.2	420.3	2067.7	232.6	53.46	760.5	86.0
1947	147.2	1656.7	456.4	568.9	3526.5	761.5	420.5	1796.7	264.8	55.56	581.4	111.1
1948	146.3	1604.4	543.4	529.2	3245.7	922.4	494.5	1625.8	306.9	49.56	662.3	130.6
1949	98.3	1431.8	618.3	555.1	3700.2	1020.1	405.1	1667.0	351.1	32.04	583.8	141.8
1950	93.5	1610.5	647.4	642.9	3755.6	1099.0	418.8	1677.4	357.8	32.24	635.2	136.7
1951	135.2	1819.4	671.3	755.9	4833.0	1207.7	588.2	2289.5	341.1	54.38	732.8	129.7
1952	157.3	2079.7	726.1	891.2	4924.9	1430.5	645.2	2159.4	444.2	71.78	864.1	145.5
1953	179.5	2371.6	800.3	1304.4	6241.7	1777.3	641.0	2031.3	623.6	90.08	1193.5	174.8
1954	189.6	2759.9	888.9	1486.7	5593.6	2226.3	459.3	2115.5	669.7	68.60	1188.9	213.5

> **本章扩展材料**

参 考 文 献

陈灯塔. 2012. 应用经济计量学：EViews 高级讲义. 北京：北京大学出版社.
陈强. 2014. 高级计量经济学及 Stata 应用. 2 版. 北京：高等教育出版社.
陈强. 2015. 计量经济学及 Stata 应用. 北京：高等教育出版社.
古扎拉蒂 D N，波特 D C. 2011. 计量经济学基础. 5 版. 费剑平，译. 北京：中国人民大学出版社.
洪永淼. 2007. 计量经济学的地位、作用和局限. 经济研究，(5)：139-153.
胡志宁. 2010. Stata/EViews 计量经济分析. 北京：中国人民大学出版社.
李子奈，潘文卿. 2015. 计量经济学. 4 版. 北京：高等教育出版社.
李子奈，叶阿忠. 2012. 高级应用计量经济学. 北京：清华大学出版社.
潘省初. 2009. 计量经济学. 3 版. 北京：中国人民大学出版社.
庞皓. 2014. 计量经济学. 3 版. 北京：科学出版社.
孙敬水，马淑琴. 2009. 计量经济学. 2 版. 北京：清华大学出版社.
王少平，杨继生，欧阳志刚. 2011. 计量经济学. 北京：高等教育出版社.
王松桂，陈敏，陈立萍. 1999. 线性统计模型. 北京：高等教育出版社.
徐国祥. 2016. 统计预测和决策. 5 版. 上海：上海财经大学出版社.
张晓峒. 2007. 计量经济学基础. 3 版. 天津：南开大学出版社.
Dalgaard P. 2014. R 语言统计入门. 2 版. 郝智恒，何通，邓一硕，等译. 北京：人民邮电出版社.
Fisher I. 1933. Report of the Meeting. Econometrica，1：92-93.
Goldberger S. 1964. Econometric Theory. New York：John Wiley and Sons.
Gujarati D N. 2003. Basic Econometrics. 5th ed. New York：McGraw-Hill.
Lin Y F. 1992. Rural reforms and agricultural growth in China. American Economic Review，82（1）：34-51.
Samuleson P A，Koopmans T C，Stone J R N. 1954. Report of the evaluative committee for Econometrica. Econometrica，(2)：141-146.
Wooldridge J M. 2017. Introductory Econometrics：A Modern Approach. 6th ed. 北京：清华大学出版社.

附录 统计分布表

表1 标准正态分布表

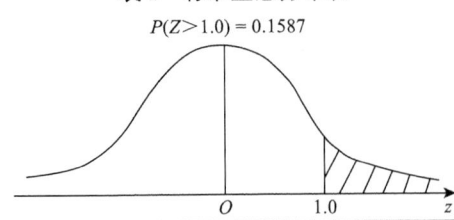

$P(Z>1.0) = 0.1587$

Z	0.00	0.01	0.02	0.03	0.04	0.05	0.06	0.07	0.08	0.09
0.0	0.5000	0.4960	0.4920	0.4880	0.4840	0.4801	0.4761	0.4721	0.4681	0.4641
0.1	0.4602	0.4562	0.4522	0.4483	0.4443	0.4404	0.4364	0.4325	0.4286	0.4247
0.2	0.4207	0.4168	0.4129	0.4090	0.4052	0.4013	0.3974	0.3936	0.3897	0.3859
0.3	0.3821	0.3783	0.3745	0.3707	0.3669	0.3632	0.3594	0.3557	0.3520	0.3483
0.4	0.3446	0.3409	0.3372	0.3336	0.3300	0.3264	0.3228	0.3192	0.3156	0.3121
0.5	0.3085	0.3050	0.3015	0.2981	0.2946	0.2912	0.2877	0.2843	0.2810	0.2776
0.6	0.2743	0.2709	0.2676	0.2643	0.2611	0.2578	0.2546	0.2514	0.2483	0.2451
0.7	0.2420	0.2389	0.2358	0.2327	0.2296	0.2266	0.2236	0.2206	0.2177	0.2148
0.8	0.2119	0.2090	0.2061	0.2033	0.2005	0.1977	0.1949	0.1922	0.1894	0.1867
0.9	0.1841	0.1814	0.1788	0.1762	0.1736	0.1711	0.1685	0.1660	0.1635	0.1611
1.0	0.1587	0.1562	0.1539	0.1515	0.1492	0.1469	0.1446	0.1423	0.1401	0.1379
1.1	0.1357	0.1335	0.1314	0.1292	0.1271	0.1251	0.1230	0.1210	0.1190	0.1170
1.2	0.1151	0.1131	0.1112	0.1093	0.1075	0.1056	0.1038	0.1020	0.1003	0.0985
1.3	0.0968	0.0951	0.0934	0.0918	0.0901	0.0885	0.0869	0.0853	0.0838	0.0823
1.4	0.0808	0.0793	0.0778	0.0764	0.0749	0.0735	0.0721	0.0708	0.0694	0.0681
1.5	0.0668	0.0655	0.0643	0.0630	0.0618	0.0606	0.0594	0.0582	0.0571	0.0559
1.6	0.0548	0.0537	0.0526	0.0516	0.0505	0.0495	0.0485	0.0475	0.0465	0.0455
1.7	0.0446	0.0436	0.0427	0.0418	0.0409	0.0401	0.0392	0.0384	0.0375	0.0367
1.8	0.0359	0.0351	0.0344	0.0336	0.0329	0.0322	0.0314	0.0307	0.0301	0.0294
1.9	0.0287	0.0281	0.0274	0.0268	0.0262	0.0256	0.0250	0.0244	0.0239	0.0233
2.0	0.0228	0.0222	0.0217	0.0212	0.0207	0.0202	0.0197	0.0192	0.0188	0.0183
2.1	0.0179	0.0174	0.0170	0.0166	0.0162	0.0158	0.0154	0.0150	0.0146	0.0143
2.2	0.0139	0.0136	0.0132	0.0129	0.0125	0.0122	0.0119	0.0116	0.0113	0.0110
2.3	0.0107	0.0104	0.0102	0.0099	0.0096	0.0094	0.0091	0.0089	0.0087	0.0084
2.4	0.0082	0.0080	0.0078	0.0075	0.0073	0.0071	0.0069	0.0068	0.0066	0.0064
2.5	0.0062	0.0060	0.0059	0.0057	0.0055	0.0054	0.0052	0.0051	0.0049	0.0048
2.6	0.0047	0.0045	0.0044	0.0043	0.0041	0.0040	0.0039	0.0038	0.0037	0.0036
2.7	0.0035	0.0034	0.0033	0.0032	0.0031	0.0030	0.0029	0.0028	0.0027	0.0026
2.8	0.0026	0.0025	0.0024	0.0023	0.0023	0.0022	0.0021	0.0021	0.0020	0.0019
2.9	0.0019	0.0018	0.0018	0.0017	0.0016	0.0016	0.0015	0.0015	0.0014	0.0014
3.0	0.0013	0.0013	0.0013	0.0012	0.0012	0.0011	0.0011	0.0011	0.0010	0.0010

表2 χ^2 分布表

例 对于自由度 $v=10$，$P(\chi^2 > 15.99) = 0.10$。

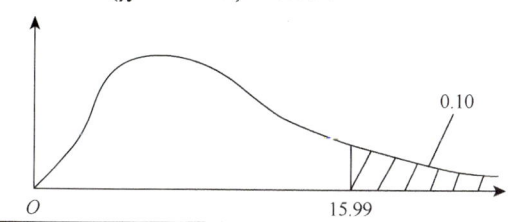

v	α											
	0.99	0.975	0.95	0.9	0.75	0.5	0.25	0.10	0.05	0.025	0.01	0.005
1	0.0002	0.0010	0.0039	0.0158	0.102	0.455	1.32	2.71	3.84	5.02	6.63	7.88
2	0.0201	0.0506	0.103	0.211	0.575	1.386	2.77	4.61	5.99	7.38	9.21	10.60
3	0.115	0.216	0.352	0.584	1.213	2.366	4.11	6.25	7.81	9.35	11.34	12.84
4	0.297	0.484	0.711	1.064	1.923	3.357	5.39	7.78	9.49	11.14	13.28	14.86
5	0.554	0.831	1.145	1.610	2.675	4.351	6.63	9.24	11.07	12.83	15.09	16.75
6	0.872	1.237	1.635	2.204	3.455	5.348	7.84	10.64	12.59	14.45	16.81	18.55
7	1.239	1.690	2.167	2.833	4.255	6.346	9.04	12.02	14.07	16.01	18.48	20.28
8	1.646	2.180	2.733	3.490	5.071	7.344	10.22	13.36	15.51	17.53	20.09	21.95
9	2.088	2.700	3.325	4.168	5.899	8.343	11.39	14.68	16.92	19.02	21.67	23.59
10	2.56	3.25	3.94	4.87	6.74	9.34	12.55	15.99	18.31	20.48	23.21	25.19
11	3.05	3.82	4.57	5.58	7.58	10.34	13.70	17.28	19.68	21.92	24.72	26.76
12	3.57	4.40	5.23	6.30	8.44	11.34	14.85	18.55	21.03	23.34	26.22	28.30
13	4.11	5.01	5.89	7.04	9.30	12.34	15.98	19.81	22.36	24.74	27.69	29.82
14	4.66	5.63	6.57	7.79	10.17	13.34	17.12	21.06	23.68	26.12	29.14	31.32
15	5.23	6.26	7.26	8.55	11.04	14.34	18.25	22.31	25.00	27.49	30.58	32.80
16	5.81	6.91	7.96	9.31	11.91	15.34	19.37	23.54	26.30	28.85	32.00	34.27
17	6.41	7.56	8.67	10.09	12.79	16.34	20.49	24.77	27.59	30.19	33.41	35.72
18	7.01	8.23	9.39	10.86	13.68	17.34	21.60	25.99	28.87	31.53	34.81	37.16
19	7.63	8.91	10.12	11.65	14.56	18.34	22.72	27.20	30.14	32.85	36.19	38.58
20	8.26	9.59	10.85	12.44	15.45	19.34	23.83	28.41	31.41	34.17	37.57	40.00
21	8.90	10.28	11.59	13.24	16.34	20.34	24.93	29.62	32.67	35.48	38.93	41.40
22	9.54	10.98	12.34	14.04	17.24	21.34	26.04	30.81	33.92	36.78	40.29	42.80
23	10.20	11.69	13.09	14.85	18.14	22.34	27.14	32.01	35.17	38.08	41.64	44.18
24	10.86	12.40	13.85	15.66	19.04	23.34	28.24	33.20	36.42	39.36	42.98	45.56
25	11.52	13.12	14.61	16.47	19.94	24.34	29.34	34.38	37.65	40.65	44.31	46.93
26	12.20	13.84	15.38	17.29	20.84	25.34	30.43	35.56	38.89	41.92	45.64	48.29
27	12.88	14.57	16.15	18.11	21.75	26.34	31.53	36.74	40.11	43.19	46.96	49.64
28	13.56	15.31	16.93	18.94	22.66	27.34	32.62	37.92	41.34	44.46	48.28	50.99
29	14.26	16.05	17.71	19.77	23.57	28.34	33.71	39.09	42.56	45.72	49.59	52.34
30	14.95	16.79	18.49	20.60	24.48	29.34	34.80	40.26	43.77	46.98	50.89	53.67

表3　t分布表

例 对于自由度 $v=10$，$P(t>1.812)=0.05$，$P(t<-1.812)=0.05$。

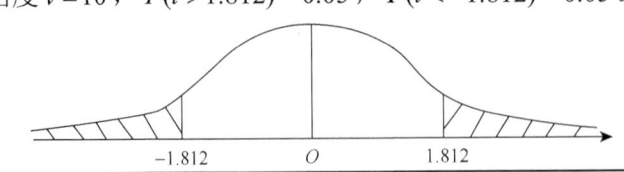

v	\multicolumn{9}{c	}{α}
	0.25	0.20	0.15	0.10	0.05	0.025	0.01	0.005	0.0005
1	1.000	1.376	1.963	3.078	6.314	12.706	31.821	63.657	636.619
2	0.816	1.061	1.386	1.886	2.920	4.303	6.965	9.925	31.599
3	0.765	0.978	1.250	1.638	2.353	3.182	4.541	5.841	12.924
4	0.741	0.941	1.190	1.533	2.132	2.776	3.747	4.604	8.610
5	0.727	0.920	1.156	1.476	2.015	2.571	3.365	4.032	6.869
6	0.718	0.906	1.134	1.440	1.943	2.447	3.143	3.707	5.959
7	0.711	0.896	1.119	1.415	1.895	2.365	2.998	3.499	5.408
8	0.706	0.889	1.108	1.397	1.860	2.306	2.896	3.355	5.041
9	0.703	0.883	1.100	1.383	1.833	2.262	2.821	3.250	4.781
10	0.700	0.879	1.093	1.372	1.812	2.228	2.764	3.169	4.587
11	0.697	0.876	1.088	1.363	1.796	2.201	2.718	3.106	4.437
12	0.695	0.873	1.083	1.356	1.782	2.179	2.681	3.055	4.318
13	0.694	0.870	1.079	1.350	1.771	2.160	2.650	3.012	4.221
14	0.692	0.868	1.076	1.345	1.761	2.145	2.624	2.977	4.140
15	0.691	0.866	1.074	1.341	1.753	2.131	2.602	2.947	4.073
16	0.690	0.865	1.071	1.337	1.746	2.120	2.583	2.921	4.015
17	0.689	0.863	1.069	1.333	1.740	2.110	2.567	2.898	3.965
18	0.688	0.862	1.067	1.330	1.734	2.101	2.552	2.878	3.922
19	0.688	0.861	1.066	1.328	1.729	2.093	2.539	2.861	3.883
20	0.687	0.860	1.064	1.325	1.725	2.086	2.528	2.845	3.850
21	0.686	0.859	1.063	1.323	1.721	2.080	2.518	2.831	3.819
22	0.686	0.858	1.061	1.321	1.717	2.074	2.508	2.819	3.792
23	0.685	0.858	1.060	1.319	1.714	2.069	2.500	2.807	3.768
24	0.685	0.857	1.059	1.318	1.711	2.064	2.492	2.797	3.745
25	0.684	0.856	1.058	1.316	1.708	2.060	2.485	2.787	3.725
26	0.684	0.856	1.058	1.315	1.706	2.056	2.479	2.779	3.707
27	0.684	0.855	1.057	1.314	1.703	2.052	2.473	2.771	3.690
28	0.683	0.855	1.056	1.313	1.701	2.048	2.467	2.763	3.674
29	0.683	0.854	1.055	1.311	1.699	2.045	2.462	2.756	3.659
30	0.683	0.854	1.055	1.310	1.697	2.042	2.457	2.750	3.646
40	0.681	0.851	1.050	1.303	1.684	2.021	2.423	2.704	3.551
60	0.679	0.848	1.045	1.296	1.671	2.000	2.390	2.660	3.460
120	0.677	0.845	1.041	1.289	1.658	1.980	2.358	2.617	3.373
∞	0.674	0.842	1.036	1.282	1.645	1.960	2.326	2.576	3.291

表4 F分布表

例 5%显著性水平下，对于自由度 $v_1 = 5$，$v_2 = 10$，$P(F > 3.33) = 0.05$。

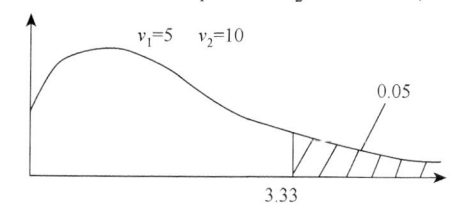

5%显著性水平

分母自由度 v_2	分子自由度 v_1												
	1	2	3	4	5	6	7	8	9	10	11	12
1	161	199	216	225	230	234	237	239	241	242	243	244
2	18.51	19.00	19.16	19.25	19.30	19.33	19.35	19.37	19.38	19.40	19.40	19.41
3	10.13	9.55	9.28	9.12	9.01	8.94	8.89	8.85	8.81	8.79	8.76	8.74
4	7.71	6.94	6.59	6.39	6.26	6.16	6.09	6.04	6.00	5.96	5.94	5.91
5	6.61	5.79	5.41	5.19	5.05	4.95	4.88	4.82	4.77	4.74	4.70	4.68
6	5.99	5.14	4.76	4.53	4.39	4.28	4.21	4.15	4.10	4.06	4.03	4.00
7	5.59	4.74	4.35	4.12	3.97	3.87	3.79	3.73	3.68	3.64	3.60	3.57
8	5.32	4.46	4.07	3.84	3.69	3.58	3.50	3.44	3.39	3.35	3.31	3.28
9	5.12	4.26	3.86	3.63	3.48	3.37	3.29	3.23	3.18	3.14	3.10	3.07
10	4.96	4.10	3.71	3.48	3.33	3.22	3.14	3.07	3.02	2.98	2.94	2.91
11	4.84	3.98	3.59	3.36	3.20	3.09	3.01	2.95	2.90	2.85	2.82	2.79
12	4.75	3.89	3.49	3.26	3.11	3.00	2.91	2.85	2.80	2.75	2.72	2.69
13	4.67	3.81	3.41	3.18	3.03	2.92	2.83	2.77	2.71	2.67	2.63	2.60
14	4.60	3.74	3.34	3.11	2.96	2.85	2.76	2.70	2.65	2.60	2.57	2.53
15	4.54	3.68	3.29	3.06	2.90	2.79	2.71	2.64	2.59	2.54	2.51	2.48
16	4.49	3.63	3.24	3.01	2.85	2.74	2.66	2.59	2.54	2.49	2.46	2.42
17	4.45	3.59	3.20	2.96	2.81	2.70	2.61	2.55	2.49	2.45	2.41	2.38
18	4.41	3.55	3.16	2.93	2.77	2.66	2.58	2.51	2.46	2.41	2.37	2.34
19	4.38	3.52	3.13	2.90	2.74	2.63	2.54	2.48	2.42	2.38	2.34	2.31
20	4.35	3.49	3.10	2.87	2.71	2.60	2.51	2.45	2.39	2.35	2.31	2.28
21	4.32	3.47	3.07	2.84	2.68	2.57	2.49	2.42	2.37	2.32	2.28	2.25
22	4.30	3.44	3.05	2.82	2.66	2.55	2.46	2.40	2.34	2.30	2.26	2.23
23	4.28	3.42	3.03	2.80	2.64	2.53	2.44	2.37	2.32	2.27	2.24	2.20
24	4.26	3.40	3.01	2.78	2.62	2.51	2.42	2.36	2.30	2.25	2.22	2.18
25	4.24	3.39	2.99	2.76	2.60	2.49	2.40	2.34	2.28	2.24	2.20	2.16
26	4.23	3.37	2.98	2.74	2.59	2.47	2.39	2.32	2.27	2.22	2.18	2.15
27	4.21	3.35	2.96	2.73	2.57	2.46	2.37	2.31	2.25	2.20	2.17	2.13
28	4.20	3.34	2.95	2.71	2.56	2.45	2.36	2.29	2.24	2.19	2.15	2.12
29	4.18	3.33	2.93	2.70	2.55	2.43	2.35	2.28	2.22	2.18	2.14	2.10
30	4.17	3.32	2.92	2.69	2.53	2.42	2.33	2.27	2.21	2.16	2.13	2.09

5%显著性水平　续表

分母自由度 v_2	分子自由度 v_1											
	1	2	3	4	5	6	7	8	9	10	11	12
32	4.15	3.29	2.90	2.67	2.51	2.40	2.31	2.24	2.19	2.14	2.10	2.07
34	4.13	3.28	2.88	2.65	2.49	2.38	2.29	2.23	2.17	2.12	2.08	2.05
36	4.11	3.26	2.87	2.63	2.48	2.36	2.28	2.21	2.15	2.11	2.07	2.03
38	4.10	3.24	2.85	2.62	2.46	2.35	2.26	2.19	2.14	2.09	2.05	2.02
40	4.08	3.23	2.84	2.61	2.45	2.34	2.25	2.18	2.12	2.08	2.04	2.00
42	4.07	3.22	2.83	2.59	2.44	2.32	2.24	2.17	2.11	2.06	2.03	1.99
44	4.06	3.21	2.82	2.58	2.43	2.31	2.23	2.16	2.10	2.05	2.01	1.98
46	4.05	3.20	2.81	2.57	2.42	2.30	2.22	2.15	2.09	2.04	2.00	1.97
48	4.04	3.19	2.80	2.57	2.41	2.29	2.21	2.14	2.08	2.03	1.99	1.96
50	4.03	3.18	2.79	2.56	2.40	2.29	2.20	2.13	2.07	2.03	1.99	1.95
55	4.02	3.16	2.77	2.54	2.38	2.27	2.18	2.11	2.06	2.01	1.97	1.93
60	4.00	3.15	2.76	2.53	2.37	2.25	2.17	2.10	2.04	1.99	1.95	1.92
65	3.99	3.14	2.75	2.51	2.36	2.24	2.15	2.08	2.03	1.98	1.94	1.90
70	3.98	3.13	2.74	2.50	2.35	2.23	2.14	2.07	2.02	1.97	1.93	1.89
80	3.96	3.11	2.72	2.49	2.33	2.21	2.13	2.06	2.00	1.95	1.91	1.88
100	3.94	3.09	2.70	2.46	2.31	2.19	2.10	2.03	1.97	1.93	1.89	1.85
125	3.92	3.07	2.68	2.44	2.29	2.17	2.08	2.01	1.96	1.91	1.87	1.83
150	3.90	3.06	2.66	2.43	2.27	2.16	2.07	2.00	1.94	1.89	1.85	1.82
200	3.89	3.04	2.65	2.42	2.26	2.14	2.06	1.98	1.93	1.88	1.84	1.80
400	3.86	3.02	2.63	2.39	2.24	2.12	2.03	1.96	1.90	1.85	1.81	1.78
1000	3.85	3.00	2.61	2.38	2.22	2.11	2.02	1.95	1.89	1.84	1.80	1.76
∞	3.84	2.99	2.60	2.37	2.21	2.09	2.01	1.94	1.88	1.83	1.79	1.75

分母自由度 v_2	分子自由度 v_1											
	14	16	20	24	30	40	50	75	100	200	500	∞
1	245	246	248	249	250	251	252	253	253	254	254	254
2	19.42	19.43	19.45	19.45	19.46	19.47	19.48	19.48	19.49	19.49	19.49	19.50
3	8.71	8.69	8.66	8.64	8.62	8.59	8.58	8.56	8.55	8.54	8.53	8.53
4	5.87	5.84	5.80	5.77	5.75	5.72	5.70	5.68	5.66	5.65	5.64	5.63
5	4.64	4.60	4.56	4.53	4.50	4.46	4.44	4.42	4.41	4.39	4.37	4.36
6	3.96	3.92	3.87	3.84	3.81	3.77	3.75	3.73	3.71	3.69	3.68	3.67
7	3.53	3.49	3.44	3.41	3.38	3.34	3.32	3.29	3.27	3.25	3.24	3.23
8	3.24	3.20	3.15	3.12	3.08	3.04	3.02	2.99	2.97	2.95	2.94	2.93
9	3.03	2.99	2.94	2.90	2.86	2.83	2.80	2.77	2.76	2.73	2.72	2.71
10	2.86	2.83	2.77	2.74	2.70	2.66	2.64	2.60	2.59	2.56	2.55	2.54
11	2.74	2.70	2.65	2.61	2.57	2.53	2.51	2.47	2.46	2.43	2.42	2.40
12	2.64	2.60	2.54	2.51	2.47	2.43	2.40	2.37	2.35	2.32	2.31	2.30
13	2.55	2.51	2.46	2.42	2.38	2.34	2.31	2.28	2.26	2.23	2.22	2.21
14	2.48	2.44	2.39	2.35	2.31	2.27	2.24	2.21	2.19	2.16	2.14	2.13
15	2.42	2.38	2.33	2.29	2.25	2.20	2.18	2.14	2.12	2.10	2.08	2.07

5%显著性水平　续表

分母自由度 v_2	分子自由度 v_1											
	14	16	20	24	30	40	50	75	100	200	500	∞
16	2.37	2.33	2.28	2.24	2.19	2.15	2.12	2.09	2.07	2.04	2.02	2.01
17	2.33	2.29	2.23	2.19	2.15	2.10	2.08	2.04	2.02	1.99	1.97	1.96
18	2.29	2.25	2.19	2.15	2.11	2.06	2.04	2.00	1.98	1.95	1.93	1.92
19	2.26	2.21	2.16	2.11	2.07	2.03	2.00	1.96	1.94	1.91	1.89	1.88
20	2.22	2.18	2.12	2.08	2.04	1.99	1.97	1.93	1.91	1.88	1.86	1.84
21	2.20	2.16	2.10	2.05	2.01	1.96	1.94	1.90	1.88	1.84	1.83	1.81
22	2.17	2.13	2.07	2.03	1.98	1.94	1.91	1.87	1.85	1.82	1.80	1.78
23	2.15	2.11	2.05	2.01	1.96	1.91	1.88	1.84	1.82	1.79	1.77	1.76
24	2.13	2.09	2.03	1.98	1.94	1.89	1.86	1.82	1.80	1.77	1.75	1.73
25	245	246	248	249	250	251	252	253	253	254	254	254
26	19.42	19.43	19.45	19.45	19.46	19.47	19.48	19.48	19.49	19.49	19.49	19.50
27	2.11	2.07	2.01	1.96	1.92	1.87	1.84	1.80	1.78	1.75	1.73	1.71
28	2.09	2.05	1.99	1.95	1.90	1.85	1.82	1.78	1.76	1.73	1.71	1.69
29	2.08	2.04	1.97	1.93	1.88	1.84	1.81	1.76	1.74	1.71	1.69	1.67
30	2.06	2.02	1.96	1.91	1.87	1.82	1.79	1.75	1.73	1.69	1.67	1.65
32	2.05	2.01	1.94	1.90	1.85	1.81	1.77	1.73	1.71	1.67	1.65	1.64
34	2.04	1.99	1.93	1.89	1.84	1.79	1.76	1.72	1.70	1.66	1.64	1.62
36	2.01	1.97	1.91	1.86	1.82	1.77	1.74	1.69	1.67	1.63	1.61	1.59
38	1.99	1.95	1.89	1.84	1.80	1.75	1.71	1.67	1.65	1.61	1.59	1.57
40	1.98	1.93	1.87	1.82	1.78	1.73	1.69	1.65	1.62	1.59	1.56	1.55
42	1.96	1.92	1.85	1.81	1.76	1.71	1.68	1.63	1.61	1.57	1.54	1.53
44	1.95	1.90	1.84	1.79	1.74	1.69	1.66	1.61	1.59	1.55	1.53	1.51
46	1.94	1.89	1.83	1.78	1.73	1.68	1.65	1.60	1.57	1.53	1.51	1.49
48	1.92	1.88	1.81	1.77	1.72	1.67	1.63	1.59	1.56	1.52	1.49	1.48
50	1.91	1.87	1.80	1.76	1.71	1.65	1.62	1.57	1.55	1.51	1.48	1.46
55	1.90	1.86	1.79	1.75	1.70	1.64	1.61	1.56	1.54	1.49	1.47	1.45
60	1.89	1.85	1.78	1.74	1.69	1.63	1.60	1.55	1.52	1.48	1.46	1.44
65	1.88	1.83	1.76	1.72	1.67	1.61	1.58	1.53	1.50	1.46	1.43	1.41
70	1.86	1.82	1.75	1.70	1.65	1.59	1.56	1.51	1.48	1.44	1.41	1.39
80	1.85	1.80	1.73	1.69	1.63	1.58	1.54	1.49	1.46	1.42	1.39	1.37
100	1.84	1.79	1.72	1.67	1.62	1.57	1.53	1.48	1.45	1.40	1.37	1.35
125	1.82	1.77	1.70	1.65	1.60	1.54	1.51	1.45	1.43	1.38	1.35	1.32
150	1.79	1.75	1.68	1.63	1.57	1.52	1.48	1.42	1.39	1.34	1.31	1.28
200	1.77	1.73	1.66	1.60	1.55	1.49	1.45	1.40	1.36	1.31	1.27	1.25
400	1.76	1.71	1.64	1.59	1.54	1.48	1.44	1.38	1.34	1.29	1.25	1.22
1000	1.74	1.69	1.62	1.57	1.52	1.46	1.41	1.35	1.32	1.26	1.22	1.19
∞	1.72	1.67	1.60	1.54	1.49	1.42	1.38	1.32	1.28	1.22	1.17	1.13

1%显著性水平　续表

分母自由度 v_2	分子自由度 v_1											
	1	2	3	4	5	6	7	8	9	10	11	12
1	4052	4999	5403	5625	5764	5859	5928	5981	6022	6056	6083	6106
2	98.50	99.00	99.17	99.25	99.30	99.33	99.36	99.37	99.39	99.40	99.41	99.42
3	34.12	30.82	29.46	28.71	28.24	27.91	27.67	27.49	27.35	27.23	27.13	27.05
4	21.20	18.00	16.69	15.98	15.52	15.21	14.98	14.80	14.66	14.55	14.45	14.37
5	16.26	13.27	12.06	11.39	10.97	10.67	10.46	10.29	10.16	10.05	9.96	9.89
6	13.75	10.92	9.78	9.15	8.75	8.47	8.26	8.10	7.98	7.87	7.79	7.72
7	12.25	9.55	8.45	7.85	7.46	7.19	6.99	6.84	6.72	6.62	6.54	6.47
8	11.26	8.65	7.59	7.01	6.63	6.37	6.18	6.03	5.91	5.81	5.73	5.67
9	10.56	8.02	6.99	6.42	6.06	5.80	5.61	5.47	5.35	5.26	5.18	5.11
10	10.04	7.56	6.55	5.99	5.64	5.39	5.20	5.06	4.94	4.85	4.77	4.71
11	9.65	7.21	6.22	5.67	5.32	5.07	4.89	4.74	4.63	4.54	4.46	4.40
12	9.33	6.93	5.95	5.41	5.06	4.82	4.64	4.50	4.39	4.30	4.22	4.16
13	9.07	6.70	5.74	5.21	4.86	4.62	4.44	4.30	4.19	4.10	4.02	3.96
14	8.86	6.51	5.56	5.04	4.69	4.46	4.28	4.14	4.03	3.94	3.86	3.80
15	8.68	6.36	5.42	4.89	4.56	4.32	4.14	4.00	3.89	3.80	3.73	3.67
16	8.53	6.23	5.29	4.77	4.44	4.20	4.03	3.89	3.78	3.69	3.62	3.55
17	8.40	6.11	5.18	4.67	4.34	4.10	3.93	3.79	3.68	3.59	3.52	3.46
18	8.29	6.01	5.09	4.58	4.25	4.01	3.84	3.71	3.60	3.51	3.43	3.37
19	8.18	5.93	5.01	4.50	4.17	3.94	3.77	3.63	3.52	3.43	3.36	3.30
20	8.10	5.85	4.94	4.43	4.10	3.87	3.70	3.56	3.46	3.37	3.29	3.23
21	8.02	5.78	4.87	4.37	4.04	3.81	3.64	3.51	3.40	3.31	3.24	3.17
22	7.95	5.72	4.82	4.31	3.99	3.76	3.59	3.45	3.35	3.26	3.18	3.12
23	7.88	5.66	4.76	4.26	3.94	3.71	3.54	3.41	3.30	3.21	3.14	3.07
24	7.82	5.61	4.72	4.22	3.90	3.67	3.50	3.36	3.26	3.17	3.09	3.03
25	7.77	5.57	4.68	4.18	3.85	3.63	3.46	3.32	3.22	3.13	3.06	2.99
26	7.72	5.53	4.64	4.14	3.82	3.59	3.42	3.29	3.18	3.09	3.02	2.96
27	7.68	5.49	4.60	4.11	3.78	3.56	3.39	3.26	3.15	3.06	2.99	2.93
28	7.64	5.45	4.57	4.07	3.75	3.53	3.36	3.23	3.12	3.03	2.96	2.90
29	7.60	5.42	4.54	4.04	3.73	3.50	3.33	3.20	3.09	3.00	2.93	2.87
30	7.56	5.39	4.51	4.02	3.70	3.47	3.30	3.17	3.07	2.98	2.91	2.84
32	7.50	5.34	4.46	3.97	3.65	3.43	3.26	3.13	3.02	2.93	2.86	2.80
34	7.44	5.29	4.42	3.93	3.61	3.39	3.22	3.09	2.98	2.89	2.82	2.76
36	7.40	5.25	4.38	3.89	3.57	3.35	3.18	3.05	2.95	2.86	2.79	2.72
38	7.35	5.21	4.34	3.86	3.54	3.32	3.15	3.02	2.92	2.83	2.75	2.69
40	7.31	5.18	4.31	3.83	3.51	3.29	3.12	2.99	2.89	2.80	2.73	2.66
42	7.28	5.15	4.29	3.80	3.49	3.27	3.10	2.97	2.86	2.78	2.70	2.64
44	7.25	5.12	4.26	3.78	3.47	3.24	3.08	2.95	2.84	2.75	2.68	2.62

1%显著性水平　续表

分母自由度 v_2	分子自由度 v_1										
	1	2	3	4	5	6	7	8	9	10	11	12
46	7.22	5.10	4.24	3.76	3.44	3.22	3.06	2.93	2.82	2.73	2.66	2.60
48	7.19	5.08	4.22	3.74	3.43	3.20	3.04	2.91	2.80	2.71	2.64	2.58
50	7.17	5.06	4.20	3.72	3.41	3.19	3.02	2.89	2.78	2.70	2.63	2.56
55	7.12	5.01	4.16	3.68	3.37	3.15	2.98	2.85	2.75	2.66	2.59	2.53
60	7.08	4.98	4.13	3.65	3.34	3.12	2.95	2.82	2.72	2.63	2.56	2.50
65	7.04	4.95	4.10	3.62	3.31	3.09	2.93	2.80	2.69	2.61	2.53	2.47
70	7.01	4.92	4.07	3.60	3.29	3.07	2.91	2.78	2.67	2.59	2.51	2.45
80	6.96	4.88	4.04	3.56	3.26	3.04	2.87	2.74	2.64	2.55	2.48	2.42
100	6.90	4.82	3.98	3.51	3.21	2.99	2.82	2.69	2.59	2.50	2.43	2.37
125	6.84	4.78	3.94	3.47	3.17	2.95	2.79	2.66	2.55	2.47	2.39	2.33
150	6.81	4.75	3.91	3.45	3.14	2.92	2.76	2.63	2.53	2.44	2.37	2.31
200	6.76	4.71	3.88	3.41	3.11	2.89	2.73	2.60	2.50	2.41	2.34	2.27
400	6.70	4.66	3.83	3.37	3.06	2.85	2.68	2.56	2.45	2.37	2.29	2.23
1000	6.66	4.63	3.80	3.34	3.04	2.82	2.66	2.53	2.43	2.34	2.27	2.20
∞	6.64	4.61	3.78	3.32	3.02	2.80	2.64	2.51	2.41	2.32	2.24	2.18

分母自由度 v_2	分子自由度 v_1										
	14	16	20	24	30	40	50	75	100	200	500	∞
1	6143	6170	6209	6235	6261	6287	6303	6324	6334	6350	6360	6366
2	99.43	99.44	99.45	99.46	99.47	99.47	99.48	99.49	99.49	99.49	99.50	99.50
3	26.92	26.83	26.69	26.60	26.50	26.41	26.35	26.28	26.24	26.18	26.15	26.12
4	14.25	14.15	14.02	13.93	13.84	13.75	13.69	13.61	13.58	13.52	13.49	13.46
5	9.77	9.68	9.55	9.47	9.38	9.29	9.24	9.17	9.13	9.08	9.04	9.02
6	7.60	7.52	7.40	7.31	7.23	7.14	7.09	7.02	6.99	6.93	6.90	6.88
7	6.36	6.28	6.16	6.07	5.99	5.91	5.86	5.79	5.75	5.70	5.67	5.65
8	5.56	5.48	5.36	5.28	5.20	5.12	5.07	5.00	4.96	4.91	4.88	4.86
9	5.01	4.92	4.81	4.73	4.65	4.57	4.52	4.45	4.41	4.36	4.33	4.31
10	4.60	4.52	4.41	4.33	4.25	4.17	4.12	4.05	4.01	3.96	3.93	3.91
11	4.29	4.21	4.10	4.02	3.94	3.86	3.81	3.74	3.71	3.66	3.62	3.60
12	4.05	3.97	3.86	3.78	3.70	3.62	3.57	3.50	3.47	3.41	3.38	3.36
13	3.86	3.78	3.66	3.59	3.51	3.43	3.38	3.31	3.27	3.22	3.19	3.16
14	3.70	3.62	3.51	3.43	3.35	3.27	3.22	3.15	3.11	3.06	3.03	3.00
15	3.56	3.49	3.37	3.29	3.21	3.13	3.08	3.01	2.98	2.92	2.89	2.87
16	3.45	3.37	3.26	3.18	3.10	3.02	2.97	2.90	2.86	2.81	2.78	2.75
17	3.35	3.27	3.16	3.08	3.00	2.92	2.87	2.80	2.76	2.71	2.68	2.65
18	3.27	3.19	3.08	3.00	2.92	2.84	2.78	2.71	2.68	2.62	2.59	2.57
19	3.19	3.12	3.00	2.92	2.84	2.76	2.71	2.64	2.60	2.55	2.51	2.49
20	3.13	3.05	2.94	2.86	2.78	2.69	2.64	2.57	2.54	2.48	2.44	2.42

1%显著性水平　续表

分母自由度 v_2	分子自由度 v_1											
	14	16	20	24	30	40	50	75	100	200	500	∞
21	3.07	2.99	2.88	2.80	2.72	2.64	2.58	2.51	2.48	2.42	2.38	2.36
22	3.02	2.94	2.83	2.75	2.67	2.58	2.53	2.46	2.42	2.36	2.33	2.31
23	2.97	2.89	2.78	2.70	2.62	2.54	2.48	2.41	2.37	2.32	2.28	2.26
24	2.93	2.85	2.74	2.66	2.58	2.49	2.44	2.37	2.33	2.27	2.24	2.21
25	2.89	2.81	2.70	2.62	2.54	2.45	2.40	2.33	2.29	2.23	2.19	2.17
26	2.86	2.78	2.66	2.58	2.50	2.42	2.36	2.29	2.25	2.19	2.16	2.13
27	2.82	2.75	2.63	2.55	2.47	2.38	2.33	2.26	2.22	2.16	2.12	2.10
28	2.79	2.72	2.60	2.52	2.44	2.35	2.30	2.23	2.19	2.13	2.09	2.06
29	2.77	2.69	2.57	2.49	2.41	2.33	2.27	2.20	2.16	2.10	2.06	2.03
30	2.74	2.66	2.55	2.47	2.39	2.30	2.25	2.17	2.13	2.07	2.03	2.01
32	2.70	2.62	2.50	2.42	2.34	2.25	2.20	2.12	2.08	2.02	1.98	1.96
34	2.66	2.58	2.46	2.38	2.30	2.21	2.16	2.08	2.04	1.98	1.94	1.91
36	2.62	2.54	2.43	2.35	2.26	2.18	2.12	2.04	2.00	1.94	1.90	1.87
38	2.59	2.51	2.40	2.32	2.23	2.14	2.09	2.01	1.97	1.90	1.86	1.84
40	2.56	2.48	2.37	2.29	2.20	2.11	2.06	1.98	1.94	1.87	1.83	1.81
42	2.54	2.46	2.34	2.26	2.18	2.09	2.03	1.95	1.91	1.85	1.80	1.78
44	2.52	2.44	2.32	2.24	2.15	2.07	2.01	1.93	1.89	1.82	1.78	1.75
46	2.50	2.42	2.30	2.22	2.13	2.04	1.99	1.91	1.86	1.80	1.76	1.72
48	2.48	2.40	2.28	2.20	2.12	2.02	1.97	1.89	1.84	1.78	1.73	1.70
50	2.46	2.38	2.27	2.18	2.10	2.01	1.95	1.87	1.82	1.76	1.71	1.68
55	2.42	2.34	2.23	2.15	2.06	1.97	1.91	1.83	1.78	1.71	1.67	1.64
60	2.39	2.31	2.20	2.12	2.03	1.94	1.88	1.79	1.75	1.68	1.63	1.60
65	2.37	2.29	2.17	2.09	2.00	1.91	1.85	1.77	1.72	1.65	1.60	1.56
70	2.35	2.27	2.15	2.07	1.98	1.89	1.83	1.74	1.70	1.62	1.57	1.53
80	2.31	2.23	2.12	2.03	1.94	1.85	1.79	1.70	1.65	1.58	1.53	1.49
100	2.27	2.19	2.07	1.98	1.89	1.80	1.74	1.65	1.60	1.52	1.47	1.43
125	2.23	2.15	2.03	1.94	1.85	1.76	1.69	1.60	1.55	1.47	1.41	1.37
150	2.20	2.12	2.00	1.92	1.83	1.73	1.66	1.57	1.52	1.43	1.38	1.33
200	2.17	2.09	1.97	1.89	1.79	1.69	1.63	1.53	1.48	1.39	1.33	1.28
400	2.13	2.05	1.92	1.84	1.75	1.64	1.58	1.48	1.42	1.32	1.25	1.19
1000	2.10	2.02	1.90	1.81	1.72	1.61	1.54	1.44	1.38	1.28	1.19	1.11
∞	2.07	1.99	1.87	1.79	1.69	1.59	1.52	1.41	1.36	1.25	1.15	1.00

1%显著性水平 续表

分母自由度 v_2	分子自由度 v_1											
	1	2	3	4	5	6	7	8	9	10	11	12
46	7.22	5.10	4.24	3.76	3.44	3.22	3.06	2.93	2.82	2.73	2.66	2.60
48	7.19	5.08	4.22	3.74	3.43	3.20	3.04	2.91	2.80	2.71	2.64	2.58
50	7.17	5.06	4.20	3.72	3.41	3.19	3.02	2.89	2.78	2.70	2.63	2.56
55	7.12	5.01	4.16	3.68	3.37	3.15	2.98	2.85	2.75	2.66	2.59	2.53
60	7.08	4.98	4.13	3.65	3.34	3.12	2.95	2.82	2.72	2.63	2.56	2.50
65	7.04	4.95	4.10	3.62	3.31	3.09	2.93	2.80	2.69	2.61	2.53	2.47
70	7.01	4.92	4.07	3.60	3.29	3.07	2.91	2.78	2.67	2.59	2.51	2.45
80	6.96	4.88	4.04	3.56	3.26	3.04	2.87	2.74	2.64	2.55	2.48	2.42
100	6.90	4.82	3.98	3.51	3.21	2.99	2.82	2.69	2.59	2.50	2.43	2.37
125	6.84	4.78	3.94	3.47	3.17	2.95	2.79	2.66	2.55	2.47	2.39	2.33
150	6.81	4.75	3.91	3.45	3.14	2.92	2.76	2.63	2.53	2.44	2.37	2.31
200	6.76	4.71	3.88	3.41	3.11	2.89	2.73	2.60	2.50	2.41	2.34	2.27
400	6.70	4.66	3.83	3.37	3.06	2.85	2.68	2.56	2.45	2.37	2.29	2.23
1000	6.66	4.63	3.80	3.34	3.04	2.82	2.66	2.53	2.43	2.34	2.27	2.20
∞	6.64	4.61	3.78	3.32	3.02	2.80	2.64	2.51	2.41	2.32	2.24	2.18

分母自由度 v_2	分子自由度 v_1											
	14	16	20	24	30	40	50	75	100	200	500	∞
1	6143	6170	6209	6235	6261	6287	6303	6324	6334	6350	6360	6366
2	99.43	99.44	99.45	99.46	99.47	99.47	99.48	99.49	99.49	99.49	99.50	99.50
3	26.92	26.83	26.69	26.60	26.50	26.41	26.35	26.28	26.24	26.18	26.15	26.12
4	14.25	14.15	14.02	13.93	13.84	13.75	13.69	13.61	13.58	13.52	13.49	13.46
5	9.77	9.68	9.55	9.47	9.38	9.29	9.24	9.17	9.13	9.08	9.04	9.02
6	7.60	7.52	7.40	7.31	7.23	7.14	7.09	7.02	6.99	6.93	6.90	6.88
7	6.36	6.28	6.16	6.07	5.99	5.91	5.86	5.79	5.75	5.70	5.67	5.65
8	5.56	5.48	5.36	5.28	5.20	5.12	5.07	5.00	4.96	4.91	4.88	4.86
9	5.01	4.92	4.81	4.73	4.65	4.57	4.52	4.45	4.41	4.36	4.33	4.31
10	4.60	4.52	4.41	4.33	4.25	4.17	4.12	4.05	4.01	3.96	3.93	3.91
11	4.29	4.21	4.10	4.02	3.94	3.86	3.81	3.74	3.71	3.66	3.62	3.60
12	4.05	3.97	3.86	3.78	3.70	3.62	3.57	3.50	3.47	3.41	3.38	3.36
13	3.86	3.78	3.66	3.59	3.51	3.43	3.38	3.31	3.27	3.22	3.19	3.16
14	3.70	3.62	3.51	3.43	3.35	3.27	3.22	3.15	3.11	3.06	3.03	3.00
15	3.56	3.49	3.37	3.29	3.21	3.13	3.08	3.01	2.98	2.92	2.89	2.87
16	3.45	3.37	3.26	3.18	3.10	3.02	2.97	2.90	2.86	2.81	2.78	2.75
17	3.35	3.27	3.16	3.08	3.00	2.92	2.87	2.80	2.76	2.71	2.68	2.65
18	3.27	3.19	3.08	3.00	2.92	2.84	2.78	2.71	2.68	2.62	2.59	2.57
19	3.19	3.12	3.00	2.92	2.84	2.76	2.71	2.64	2.60	2.55	2.51	2.49
20	3.13	3.05	2.94	2.86	2.78	2.69	2.64	2.57	2.54	2.48	2.44	2.42

1%显著性水平 续表

分母自由度 v_2	分子自由度 v_1											
	14	16	20	24	30	40	50	75	100	200	500	∞
21	3.07	2.99	2.88	2.80	2.72	2.64	2.58	2.51	2.48	2.42	2.38	2.36
22	3.02	2.94	2.83	2.75	2.67	2.58	2.53	2.46	2.42	2.36	2.33	2.31
23	2.97	2.89	2.78	2.70	2.62	2.54	2.48	2.41	2.37	2.32	2.28	2.26
24	2.93	2.85	2.74	2.66	2.58	2.49	2.44	2.37	2.33	2.27	2.24	2.21
25	2.89	2.81	2.70	2.62	2.54	2.45	2.40	2.33	2.29	2.23	2.19	2.17
26	2.86	2.78	2.66	2.58	2.50	2.42	2.36	2.29	2.25	2.19	2.16	2.13
27	2.82	2.75	2.63	2.55	2.47	2.38	2.33	2.26	2.22	2.16	2.12	2.10
28	2.79	2.72	2.60	2.52	2.44	2.35	2.30	2.23	2.19	2.13	2.09	2.06
29	2.77	2.69	2.57	2.49	2.41	2.33	2.27	2.20	2.16	2.10	2.06	2.03
30	2.74	2.66	2.55	2.47	2.39	2.30	2.25	2.17	2.13	2.07	2.03	2.01
32	2.70	2.62	2.50	2.42	2.34	2.25	2.20	2.12	2.08	2.02	1.98	1.96
34	2.66	2.58	2.46	2.38	2.30	2.21	2.16	2.08	2.04	1.98	1.94	1.91
36	2.62	2.54	2.43	2.35	2.26	2.18	2.12	2.04	2.00	1.94	1.90	1.87
38	2.59	2.51	2.40	2.32	2.23	2.14	2.09	2.01	1.97	1.90	1.86	1.84
40	2.56	2.48	2.37	2.29	2.20	2.11	2.06	1.98	1.94	1.87	1.83	1.81
42	2.54	2.46	2.34	2.26	2.18	2.09	2.03	1.95	1.91	1.85	1.80	1.78
44	2.52	2.44	2.32	2.24	2.15	2.07	2.01	1.93	1.89	1.82	1.78	1.75
46	2.50	2.42	2.30	2.22	2.13	2.04	1.99	1.91	1.86	1.80	1.76	1.72
48	2.48	2.40	2.28	2.20	2.12	2.02	1.97	1.89	1.84	1.78	1.73	1.70
50	2.46	2.38	2.27	2.18	2.10	2.01	1.95	1.87	1.82	1.76	1.71	1.68
55	2.42	2.34	2.23	2.15	2.06	1.97	1.91	1.83	1.78	1.71	1.67	1.64
60	2.39	2.31	2.20	2.12	2.03	1.94	1.88	1.79	1.75	1.68	1.63	1.60
65	2.37	2.29	2.17	2.09	2.00	1.91	1.85	1.77	1.72	1.65	1.60	1.56
70	2.35	2.27	2.15	2.07	1.98	1.89	1.83	1.74	1.70	1.62	1.57	1.53
80	2.31	2.23	2.12	2.03	1.94	1.85	1.79	1.70	1.65	1.58	1.53	1.49
100	2.27	2.19	2.07	1.98	1.89	1.80	1.74	1.65	1.60	1.52	1.47	1.43
125	2.23	2.15	2.03	1.94	1.85	1.76	1.69	1.60	1.55	1.47	1.41	1.37
150	2.20	2.12	2.00	1.92	1.83	1.73	1.66	1.57	1.52	1.43	1.38	1.33
200	2.17	2.09	1.97	1.89	1.79	1.69	1.63	1.53	1.48	1.39	1.33	1.28
400	2.13	2.05	1.92	1.84	1.75	1.64	1.58	1.48	1.42	1.32	1.25	1.19
1000	2.10	2.02	1.90	1.81	1.72	1.61	1.54	1.44	1.38	1.28	1.19	1.11
∞	2.07	1.99	1.87	1.79	1.69	1.59	1.52	1.41	1.36	1.25	1.15	1.00

表5 DW检验上下界表

5%的上下界

n	k=1 dl	k=1 du	k=2 dl	k=2 du	k=3 dl	k=3 du	k=4 dl	k=4 du	k=5 dl	k=5 du
15	1.08	1.36	0.95	1.54	0.82	1.75	0.69	1.97	0.56	2.21
16	1.10	1.37	0.98	1.54	0.86	1.73	0.74	1.93	0.62	2.17
17	1.13	1.38	1.02	1.54	0.90	1.71	0.78	1.90	0.67	2.10
18	1.16	1.39	1.05	1.53	0.93	1.69	0.82	1.87	0.71	2.06
19	1.18	1.40	1.08	1.53	0.97	1.68	0.86	1.85	0.75	2.02
20	1.20	1.41	1.10	1.54	1.00	1.68	0.90	1.83	0.79	1.99
21	1.22	1.42	1.13	1.54	1.03	1.67	0.93	1.81	0.83	1.96
22	1.24	1.43	1.15	1.54	1.05	1.66	0.96	1.80	0.86	1.94
23	1.26	1.44	1.17	1.54	1.08	1.66	0.99	1.79	0.90	1.92
24	1.27	1.45	1.19	1.55	1.10	1.66	1.01	1.78	0.93	1.90
25	1.29	1.45	1.21	1.55	1.12	1.66	1.04	1.77	0.95	1.89
26	1.30	1.46	1.22	1.55	1.14	1.65	1.06	1.76	0.98	1.88
27	1.32	1.47	1.24	1.56	1.16	1.65	1.08	1.76	1.01	1.86
28	1.33	1.48	1.26	1.56	1.18	1.65	1.10	1.75	1.03	1.85
29	1.34	1.48	1.27	1.56	1.20	1.65	1.12	1.74	1.05	1.84
30	1.35	1.49	1.28	1.57	1.21	1.65	1.14	1.74	1.07	1.83
31	1.36	1.50	1.30	1.57	1.23	1.65	1.16	1.74	1.09	1.83
32	1.37	1.50	1.31	1.57	1.24	1.65	1.18	1.73	1.11	1.82
33	1.38	1.51	1.32	1.58	1.26	1.65	1.19	1.73	1.13	1.81
34	1.39	1.51	1.33	1.58	1.27	1.65	1.21	1.73	1.15	1.81
35	1.40	1.52	1.34	1.58	1.28	1.65	1.22	1.73	1.16	1.80
36	1.41	1.52	1.35	1.59	1.29	1.65	1.24	1.73	1.18	1.80
37	1.42	1.53	1.36	1.59	1.31	1.66	1.25	1.72	1.19	1.80
38	1.43	1.54	1.37	1.59	1.32	1.66	1.26	1.72	1.21	1.79
39	1.43	1.54	1.38	1.60	1.33	1.66	1.27	1.72	1.22	1.79
40	1.44	1.54	1.39	1.60	1.34	1.66	1.29	1.72	1.23	1.79
45	1.48	1.57	1.43	1.62	1.38	1.67	1.34	1.72	1.29	1.78
50	1.50	1.59	1.46	1.63	1.42	1.67	1.38	1.72	1.34	1.77
55	1.53	1.60	1.49	1.64	1.45	1.68	1.41	1.72	1.38	1.77
60	1.55	1.62	1.51	1.65	1.48	1.69	1.44	1.73	1.41	1.77
65	1.57	1.63	1.54	1.66	1.50	1.70	1.47	1.73	1.44	1.77
70	1.58	1.64	1.55	1.67	1.52	1.70	1.49	1.74	1.46	1.77
75	1.60	1.65	1.57	1.68	1.54	1.71	1.51	1.74	1.49	1.77
80	1.61	1.66	1.59	1.69	1.56	1.72	1.53	1.74	1.51	1.77
85	1.62	1.67	1.60	1.70	1.57	1.72	1.55	1.75	1.52	1.77
90	1.63	1.68	1.61	1.70	1.59	1.73	1.57	1.75	1.54	1.78
95	1.64	1.69	1.62	1.71	1.60	1.73	1.58	1.75	1.56	1.78
100	1.65	1.69	1.63	1.72	1.61	1.74	1.59	1.76	1.57	1.78

1%的上下界　续表

n	k=1 dl	k=1 du	k=2 dl	k=2 du	k=3 dl	k=3 du	k=4 dl	k=4 du	k=5 dl	k=5 du
15	0.81	1.07	0.70	1.25	0.59	1.46	0.49	1.70	0.39	1.96
16	0.84	1.09	0.74	1.25	0.63	1.44	0.53	1.66	0.44	1.09
17	0.87	1.10	0.77	1.25	0.67	1.43	0.57	1.63	0.48	1.85
18	0.90	1.12	0.80	1.26	0.71	1.42	0.61	1.60	0.52	1.80
19	0.93	1.13	0.83	1.26	0.74	1.41	0.65	1.58	0.56	1.77
20	0.95	1.15	0.86	1.27	0.77	1.41	0.68	1.57	0.60	1.74
21	0.97	1.16	0.89	1.27	0.80	1.41	0.72	1.55	0.63	1.71
22	1.00	1.17	0.91	1.28	0.83	1.40	0.75	1.54	0.66	1.69
23	1.02	1.19	0.94	1.29	0.86	1.40	0.78	1.53	0.70	1.67
24	1.04	1.20	0.96	1.30	0.88	1.41	0.80	1.53	0.72	1.66
25	1.05	1.21	0.98	1.30	0.90	1.41	0.83	1.52	0.75	1.65
26	1.07	1.22	1.00	1.31	0.93	1.41	0.85	1.52	0.78	1.64
27	1.09	1.23	1.02	1.32	0.95	1.41	0.88	1.51	0.81	1.63
28	1.10	1.24	1.04	1.32	0.97	1.41	0.90	1.51	0.83	1.62
29	1.12	1.25	1.05	1.33	0.99	1.42	0.92	1.51	0.86	1.61
30	1.13	1.26	1.07	1.34	1.01	1.42	0.94	1.51	0.88	1.61
31	1.15	1.27	1.08	1.34	1.02	1.42	0.96	1.51	0.90	1.60
32	1.16	1.28	1.10	1.35	1.04	1.43	0.98	1.51	0.92	1.60
33	1.17	1.29	1.11	1.36	1.05	1.43	1.00	1.51	0.94	1.59
34	1.18	1.30	1.13	1.36	1.07	1.43	1.01	1.51	0.95	1.59
35	1.19	1.31	1.14	1.37	1.08	1.44	1.03	1.51	0.97	1.59
36	1.21	1.32	1.15	1.38	1.10	1.44	1.04	1.51	0.99	1.59
37	1.22	1.32	1.16	1.38	1.11	1.45	1.06	1.51	1.00	1.59
38	1.23	1.33	1.18	1.39	1.12	1.45	1.07	1.52	1.02	1.58
39	1.24	1.34	1.19	1.39	1.14	1.45	1.09	1.52	1.03	1.58
40	1.25	1.34	1.20	1.40	1.15	1.46	1.10	1.52	1.05	1.58
45	1.29	1.38	1.24	1.42	1.20	1.48	1.16	1.53	1.11	1.58
50	1.32	1.40	1.28	1.45	1.24	1.49	1.20	1.54	1.16	1.59
55	1.36	1.43	1.32	1.47	1.28	1.51	1.25	1.55	1.21	1.59
60	1.38	1.45	1.35	1.48	1.32	1.52	1.28	1.56	1.25	1.60
65	1.41	1.47	1.38	1.50	1.35	1.53	1.31	1.57	1.28	1.61
70	1.43	1.49	1.40	1.52	1.37	1.55	1.34	1.58	1.31	1.61
75	1.45	1.50	1.42	1.53	1.39	1.56	1.37	1.59	1.34	1.62
80	1.47	1.52	1.44	1.54	1.42	1.57	1.39	1.60	1.36	1.62
85	1.48	1.53	1.46	1.55	1.43	1.58	1.41	1.60	1.39	1.63
90	1.50	1.54	1.47	1.56	1.45	1.59	1.43	1.61	1.41	1.64
95	1.51	1.55	1.49	1.57	1.47	1.60	1.45	1.62	1.42	1.64
100	1.52	1.56	1.50	1.58	1.48	1.60	1.46	1.63	1.44	1.65

注：n 是观测值的数目，k 是解释变量的数目，包括常数项

表6 协整检验临界值表

N	模型形式	p	φ_∞	φ_1	φ_2
1	无常数项,无趋势项	0.01	−2.5658	−1.960	−10.04
		0.05	−1.9393	−3.098	0.00
		0.10	−1.6156	−0.181	0.00
1	常数项,无趋势项	0.01	−3.4336	−5.999	−29.25
		0.05	−2.8621	−2.738	−8.36
		0.10	−2.5671	−1.438	−4.48
1	常数项,趋势项	0.01	−3.9638	−8.353	−47.44
		0.05	−3.4126	−4.039	−17.83
		0.10	−3.1279	−2.418	−7.58
2	常数项,无趋势项	0.01	−3.9001	−10.543	−30.03
		0.05	−3.3377	−5.967	−8.98
		0.10	−3.0462	−4.069	−6.73
2	常数项,趋势项	0.01	−4.3266	−15.531	−34.03
		0.05	−3.7809	−9.421	−15.06
		0.10	−3.4959	−7.203	−4.01
3	常数项,无趋势项	0.01	−4.2981	−13.790	−46.37
		0.05	−3.7429	−8.352	−13.41
		0.10	−3.4518	−6.241	−2.79
3	常数项,趋势项	0.01	−4.6676	−18.492	−49.35
		0.05	−4.1193	−12.024	−13.13
		0.10	−3.8344	−9.188	−4.85
4	常数项,无趋势项	0.01	−4.6493	−17.188	−59.20
		0.05	−4.1000	−10.745	−21.57
		0.10	−3.8110	−8.317	−5.19
4	常数项,趋势项	0.01	−4.9695	−22.504	−50.22
		0.05	−4.4294	−14.501	−19.54
		0.10	−4.1474	−11.165	−9.88
5	常数项,无趋势项	0.01	−4.9587	−22.140	−37.29
		0.05	−4.4185	−13.641	−21.16
		0.10	−4.1327	−10.638	−5.48
5	常数项,趋势项	0.01	−5.2497	−26.606	−49.56
		0.05	−4.7154	−17.432	−16.50
		0.10	−4.4345	−13.654	−5.77
6	常数项,无趋势项	0.01	−5.2400	−26.278	−41.65
		0.05	−4.7048	−17.120	−11.17
		0.10	−4.4242	−13.347	0.00
6	常数项,趋势项	0.01	−5.5127	−30.735	−52.50
		0.05	−4.9767	−20.883	−9.05
		0.10	−4.6999	−16.445	0.00

注:①临界值计算公式为 $C_p = \varphi_\infty + \dfrac{\varphi_1}{T} + \dfrac{\varphi_2}{T^2}$,其中,$T$ 表示样本容量;② N 表示协整回归式中所含变量个数,p 表示显著性水平;③ $N=1$ 时,协整检验即转化为单变量平稳性的 ADF 检验